丛书策划　陈义望　朱宝元

看世界｜区域国别史经典丛书

A Brief History *of* AFGHANISTAN

阿富汗史

骑驰在风暴中的国度

Shaista Wahab　Barry Youngerman

[美] 沙伊斯塔·瓦哈卜　巴里·扬格曼——著

杨　军　马旭俊——译

中国出版集团 东方出版中心

图书在版编目（CIP）数据

阿富汗史 /（美）沙伊斯塔 · 瓦哈卜，（美）巴里 · 扬格曼著；杨军，马旭俊译. 一上海：东方出版中心，2016.8（2024.1 重印）

（东方 · 剑桥世界历史文库）

ISBN 978 - 7 - 5473 - 0994 - 0

Ⅰ. ①阿… Ⅱ. ①沙… ②巴… ③杨… ④马… Ⅲ. ①阿富汗一历史 Ⅳ. ①K372.0

中国版本图书馆 CIP 数据核字(2016)第 168926 号

上海市版权局著作权合同登记：图字 09-2023-0977 号

阿富汗史

著　　者　[美] 沙伊斯塔 · 瓦哈卜　[美] 巴里 · 扬格曼
译　　者　杨　军　马旭俊
丛书策划　陈义望　朱宝元
责任编辑　赵　明　戴浴宇
装帧设计　钟　颖

出 版 人　陈义望
出版发行　东方出版中心
地　　址　上海市仙霞路 345 号
邮政编码　200336
电　　话　021 - 62417400
印 刷 者　上海盛通时代印刷有限公司

开　　本　710mm × 1000mm　1/16
印　　张　25.5
字　　数　351 千字
版　　次　2016 年 8 月第 1 版
印　　次　2024 年 1 月第 2 次印刷
定　　价　98.00 元

目录 Contents

插　图

绪论：阿富汗的挑战

至20世纪末，全世界都赞同用一个简单的标准来判断一个区域单位是否构成国家，即：是否是联合国的正式成员。阿富汗轻松达到这一标准，它几乎是联合国的创始成员国，在1946年，联合国成立还不到一年时，就已经加入了联合国。依据上述标准，尽管存在被外国控制的时期，阿富汗从那时起就一直是独立国家。

一个更难回答的问题是，被阿富汗的边界所圈定的这片土地，现在是否构成，或者能够很快发展成一个有活力的、统一的国家。就某些方面而言，仅仅说它是国家是没有任何意义的。

阿富汗不像意大利或日本那样具有统一的民族或者语言。在其几十个种族集团中，许多种族间的冲突和敌对都具有悠久的历史，事实上，同国内的其他阿富汗人相比——在主要城市中，是同街道对面的阿富汗人相比，许多种族直到前不久都与其国界外的同一种族拥有更多的共同点。

阿富汗不像澳大利亚或者希腊那样具有天然的地理界线，也没有任何像埃及尼罗河那样的作为一体的明显标识。阿富汗相对简单延伸的疆界被河流限定着——其北部有阿姆河（Amu Darya，或称乌浒水〔Oxus〕，西北部有哈里河（Hari Rud），西南部有频繁变化的赫尔曼德河（Helmand）——但没有海洋或者山脉作为天然的疆界。事实上，高耸的兴都库什山，作为喜马拉雅山的延伸，不仅为巴基斯坦和印度提供了天然的北部疆界，也把阿富汗一分为二。兴都库什山两侧的低地，同跨越阿富汗北部、西部和南部边界的类似地形区毗邻，使得自远古时代起，入侵和移民都可以自各个方向很容易地进入阿富汗。

或许使阿富汗统一的最有力因素却正是那些并不一致的事物。

虽然大部分阿富汗人说着与其西邻伊朗的官方语言波斯语相关的语言，但是他们与大部分伊朗人不同（除了少数民族哈扎拉人外），他们一直坚持信奉伊斯兰教的逊尼派，而伊朗在16世纪已放弃逊尼派，转而拥护什叶派。

北部阿富汗人在语言、文化及地理上与阿姆河流域的几个中亚共和国表现出相似性，中亚诸国的人民幸免于沙皇的基督教封建领主制及其后75年的苏联统治这两个时代的变革经历所造成的伤害。事实上，很多乌兹别克人和土库曼人第一次来到阿富汗，是以难民的身份从沙皇俄国和苏联逃离的。一进入这个国家，他们即分享一个更加有机的、从前现代方式循序渐进转变的阿富汗式的经历，在这里，传统和制度可能在演变，但却没有异教徒统治的冲突和羞辱。

东部和巴基斯坦的边界可能是最不自然的，它将庞大的普什图种族集团一分为二。直至今天，边界两边的普什图人仍旧保持着相同的生活方式。这条边界线是19世纪英国势力范围的简单折射。但是，紧邻普什图地区的印度河流域，其古代文化、经济、语言的传统从未在阿富汗人的世界里广泛传播或形成深刻影响。此外，巴基斯坦经历了成为英国组成部分的自身变革，而勇猛的阿富汗人则顽强拒斥英国超过一个世纪之久。

直到1747年阿赫哈迈德沙建立杜兰尼帝国以前，除了作为更大的外来帝国的组成部分以外，阿富汗从未被作为单一的国家加以统治。事实上，阿富汗在数千年时间里一直遇到来自各个方向的侵略和移民。但是，自此历史性时刻开始，今天的阿富汗人民就一直生活在统一的本国人统治的国家中，尽管还伴随着很大程度的地方自治。250多年以来，阿富汗的统治者们设法免于波斯、俄罗斯和英国的控制，而这经常要付出沉重的代价。这种对抗性独立本身为超越种族或部落忠诚的独特的阿富汗国家认同奠定了基础。

如果阿富汗位于和平的区域，为稳定的国家所环绕，那么国家的统一和认同问题就不会变得如此突出。但 30 余年的战争、革命、恐怖主义，以及来自俄罗斯、巴基斯坦、阿拉伯世界和美国的外来干涉，使得这个问题在国家的疆界内外都变得极其重要。历史有助于阐明这个问题，而且可以通过强化古老的意识和阿富汗人的特质，为此问题提供正面的答案。

历史学家通常以 1747 年为阿富汗历史的开端，此时这个国家为阿赫迈德沙所统一。虽然疆界在后来也有所变化，但自那时起，至少一些政府机构已开始持续发挥职能，这些机构通常出自首都喀布尔，一座长期以来在国内人口构成最为多样化的城市，坐落于普什图族、塔吉克族和哈扎拉族分布区的交接地带。当然，早期的穆斯林的阿富汗曾经在短时期内控制着较大的帝国，比如廓尔王朝（1148—1206）和苏尔王朝（1540—1555）的诸位君主，但他们留下的遗产并不比他们的统治更持久。

另一些历史学家建议以阿赫迈德沙之前一千多年的具有重要历史意义的时代，即公元 8 世纪，为阿富汗历史的开端，那时伊斯兰教第一次在这个国家的大部分地区得以确立，并且深刻地改变着其文化、社会和政治生活。毕竟，共同的宗教信仰可能是阿富汗国家认同的最强有力因素，古老的传说甚至将普什图人的祖先追溯到穆罕默德的同伴们那里，或者是追溯到 10 个已经消失的古代以色列部落那里。

但是，即使以 699 年阿拉伯人第一次深入阿富汗作为其历史的开端，也依然会忽略这个国家最初两千年的文明，在那个时代，其人民的大部分可能就散布于其当前的疆域之内。有时被阿富汗人视为其国家前身的前伊斯兰时代的国家组织，波斯的阿契美尼德帝国、巴克特利亚或印度—希腊王国、贵霜帝国。琐罗亚斯德教可能就起源于阿富汗，甚至还包括，据推测于公元前两千纪在“诸城之母”巴尔赫附近的雅利安人的共同体。

当然，关于波斯帝国的详细叙述，举例而言，或者是关于阿育王（前3世纪）、成吉思汗（13世纪）、巴布尔（16世纪）的统治的详细叙述，无论他们对阿富汗的影响是多么巨大，都更多地是属于伊朗、中亚和印度的历史。本书采用比较折中的办法叙述这段历史。

从其著名的荒芜地形，到其丰富的种族多样性和文化，在对阿富汗的自然资源和人力资源进行初步概括之后，我们将依据考古遗存和古文献的线索，由对史前时期的简短描述开始我们的历史叙述。由于本书的叙述穿越多个世纪，我们放慢速度之处，只在于提供有利用价值的信息（如文化和经济）及其与现代阿富汗的关系。深入的讨论始于杜兰尼帝国，而后是多斯特·穆罕默德王朝，英国与阿富汗之间的战争“博弈赛”，和20世纪的暴乱事件。不可避免地，本书的最大部分是论述从1973年君主制覆灭至塔利班垮台这一近30年的暴乱时代。对大量的破坏、死亡、流亡及专制统治的经历，触及每一位阿富汗人，能否通过痛苦的共同经历克服内战遗留问题是今日阿富汗所面临的挑战。

本书将讨论两个特别有趣的题目——大众文化和妇女的地位，并涉及阿富汗的基本概况作为全书的结尾。

第一章　土地和人民

一、自然状况

阿富汗的地理状况有助于我们理解其动荡的现代史。阿富汗是一 1
个中等规模的中亚内陆国家，其境内大部分地区为远离现代文明那富有活力的中心地带的荒芜山脉和多石的高原。

由于其位置正好横跨东亚、南亚和中东地区之间的古代贸易和军事通道，致使阿富汗一度成为多种文化的交汇地。然而在现代，阿富汗却充当了英、俄这两个膨胀帝国的终结点。由于其令人生畏的地形和贫瘠的自然资源，两大帝国最终都满足于使阿富汗作为缓冲国继续存在，将其置于他们的正式控制之外，也置于当时已经延伸穿越欧亚大陆其他地区的铁路、电信和文化的基础设施网络之外。

因此，150 年来，世界对阿富汗望而却步。阿富汗的传统文化、经济和政治生活都没有经历过现代方式的挑战。坚韧顽强而又足智多谋的人民在这片没有前途的土地上勉强谋生。作为征服者和伟大城市建立者的后裔，就在进入 21 世纪之时，阿富汗人仍然忍受着极高的文盲率和短得令人震惊的预期寿命。几乎没有铺筑的道路可以连接成百上千的陡峭峡谷和广布在低地的城镇，这个国家相对于其首都喀布尔而言几乎处于失控状态。

当然，隔离最终是让人无法忍受的。“冷战”给阿富汗带来了几十年猛烈的破坏，随即出现的是数年的内战和宗教狂热的输入。令人怀有希望的是，美国以北约维和部队形式最近的一次侵略，和主要的国际援助计划，将更具建设性，并将最终使阿富汗人民运用他们的智
2 慧，重建和发展这片荒芜而美丽的土地，以挖掘出其全部潜力。

1. 地形

崎岖的山脉覆盖了这个国家 25 万平方英里（647 500 平方千米）领土的大约一半，山脉平均海拔高度达 6 500 英尺（1 980 米）。大部分山脉都是兴都库什山脉的组成部分，兴都库什山大体是由东北向西南方向贯穿整个阿富汗中部，将中亚草原和印度次大陆分隔开来。山峰的平均高度为 9 000 英尺（2 740 米），这些冰雪覆盖的山脉是几乎所有阿富汗河流的发源地。

兴都库什山脉始于阿富汗东北角的帕米尔结（Pamir Knot），并在这里与喜马拉雅山向西北延伸的部分相连接，而后向西于努里斯坦地区和巴达赫尚山隆起，在巴基斯坦北部边界的瑙沙克峰（Nowshak Peak），海拔高度已升至 24 557 英尺（7 485 米）；而边界另一边不远处的提拉·阿杰米尔峰（Tir Ajmir），海拔高度高达 25 400 英尺（7 742米）。继而兴都库什山的高度逐步下降，并在到达伊朗之前渐渐消失。在兴都库什山上有若干个山口横贯南北，其中最为重要是经萨朗山口流入喀布尔河流域。1964 年萨朗隧道建成后，这里是唯一在冬季下雪天还开放的山口。

还有一些山脉是兴都库什山脉的支系：位于东北部的巴达赫尚山脉，西北部的珀鲁帕米苏斯山脉（Paropamisus），以及南部的萨费德科山脉（Safed Koh，或者称苏莱曼山脉 Sulaiman Range）。萨费德科山脉通过普什图部落的领地，穿越巴基斯坦的东部边界，[1] 挫败任何破坏边境安全的企图，在锡卡拉姆山峰（Mt. Sikaram），其海拔高达 15 620 英尺（4 761 米）。萨费德科山脉被连接喀布尔和巴基斯坦白沙

① 原文如此，应为“西部边界”之误。——译者注

瓦的著名的开伯尔山口贯穿。

众多河谷交错于兴都库什山的每个角落，在精心设计的灌溉渠道和隧道的支持下，这些地方经常是适宜农耕的。在温暖的季节里，许多山的斜坡和高原地区都被灌木丛和短草所覆盖，吸引着游牧民来此放牧他们的羊群。

中央的山脉由3个方面的低地平原区所环绕：北部的土耳其平原，西北的赫拉特-法拉低地，西南方的锡斯坦盆地和赫尔曼德河流域，南部则是雷吉斯坦沙漠，东南方是加兹尼·坎大哈高原。

3

图1　从连接喀布尔和贾拉拉巴德的开伯尔山口，远眺兴都库什山。（布鲁斯·理查德森拍摄）

这些地区共同构成的宽阔的半圆形，几千年以来，一直是一条被来自中亚的骑马游牧民族入侵的路线，他们因此得以避开无法逾越的 4
东边的喜马拉雅山脉和西边的高加索-厄尔布尔斯山系。

在发源于兴都库什山脉的众多河流中，只有喀布尔河最终流入海洋。喀布尔河发源于首都西部的帕格曼山（Paghman），途经贾拉拉巴德市周围肥沃的平原，沿途接纳来自东部高峰的支流，切断萨费德科山脉进入巴基斯坦，最终向东100英里处流入印度河。

赫尔曼德河与喀布尔河发源于同一山脊，但赫尔曼德河流向西南方，为其流经的800英里路线的沿途区域提供生命的灌溉。赫尔曼德河最终流入沿伊朗边界的锡斯坦湿地，这个湿地同时还有一系列来自西兴都库什山的季节性河流汇入，如法拉河。

哈里河（Hari Rud）起源于阿富汗中部的科赫伊巴巴（Koh－i－Baba）山脉，并向西，然后向西北方向流去，流经富饶的南部赫拉特平原，为阿富汗和伊朗间的北部边界。哈里河最终消失在土库曼斯坦境内的卡拉库姆沙漠（里海附近）。

地　　震

阿富汗位于跨亚洲地震带，或者阿尔卑斯地震带。这个地震带从大西洋的亚述尔群岛，经北地中海，到伊朗、兴都库什山、喜马拉雅山、缅甸及印度尼西亚。在阿富汗，地震带深达许多英里。

阿富汗平均每年要经历5 000次地震，其中大震500次，主要集中在东北地区。19世纪的一次地震摧毁了1/4的巴尔赫城。1832年的另一次地震，根据当时的报告，引起了很大的泥石流，并使巴达赫尚地区的大部分人口遇难。见于文献记载的最强一次地震在1921年发生于巴达赫尚省，达里氏8.1级。1998年冬，在塔哈尔省有过两次强度较低，但更具破坏性的地震，共计死亡8 000人。最近，在2002年3月，一连串的强地震袭击阿富汗东北部，其中最强的一次达里氏6.0级，致使上百人死亡，数千人无家可归。2005年10月8日的克什米尔地震，最初发生于巴基斯坦控制的克什米尔地区，造成数万人死亡，300万人无家可归，但对阿富汗的影响很小。

5 源于中央山脉且向北流的河流，湿润了阿富汗北部台地的黄土平原，最后消失在西部的半干旱地带，或汇入构成塔吉克斯坦与乌兹别克斯坦的天然边界的阿姆河。阿姆河发源于帕米尔高原，在转向北流入咸海之前，沿途接纳大量的支流。如今，由于苏联统治时期数代人的无节制滥用，咸海正在迅速消失。

阿富汗通常气候比较温和。冬天从北方带来恶劣的天气，尤其在东部山区，会降下大量的积雪。即使在温暖的月份里，山区仍旧有狂风肆虐。每年 12 月是最冷的时候，但即使是那时，在人口高度密集的河谷、平原地带，温度也很少降到零度以下很多。夏天，喀布尔和中央地带相当温暖，然而在低地地区则会非常的炎热，在西南沙漠地区，温度会上升至华氏 120 度（摄氏 49 度）。

图 2　崎岖的山路，例如希巴尔山口，造成冬季交通的困难。（沙伊斯塔·瓦哈卜拍摄）

阿富汗的年平均降雨量不足 10 英寸。只有东部邻近巴基斯坦的少数地区，会得益于每年来自印度次大陆的季风。 6

阿富汗与其邻国有着超过 3 317 英里（5 529 千米）的边界线。阿富汗北部分别与塔吉克斯坦、乌兹别克斯坦及土库曼斯坦三国交界；

在东北方向与中国交界；东接巴基斯坦交界；西与伊朗交界。阿富汗与塔吉克斯坦、乌兹别克斯坦隔河相望，与中国和巴基斯坦的边界线大部分按山脉划分，与土库曼斯坦、伊朗及巴基斯坦之间的边界线穿越低地和沙漠。

二、矿产资源

阿富汗有着丰富的矿产资源，几乎没有被开发利用。除了在北部中央地带的天然气以外，同时还有适量的未被开采的石油储备。被发现的有潜在商业价值的矿物有：铬、铍、铜、铅、锌、铀、锰、石棉、金、银、铁、硫磺、云母、镍、板岩及盐。

7 另一方面，阿富汗的宝石和美玉已经被开采了上千年，仍在继续为阿富汗提供出口收入。这些宝石美玉包括青金石、紫水晶、绿宝石、翡翠、蓝宝石、红宝石、雪花石膏、电气石、碧玉及石英。美国地理学家钱伯林·博尼塔（Chamberlin Bonita）从阿富汗 1 407 个矿点生产的矿物中鉴别出 91 中不同的矿石、金属和美玉。

三、农业与种植生活

阿富汗的经济以农业为基础，尽管只有 12% 的土地适宜种植庄稼，超过 40% 的土地可以被用做牧场。阿富汗的主要农作物传统上包括小麦、大米、大麦、水果、棉花、罂粟和多种多样的蔬菜。阿富汗还盛产丰富多样的高质量的水果和坚果，包括葡萄、苹果、杏、樱桃、桃子、温柏、梨子、李子、石榴、瓜类、胡桃、杏仁和阿月浑子果实。这些产品大多数是最初在阿富汗被从野生品种培育出来的。

阿富汗的干鲜水果大都出口到欧洲和亚洲国家。给北方的小规模制糖工业提供甜菜。在 2005 年，一家翻新的糖厂在马扎里沙里夫城开业。在 1978 年以前，如果不考虑干旱的年份，阿富汗的粮食几乎可以自给自足。

8

图 3　大部分农田，例如图中展示的巴米扬省的农田，都是开辟在河谷当中的。（沙伊斯塔·瓦哈卜拍摄）

阿富汗的粮食产量由 1976 年战前的最高记录 450 万吨逐年跌落， 9
直至 2003 年，尽管处于干旱条件下，在难民回归和非政府组织援助的推动下，阿富汗的粮食产量以约 500 万吨的成绩刷新了历史记录。产量也总是发生戏剧性变化，这取决于冬季的降雨量，而且除非主要基础设施得到发展，这种情况可能将持续下去。

从 20 世纪 80 年代开始，罂粟成为阿富汗最有经济价值的农作物。事实上，鸦片提炼已经成为这个国家的主要工业，鸦片也成为其唯一获利的出口产品。2004 年，鸦片产量达到 4 200 吨，足够满足全球需求的 87%。2005 年，联合国和美国军方发起重大行动，试图查禁这种工业。

由于年降雨量较少，阿富汗的大部分农田位于小溪及河流的附近，从而更为便利地获得灌溉用水。传统上，大多数农民还依赖于深井、运河及山腰上错综复杂的坎儿井。坎儿井，也称地下水渠，经历几个世纪才最终建成，但不幸的是，在战争年代里，坎儿井受到严重的破坏。大约85%的农作物依赖于传统的灌溉技术，其余的则直接依靠于降雨。

1978年以前，阿富汗的森林覆盖率有3%，大部分是在努里斯坦及其东部和巴基斯坦交界的地区。但因战争和无节制的非法采伐，致使超过2/3的树木被毁。阿富汗特有的植物种类有松树、云杉、冷杉、芹叶钩吻、落叶松、柏树、刺柏树、桤木、白桦、柳树、橡树、白杨、岑树、杜鹃花、野生榛实、杏树及阿月浑子树。

传统上，阿富汗的医生和术士采用各种各样的国产植物和草药治疗不同的疾病。术士被称为哈克姆（精明的人），他们的药物被称为达瓦依运阿尼（希腊之药）。在阿富汗，已发现的药用植物有茴芹籽、阿魏胶、香菜、胡荽、孜然芹、大蒜、欧亚甘草根、藏红花和鼠尾草。

四、牲畜和野生动物

阿富汗喂养了大批的绵羊群和山羊群。在温暖的月份里，游牧部落会赶着他们的羊群去湿润的高地放牧。定居的农民们喂养家畜，包括水牛，也饲养家禽。牛不仅可以用于犁耕和其他劳作，也是食物的重要来源。

2003年12月，联合国粮食与农业组织公布了首次在阿富汗开展的家畜普查的结果，这次普查涵盖了约300万个家庭，总计有大约
10 370万头牛、880万只绵羊、730万只山羊、160万头驴、18万头骆驼、14万匹马和1 220万只家禽。这些数据被认为比前一年稍有降低，其原因在于干旱。家畜的数量决定着出自毛织品、动物皮革（特别是来自卡拉库耳的大尾绵羊和阿斯特拉罕的羔羊）、肉类及乳制品的商业收益的大小。驴、骡和马在农村地区被广泛用于运载货物，也被用做最为常见的交通工具。在战争时期（1978－2001），这3种动物在运送补给品、武器和伤员方面发挥了极其重要的作用。骆驼主要是库奇人和游牧民的交通工具和肉类、乳制品的来源。

图 4　巴米扬省被用来运送货物的驴子。（沙伊斯塔·瓦哈卜拍摄）

同时，让阿富汗人引以为豪的是其丰富的野生动物。在传统上，某些野生动物被视为皮革的来源，以及狩猎运动中的爱畜的来源，因而显得非常重要。

因为它们是皮革的来源，还在传统的狩猎运动和饲养宠物中扮演重要的角色。有几种野生山羊生活在山里，包括捻角山羊和野生山羊。被称为“马可波罗”的一种非常珍贵的野生绵羊，主要生活在帕米尔地区，它们被与其同名的著名意大利商人旅行家马可波罗带到欧洲。13 世纪马可波罗曾经来过这一地区。这种绵羊弯曲的角能够长到 60 英寸（152 厘米）长。另外，还有一种阿富汗特有的珍稀物种是巴克特利安麋鹿，其中有几只现在生活在（美国）圣迭戈公园。

一般来讲，射杀猎动物是为了获取皮毛和战利品。这些动物主 11
要包括红狐狸、丛林猫、豺、石貂、狼、野绵羊、山羊和雪豹。猎人和捕兽者通常会把动物的皮毛卖到地区性的中心，如马扎里沙里夫、迈马纳、昆都士、安德胡伊、汗阿巴德、加兹尼和赫拉特。从这些地方，商人们会把动物皮毛贩卖到喀布尔市的大型皮毛市场，

图5　生活在圣迭戈公园的几只巴克特利安麋鹿。(沙伊斯塔·瓦哈卜拍摄)

然后再出口到国际市场。

20世纪60年代，为了满足欧洲和美国日益增长的需求，阿富汗野生动物的数量急剧下滑。至1973年，政府禁止销售皮毛制品3年，才给了这些物种恢复的机会。阿富汗猎犬因其奔跑速度而闻名于世。它可以平均每小时疾驰50英里。其速度和出众的视力使之成为鹿和兔的杰出狩猎者。在阿富汗，还有很多种其他驯养的和野生的犬，其中的一部分被训练成牧羊犬。

不幸的是，连年的战争、森林采伐和干旱，使许多阿富汗自然野生动物大批死亡，其恶果如今已经得到充分地认识，一些濒临灭绝的物种可能会完全消失。在阿富汗通常能够发现的其他物种包括：盘羊、獾、棕熊、卡拉库耳大尾绵羊、白鼬、瞪羚、沙鼠、囊地鼠、豪猪、大颊鼠、野兔、猬、鬣狗、跳鼠、豹、猞猁、鼹鼠、猫鼬、野驴、鼠类、水獭、箭猪、臭猫、老鼠、鼩鼱、松鼠、老虎、黄鼠狼和野猪。

12

狩　猎

为了应对野生物种数量的日益减少，自20世纪70年代起，阿富汗政府开始统一管理狩猎的季节，并只允许猎捕以下动物：

动物	区域	时间
马可波罗羊	帕米尔地区	7—10月
东方盘羊	拉塔班达	1—3月
野生山羊	帕米尔地区	7—9月
	阿杰尔	12—3月
捻角山羊	努里斯坦地区	12—3月

资料来源：阿富汗旅游信息

图6　阿富汗猎犬是一种急速奔跑的猎狗，通常用来狩猎。（沙伊斯塔·瓦哈卜拍摄）

13 作为主要干旱国家，阿富汗却栖息着大量的野生鸟类。估计现存的460种鸟类中，有235种在阿富汗繁衍生息。阿富汗横跨印度和中亚的鸟类栖息地带，是其鸟类种类多样的最主要原因。然而，持续几年的干旱使西南部的锡斯坦湿地干涸，而这里一直作为成千上万迁徙的水鸟的栖息地。

在阿富汗最为常见的鸟类有山鹑、野鸡、鹳、鹤、八哥、野鸭、鹅、白头翁、天堂鸟、翠鸟、金翅雀、麻雀、鹰、隼、鹌鹑、猫头鹰、夜莺和燕子。阿富汗并不禁止鸟类狩猎，鸟类狩猎在全国各地都是常见的。阿富汗人特别喜欢把鸟类当作宠物来饲养，而金丝雀是最受欢迎的一种。塔利班政权曾禁止用笼子养鸟，但塔利班政权倒台后，这种活动又恢复了。一些禽类，如山鹑、公鸡、隼和鸽子，会训练用于射击竞赛。

五、人民

1. 民族

由于过去25年里的战争和人口频繁的内外流动，阿富汗缺少精确的近期人口普查数据。2004年7月，美国中央情报局（CIA）估计其人口为28 513 677人，可以与之相对比的是1979年的最后一次官方统计数据，在籍人口15 551 358人。

阿富汗国的公民被统称为阿富汗人，这个术语最初只是指普什图人自己。今天的阿富汗人在种族和语言方面呈多样性，他们有着各式各样的面部特征，如地中海、东亚和南亚类型，这种现象恰好是许多征服民族经过或定居于此的印证。

尽管在民族、部落、语言和方言等方面表现出多样性，但特有的品质把阿富汗人凝聚在一起。宗教信仰是最强有力的统一因素，但各种群体也分享许多其他社会习俗和传统，以及多种经济技术和经济类型。而且，在遇到战争和外国侵略时，阿富汗人通常会不考虑他们之间的差异，而是团结起来反对其共同的敌人，如在从19世纪到20世纪初数次抵抗英国侵略，及在20世纪80年代抵抗苏联入侵的斗争中所做的那样。

在缺乏精确的官方人口普查数据的情况下，对于主要民族的人口统计存在着极大的争议。许多人，特别是在城市中，是混合文化的继承者，甚至在农村和小区中，都可以发现混合型的种族特征。更有甚者，游牧民族和当地部落常常被依据不同的标准而划入不同的民族。 14
不过，2004 年美国中央情报局作出如下估计：普什图人占 42%，塔吉克人占 27%，哈扎拉人占 9%，乌兹别克人占 9%，艾马克人占 4%，土库曼人占 3%，俾路支人占 2%，其他占 4%。

从 18 世纪中叶起，普什图人就成为阿富汗政治的主导群体。虽然有数量相当大的普什图人聚居区散落在兴都库什山北部，但他们中的大多数还是居住在兴都库什山南边。乌兹别克人和土库曼人都集中在阿富汗北部边界的中心地带，而塔吉克和其他说达里语的民族占据了兴都库什山北麓，由东向西的长条地带。哈扎拉人控制着阿富汗中心的山区，而艾马克人位于其西部。喀布尔位于普什图人、塔吉克人及哈扎拉人聚居区的交界部分，并紧挨着帕沙伊人和努里斯坦人的家乡。

关于这些不同民族的起源，总是有着太多的猜想和传说。普什图人一度普遍认为自己是古代 10 个遗失的以色列部落的后裔，而根据《圣经》描

图 7　在马通，一个戴着传统穆斯林头巾的普什图男子。（布鲁斯·里查森拍摄）

述，这10个以色列部落是公元前8世纪被亚述人从圣地中驱逐出来的。还有人声称，扫罗王的一个孙子阿富汗纳（Afghana）才是他们的祖先。由于以色列国家的建立和反以情绪在穆斯林世界的蔓延，另一个传说逐渐处于优势地位，断言普什图人源于先知穆罕默德的伙伴之一，即卡伊斯。杜兰尼部落认为自己出自卡伊斯的长子，吉尔查伊部落出自其次子。而历史学家推测，普什图人的形成应是源于古代各类侵略者的进入，曾居住在现今多数普什图人所居住地区的塞西亚人（Scythians），可能是最初的参与者之一。

普什图部落（以及氏族）传统上享有很大的自治权。其主要部落
15 有杜兰尼、吉尔查伊、穆罕门德、阿夫里迪和优素福扎依。所有的普什图部落都遵循被称为“普什图瓦里”的严格的荣誉法则，其主要原则有：为寻求帮助的客人提供热情的款待和庇护所；公正并为犯罪和侮辱而复仇；极力保护妇女/家庭、财富和财产；保护家乡以及个人独立。地方政府一般就由村屯或部落的长老管理，他们召开支尔格会议（loya jirga）[①]，以商讨部落的事务和解决问题。部落间的世仇经常会代代相传。虽然有数量可观的少数人过着游牧民那样的生活，但大部分说普什图语的人是定居的农民。

普什图人因严格的性别角色划分而声名狼藉，女性通常被隔离在家院之中。然而，普什图家庭却被认为是女权制的，经常是母亲、女儿和妻子鼓励他们的男人勇敢地为家庭的利益和荣誉而战。

阿富汗的塔吉克人、乌兹别克人和土库曼人，与其生活在中亚塔吉克斯坦、乌兹别克斯坦和土库曼斯坦的数以百万计的同胞，具有相同的语言、文化和历史。他们在阿富汗的人口数量的增加，首先是来自19世纪为了躲避不断推进的基督教沙皇俄国力量的难民，而后是来自20世纪为了逃避取胜的苏联政权的难民。

---

① 即广泛参与的代表会议，最早出现在部落内或为解决部落间问题而临时召集。阿富汗现代国家出现以后，其内涵和外延稍有变化，相当于国民代表大会，但也有为解决特殊问题而召开的，如宪法国民代表会议，皆统称“大支尔格会议”。——译者注

16

图 8　背着大袋子的塔吉克男孩。在阿富汗，孩子从很小的时候起就开始干重活儿。（沙伊斯塔·瓦哈卜拍摄）

一般来说，这 3 个民族没有像普什图人那样的部落政治组织，反而通常会接受各种区域性可汗的统治。

在阿富汗的主要民族当中，塔吉克人是城市化程度最高，受教育水平较好，更可能经营生意或者胜任政府部门的工作的。而土库曼人则因饲养卡拉库耳大尾绵羊及织精美的羊毛地毯和小垫子而闻名于世。

哈扎拉人多具有东亚人的体貌特征，他们很可能是 13 — 14 世纪蒙古入侵者的后裔，至今他们仍全民使用达里语的一种方言。还有一个叫蒙古里斯（Mogholis）的小民族，居住在艾马克人周围的狭小地带，至今还在说蒙古语。几乎所有的哈扎拉人都是什叶派穆斯林，这恐怕从蒙古人最初皈依伊斯兰教的时候就是如此，或者是自萨非王朝时期开始的。萨非王朝以武力将什叶派教义强加给伊朗，并试图在其阿富汗辖区内也这样做。

哈扎拉人经常会因其宗教或种族背景而遭受迫害。传统上，大多数哈扎拉人处于半定居状态，随着季节由低地农场向高原牧场迁徙。在 20 世纪，他们中的很多人迁至城市并从事体力劳动和家政服务。他们成为阿富汗弱势劳工联合运动的骨干力量。19 世纪末期哈扎拉人涌入巴基斯坦西部城市圭达，使得哈扎拉文化运动在这里繁荣起来，这也为哈扎拉族在阿富汗境内的政治、文化的复兴奠定了基础。

关于努里斯坦人的起源存在着很多传说，所有这些传说都在试图解释，为何在努里斯坦人中，亚麻色或红色头发、浅色眼睛出现的频率相当高，那些居住在更为遥远的坐落于东兴都库什山脉的努里斯坦河谷的人们尤其如此。在其部落的民间故事中，很多努里斯坦人声称自己是亚历山大大帝的战士后裔。鉴于他们明显古老的语言，一些观
17 察家推测，努里斯坦人可能是被称为“原始印欧语系部落”的残存。

图 9　巴米扬省的哈扎拉男孩。（沙伊斯塔·瓦哈卜拍摄）

直至 19 世纪末，努里斯坦（光明之地）一直被称为卡菲里斯坦（异教徒之地），当这些异教徒由多神教改信伊斯兰教之后，应埃米尔阿卜杜·拉赫曼·汗的要求，更名为努里斯坦。几千年以来，居住在巴基斯坦边境地区的卡菲尔人（努里斯坦人）仍在践行其古老的信仰。努里斯坦是阿富汗仅有的几处森林资源丰富的地区之一，当地人在他们耕作的河谷旁陡峭的斜坡上建造木制房子栖息。

许多布拉灰人在体质上看起来与南印度人有联系。他们可能是被推测为印度河流域文明的最初创立者的遗裔，也可能是从南印度的家乡迁徙出来的。布拉灰人与其邻居俾路支人相比，通常社会地位比较低。阿富汗的俾路支人中有许多是渔民。这在阿富汗是一种少见的营生。他们在锡斯坦的沼泽和季节性湖泊里捕鱼；还有一部分人在肥沃的赫尔曼德河河堤上从事耕作。

库　奇　人

从远古时代起，阿富汗就有人口众多的季节性游牧民族，被称为库奇人。从种族上讲，他们中的大部分是普什图人（或俾路支人），只不过他们没有完全适合普什图部落的社会结构而已。

在寒冷的月份里，库奇人在阿富汗各地或者是在巴基斯坦，在低地营地中搭建起他们的黑色帐篷，他们也经常耕作自己的土地。而到了温暖的月份，他们通常会携带所有的财产，在阿富汗中央高地上放牧羊群。具有得天独厚的商业文化的库奇人，向途经的每一个村落出售畜产品，并向当地农民提供现金贷款。

连年的战争引起了民族关系的紧张，库奇人的邻居乌兹别克人、土库曼人、塔吉克人和哈扎拉人占据他们的农田或者堵塞他们迁徙的路线，尽管哈米德·卡尔扎伊领导下的现政府也在试图保护他们的权利，但库奇人与其邻居的关系也在渐渐疏远。持续不断的战争威胁以及数百万的地雷驱使很多库奇人进入赫拉特或坎大哈附近的难民营，或者是离开阿富汗移居巴基斯坦。21 世纪最初几年的严重干旱使得他们牧群的数量急剧减少。

由于库奇人通常被计入普什图人口的总数之中，所以他们确切的人口数量并不为人所知并存有争议。根据联合国世界粮食计划署（UN World Food Program）最近的研究报告估计，库奇人的数量由 20 世纪 80 年代初的 200 万—250 万降至 2004 年的 130 万—150 万。

2. 语言和宗教 18

与民族人口数字一样，阿富汗的每种语言的使用人数也是常有争议的——而且一个人认定的“语言”，往往在另一个人看来是“方言”。这里我们再次使用美国中央情报局提供的数据，2004 年阿富汗的主要语言有：阿富汗波斯语（达里语），占 50%；普什图语，占 35%；突厥语（主要使用者为乌兹别克人和土库曼人），占 11%；还有 30 个小语种（主要有俾路支语、布拉灰语、帕沙伊语和努里斯坦语），占 4%；同时“大部分人是持双语的”。

达里语传统上是文学语言和官方语言，这是波斯人几个世纪的统治所造成的。所有塔吉克人都说达里语。普什图语是阿富汗的另外一种官方语言。数以百万计的阿富汗人，无论他们是何种民族出身，都会说这两种语言。

除了突厥语和布拉灰语（是达罗毗荼语的一种，阿富汗西南地区散布的部落说此种语言的人总计可能有 20 万人），几乎所有的阿富汗语言和方言都属于印欧语系的伊朗语支。波斯语和普什图语是伊朗语支的两大组成部分，俾路支语和普什图语的关系非常接近。通常认为，帕沙伊语和努里斯坦语组成另外一种与伊朗语支在起源上相似的语系。

阿富汗 99% 的人口是穆斯林，其中大约 80% 属于伊斯兰教逊尼派，19% 是什叶派，其中可能有 1% 是伊斯玛仪派①。印度教、锡克教和犹太教不足总人口的 1%。

20 世纪 80 年代期间，大约有 5 万印度教徒和锡克教徒生活在城市里。他们主要是贸易商、批发商和放债者。阿富汗印度教徒和锡克教徒除了说达里语和普什图语外，还操北印度语和旁遮普语。数千犹太人过去常常居住在喀布尔、赫拉特和坎大哈。他们在阿富汗享有举行宗教仪式和参加犹太教会堂的自由；他们一般说达里语和普什图语，有一些人能读和写希伯来语。

由于苏联入侵阿富汗、内战及塔利班的统治，迫使大多数犹太人离开了这个国家。2002 年，全阿富汗的犹太人数量仅剩下两个人，住在喀布尔市。在战争岁月里，很多印度教徒和锡克教徒也相继离开，但在 2001 年 11 月塔利班政权倒台之后，他们中的一些人重新回到阿富汗。

---

① 伊斯玛仪派属什叶派的一个支派。——译者注

2004 年的宪法赋予所有阿富汗公民宗教信仰的自由，所有宗教团体，包括基督教，都可以自由传播其宗教。

3. 音乐和舞蹈

音乐、唱歌和舞蹈在阿富汗人的家庭聚会、社交晚会、婚礼、节假日以及一些特殊场合中发挥着重要的作用。阿富汗不同的民族有着 20
各自的民间音乐风格，但是所有民族也分享着某些共同的元素。

尽管阿富汗传统音乐通常在西方人听来较少“异域”风情，举例来说，当其同印度音乐相比时尤其如此，但与西方音乐相比，阿富汗传统音乐有着截然不同的音节、音程和韵律。阿富汗古典音乐和民间音乐在最近几十年正经历着一场复兴，尽管现代西方音乐和印度音乐已经渗透到这个国家，并受到当地的模仿。

在大多数的庆典上，男女分别呆在不同的屋子里，并在各自的队伍里跳舞。“阿坦伊密里”（Attan-i-Milli），最初起源于普什图人庆祝胜利的户外舞蹈，现在已经被接受为阿富汗的民族舞蹈，经常会在庆典结束的时候表演。这是一种伴随鼓和簧风琴的单一的“mogholi”节奏表演的圆圈形舞蹈，跳舞时节奏逐渐加快，最后舞步在余绕的狂欢声中结束。

塔利班统治时期，演奏乐器、听音乐或跳舞都被视为非法，并且由宗教警察强制执行这条法令。塔利班当局销毁了数以千计的音频和视频音乐带，经常是在大火中焚毁。塔利班政权倒台之后，人们又开始品味他们的传统音乐。就在 2001 年 11 月塔利班撤退的那些日子，小贩们又开始在喀布尔市的大街上出售光盘了。

阿富汗的乐器与中亚、伊朗和印度使用的乐器类似。最常用的乐器有如下几种：

德霍拉（dhol）[①]，是一种用木头和展开的山羊皮做成的桶状鼓，绳索穿过铜环以绷紧山羊皮。

---

① 也译为双面桶鼓。——译者注

泽巴格哈里（Zerbaghali）[①]，是一种大的宽头窄脖颈的瓶状鼓。鼓身是用烘烤的黏土制成的，通常还会在上面绘制各种图画和装饰，上部用绷紧的山羊皮覆盖。这种乐器也流行于伊朗和土耳其。

达依拉（daira）[②]，是一种小手鼓，用直径约10.25英寸（26厘米）及深约2.33英寸（6厘米）的木环制成。鼓的一边用绷紧的山羊皮覆盖。为了增加音响的效果，木环的里侧通常会系上铜环和铃铛。这种乐器一般由女性演奏，她们用手击打鼓面。

雷贝琴（rebab）是古代的一种短颈琵琶，身上有18根肠线和金属线，表面覆盖上绷紧的山羊皮。

21 坦布拉琴（tambur）是一种弦乐器，用挖空的木头和金属弦制成。在食指上套一个金属尖状物演奏。琴弦的数目是变化的，但最常见类型是有18根弦的坦布拉琴。

其他弦乐器还有沙赫塔（shashtar）、瑞恰卡（richak）、瓦吉（waj）和萨朗基（sarani）。

4. 手工艺品

阿富汗主要的手工艺有木制工艺、皮革工艺、篮子编织和地毯编织。其中阿富汗制作的精美地毯闻名于世。

大部分地毯是由女性设计和制作的。女孩在很小的时候就开始制作毯子，而且这门手艺将伴随其一生。在苏联占领时期，许多阿富汗妇女在巴基斯坦和伊朗的难民营里仍旧在继续编织地毯。

5. 体育和竞技

“马背叼羊”是阿富汗的一项民族体育运动，阿富汗人因此项运动在19世纪的欧洲人中得到了一个凶猛的名声。这项运动现今仍旧很流行，特别是在独立日、新年节日以及其他重大的日子里。

---

① 也译为高足杯鼓。——译者注

② 也译为单面手鼓。——译者注

图 10　“马背叼羊”是阿富汗的一项可以追溯到成吉思汗时代的民族体育运动。（沙伊斯塔·瓦哈卜拍摄）

“马背叼羊”可能起源于蒙古或突厥入侵者，在阿富汗北部的塔吉克人、乌兹别克人和土库曼人中特别流行。这是一项没有明确游戏 22
规则（到目前为止）的危险运动，并由专业的、健壮的骑手进行比赛。参赛者间竞相抢夺并携带宰杀后的无头羊胴体从起点到指定的终点。参赛者既可以是个人，也可以是两个相对抗的团队。

“马背叼羊”需要骑师与马之间、同一团队的队员之间有非凡的默契。运动场地的大小各异，甚至可以大到横跨几英里。秋季来临时，把犁耕过的土地重翻、施肥都是由马来完成的。马匹至少要训练 5 年才能参加比赛。现代的马球就是英国殖民者模仿阿富汗的“马背叼羊”发展而成的。虽然塔利班政府宣布“马背叼羊”运动不合法，但是早在 2001 年 9 月，喀布尔就已经在着手准备大型的公众比赛了。

阿富汗很多贫困的家庭要求他们的孩子很小的时候就去工作以贴补家用。这些孩子要么随父母在农场工作，要么在商店、工厂、办公室，或者为富有的家族做家仆。因此，他们很少有时间出去玩，他们能够参加的游戏通常是简单而又便宜的。有些仅限于男孩玩，而有些仅限于女孩。

最常见的游戏是如下这些：

“斗风筝”通常是男孩的游戏，尽管也有很多成年人参与。一旦风筝升空，每一个参与者（或者同一团队的两个队员）操控他的风筝，为的是自己的风筝线和其他参与者的风筝线能够交织在一起。所有参赛者（一般有25人左右），连续地相互交织这些被涂上一层透明色的风筝线，直到其中有一个断线而落。旁观的孩子们会试图抓住那只被击败的风筝。

风筝是用竹子和薄纸制成的，尽管也经常被做得如一个成年人那样高，但其最典型的长度约在3.5英尺（1米）左右。这项运动也被塔利班禁止。

“跳房子”游戏，首先女孩们会在地面上画一个长方形，大约有6英尺（1.8米）长，3英尺（接近1米）宽，再把这个长方形分成8个小格子。每一次只能有一个人玩，游戏者先把一个小而扁平的卵石扔进第一个格子，然后用单脚跳把卵石踢出去，如果她脚没有踩着任何线就算成功了，就这样依次进行下一个格子。合玩的一种游戏，直
23 到她完成了所有的格子，才能接着重新开始；如果她失败了，下一个游戏者会接替她。

“捉迷藏”是男孩和女孩都可以玩的游戏，甚至可以男孩和女孩一起玩。其中一个人把眼睛蒙起来并数到10，这时所有其他游戏者都会躲藏起来。这个游戏的过程和在西方很相似。

“磕鸡蛋”，顾名思义，就是用鸡蛋作“武器”——但鸡蛋是煮熟了的。这个游戏一般在纳乌鲁兹节或者任意一个尔德节（见下文）时进行。一个游戏者把熟透的鸡蛋竖着握起来，另一个游戏者用鸡蛋轻叩，直到其中一个鸡蛋壳破裂。持有破鸡蛋的一方便输掉了游戏。参加这个游戏的既可以是儿童，也可以是成年人，通常在户外进行。

图 11　“磕鸡蛋”是阿富汗人在一些特别场合如“纳乌鲁兹节”和尔德节玩的游戏。（沙伊斯塔·瓦哈卜提拍摄）

6. 宗教节日和民族节日

20 世纪，虽然阿富汗人开始庆祝世俗的民族节日，但穆斯林的宗教节日仍旧得到最为广泛的庆祝。大部分阿富汗人在开斋节、宰牲节和“纳乌鲁兹节”时，会设法购置新衣服。他们在节日期间主要活动是拜访亲友、共进餐食和传统游戏。一些地方，人们会在那些特别的 24
场合架设弗累斯大转轮、秋千以及其他娱乐设施。

“纳乌鲁兹节”（新年）在春天的第一天庆祝，这也被认为是阿富汗太阳历的第一天。这个节日可以追溯到琐罗亚斯德教时期，伊朗也庆祝这个节日。在新年期间，阿富汗人会在全国范围内植树以示庆贺节日。

阿富汗人还会为新年准备特殊的食物。女性会通宵达旦地烹饪、唱歌、跳舞和演奏“达依拉”。她们烘烤一种叫“Kulcha-i-Nawruzi”的彩色小甜饼，还会准备像 samanak 这样的特殊菜品，这是一种用麦芽和整个胡桃一起烹饪几小时、并配以白米和菠菜制成的布丁。阿富汗人还会准备一种被称为“mewa-i-nawruzi”的水果饮料，用坚果和干果配制而成，其成分有胡桃、杏仁、杏、葡萄干、阿月浑子果及莲果。

莱买丹月，穆斯林太阴历的第九个月是斋月，白天斋戒而晚上庆祝。从这个月的第一天至下个月的第一天，全都是节假日。在莱买丹
25 月，穆斯林从日出到日落整天戒除吃、饮、服药和吸烟。但儿童、病

图 12　很多阿富汗人在喀布尔市的萨基圣殿庆祝新年。（沙伊斯塔·瓦哈卜拍摄）

图 13　2003 年尔德节期间，在喀布尔市，一个哈扎拉家庭在去拜访亲友的路上。（沙伊斯塔·瓦哈卜拍摄）

人和旅行者除外。由于太阴历与太阳历并不存在对应关系，莱买丹月可以出现在任何季节。[①] 人们在日落之前准备食物以结束一天的斋戒。大部分穆斯林以吃椰枣来结束斋戒，参加礼拜，然后吃晚饭。

开斋节开始于莱买丹月之后的伊斯兰教历 10 月的第一天。在阿富汗开斋节有 3 天的假日。在这几天里，人们会用茶水、饼干和糖果，特别是表层涂上糖的被称为努古（nugul）的杏仁款待客人。家里的年轻成员从亲戚那里收到钱作为礼物，称之为“艾迪”（Eidi）。

宰牲节是在太阴历最后一个月的第 10 天开始。根据《古兰经》的教导，那些有经济能力的人宰杀羔羊或牛以纪念以实玛利的献身。宰牲的肉要和家人、朋友和穷人分享。宰牲节期间，那些有时间和金钱的穆斯林要去麦加朝觐。朝觐是伊斯兰教第五项也是最后一项重要的功修，如果条件都允许的话，一个穆斯林一生必须至少参加一次朝觐。

圣纪是伊斯兰教历 3 月 12 日——先知穆罕默德出生和去世的日子。全世界的穆斯林都会纪念这一天，并参加礼拜活动。阿富汗人会 26
做一种叫“哈尔瓦”（Halwa）的芝麻蜜饼，和家人、朋友一起分享。

阿舒拉日是什叶派穆斯林的节日，是为了纪念先知穆罕默德的外孙侯赛因的殉难——680 年（伊斯兰教历）1 月 10 日，侯赛因于伊拉克的卡尔巴拉遇害。什叶派穆斯林会拜访他们集体哀悼的专门礼堂——“塔基亚克汗纳斯”（Takiyakhanahs）。当哀伤更进一步时，献身者行进在大街上，用鞭子、铁链和尖状物抽打自己，一般会流出血来。

每年的 8 月 18 是阿富汗的独立日（或解放日），开始于 3 天的官方假期，而后是持续一周的节日庆祝活动，包括阅兵仪式、焰火、音乐和晚会。独立日是为了纪念 1919 年阿富汗与大英帝国签署《拉瓦尔

---

① 伊斯兰教历以 12 个月为一年，单月为大月，30 天，双月为小月，29 天。平年 354 天，每年比公历约少 11 天。——译者注

品第协议》，获得完全独立。在此之前的40年里，英国正式控制着阿富汗的所有外交事务。

在5月1日举行庆祝的劳动节，是向所有阿富汗劳动人民表示敬意。5月4日是官方的烈士和伤残纪念日。

六、主要城市

1. 喀布尔

喀布尔于1775年开始成为现代阿富汗的首都，也就是阿赫迈德沙·杜兰尼的儿子帖木儿·沙把他的宫廷从坎大哈迁到喀布尔的时候。战略上，喀布尔坐落于阿富汗的东部中心，在阿斯马伊山（Asmai）与谢尔·达尔瓦扎山（Sher Darwaza）之间，在平均海拔约6 000英尺（1 830米）的高原上。喀布尔河从城中穿过，经巴基斯坦，最终汇入印度河。

历史上，喀布尔是印度与中亚间的古代贸易路线上的重镇，它也在不同民族和文化间的社会与文化交流方面发挥过极为重要的作用。白匈奴于5世纪建造的古城墙的遗址，至今在巴拉·希萨尔（大本营）仍旧可以看到。这座城墙有23英尺（7米）高，9英尺（3米）厚。在16世纪，莫卧尔王朝的建立者巴布尔使喀布尔成为其都城之一。巴布尔于1530年死于印度的阿格拉城（Agra），但按照他的遗愿，他的遗体被葬于喀布尔一个山坡上著名的巴加伊·巴布尔（Bagh-i-Babur）陵园内。巴布尔所布置的花园至今仍作为开放的公园而存在。

当杜兰尼王朝建立时，喀布尔只是一个小村庄。至18世纪末才成为一个拥有10万人口的城镇，并在随后的百余年里发展成为阿富汗最大的城市。今天，喀布尔正在成为作为阿富汗社会、经济、政治和文
27 化中心的大都市。全国各地的主要公路（近期重建）也聚集与此：从萨朗山口通向阿富汗北部地区和中亚的公路，东部地区由马希帕尔（Mahipar）与唐加·哈鲁（Tangi gharu）峡谷间的公路连接，南部与西部由喀布尔-坎大哈-赫拉特高速公路贯穿。喀布尔市区的街道在战

图 14　喀布尔市区行人和汽车。（沙伊斯塔·瓦哈卜拍摄）

争时期大部分被摧毁。

喀布尔市的人口数量由 1978 年的 60 万增至 2005 年的 300 多万。其中有大量难民来自巴基斯坦和伊朗，还有一小部分从美国和世界其他地方而来，他们是在 2001 年塔利班政权倒台后，返回阿富汗并定居在喀布尔市的。喀布尔市位于阿富汗主要民族普什图人、塔吉克人和哈扎拉人分布区的交汇地域，长期以来一直是阿富汗民族融合的大熔炉。

因喀布尔市有大量的国际援助工作人员和外交官员的缘故，很多商人和店主能说一些英语。美元是次于阿富汗尼的第二大流通货币，广泛用于零售贸易当中。

2. 坎大哈

1747 年坎大哈第一次成为近代阿富汗的首都。当时阿赫迈德·沙·杜兰尼在这里修建了他的宫廷。坎大哈市位于阿富汗南部中心地区，距离巴基斯坦边界不远。

喀布尔博物馆

2005年2月4日，喀布尔博物馆重新对外开放，并展出了17件来自努里斯坦地区的木刻雕像。这些物品，还有一件与实物一样大小的骑手雕像，都曾经被塔利班当局击碎，但在2001年以后被精心修复。

喀布尔博物馆建于1931年，曾因大量收藏影响阿富汗历史的诸文化的珍藏而举世闻名，这些珍藏可以追溯到前伊斯兰时期的古希腊、贵霜、佛教。考古学家在阿富汗各地挖掘出土的文物不断充实了这个博物馆。这个博物馆因此而成为阿富汗作为文明交汇地角色的见证。

1993年，在穆斯林游击队各派别间的残酷战斗中，喀布尔博物馆被炸毁，一些文物被劫掠。博物馆首席馆长及其职员尽可能地抢救文物，并把文物转移到博物馆地下室。然而，劫掠并没有停止过，尽管1994年联合国试图封锁博物馆大楼，但很多文物被转卖到巴基斯坦，从那里再卖给全世界的不道德的商人和收藏家。2001年，塔利班政权毁掉大约3 000件前伊斯兰时期的文物，因为他们认为这些文物违反了穆斯林禁止崇拜偶像的规定。

2002年，伴随着被盗珍宝的不断被找回，博物馆开始重建。幸运的是，被认为已经遗失的大约22 000件巴克特利亚金制品，在塔利班倒台后，在旧总统府的一个拱顶下被找回。

图15　1992年以后，喀布尔博物馆的文物被盗和被毁，很多珍宝近期被找回。（沙伊斯塔·瓦哈卜拍摄）

公元前329年，亚历山大大帝侵入坎大哈，并在这里建立了亚历山大大帝希腊城阿拉霍西亚（Arachosia）。在16－17世纪，伊朗的萨非王朝和印度的莫卧儿王朝争夺对坎大哈的控制权，因为此地控制着这两大帝国的主要陆路通道。至18世纪，为了赢得这座城市的独立，阿富汗人在米尔·瓦伊斯·汗的领导下对抗波斯帝国。也正是在坎大哈地区，普什图杜兰尼部落一致推举阿赫迈德沙作为即将独立的阿富汗国的统治者。从1996年起的5年间，坎大哈曾是阿富汗塔利班政权的精神之都，毛拉穆罕默德·奥马尔曾在坎大哈公开穿着先知穆罕默德的斗篷——阿赫迈德沙带到坎大哈的阿富汗最神圣的遗物，并声称自己拥有先知的权威。

坎大哈是阿富汗的第二大城市，据估计有人口几十万，其中大部分是杜兰尼普什图人。这座城市因石榴和葡萄闻名于世。

3. 赫拉特

赫拉特城位于阿富汗的西北部，其所在的横跨伊朗东北部和土库曼斯坦南部的地区，在历史上被称为呼罗珊。赫拉特城作为文化和经济中心至少已有2 000年的历史，并在波斯文化史上具有举足轻重的地位。

亚历山大大帝侵入赫拉特，并在那里建立了亚历山大大帝希腊城阿里亚（Arion）。650年，阿拉伯军队在追逐萨珊王朝末代皇帝时经过赫拉特城，并于700年左右征服这座城市。至11世纪，赫拉特成为穆斯林学者云集的著名城市。1220年，成吉思汗摧毁赫拉特城，并屠杀了这座城市的大部分居民，至14世纪，帖木儿又重新上演了这一幕。沙鲁哈·米尔扎重建赫拉特城后，这座城市成为艺术和文学繁荣鼎盛的著名文化中心。帖木儿王朝曾经在赫拉特建有宏伟华丽的建筑，尽管在1885年，英国当局为了腾出一个空旷战场以抵抗俄国的恐怖袭击，而炸毁著名的穆萨拉建筑群时，这些建筑物大多被毁，但仍有一些建筑留存于世。

赫拉特市是阿富汗的第三大城市。这座城市的经济来源主要依靠该地区富饶的农田，这些农田可以种植棉花、水稻、小麦和阿月浑子树。

4. 马扎里沙里夫

马扎里沙里夫城，意即“圣徒的坟墓”，是巴尔赫省的省会和阿富汗北部最大的城市，这座城市是以先知穆罕默德的女婿阿里命名的。
30 这座城市始建于12世纪。在当地一位毛拉梦到阿里（在阿富汗，他被称为哈兹拉特·阿里）葬于此地之后，每年有成千上万的阿富汗人来拜谒阿里的圣地。1420年，苏丹阿里·米尔扎在这块圣地上建立了美丽的蓝色清真寺。

有很多哈扎拉人、土库曼人以及其他民族的阿富汗人居住在马扎里沙里夫城，不过这座城市的主要居民是乌兹别克人。这个地区的经济以农业为主，不仅盛产各种的瓜果、棉花和丝织品，还有闻名于世的地毯、卡拉库耳大尾绵羊和马匹。

5. 加兹尼

加兹尼城，因古代的伽色尼而闻名，位于喀布尔与坎大哈之间的主要贸易通道上，在海拔超过7 000英尺（2 134米）的高原地区。这座城市在作为伽色尼王朝（994－1160）首都时达到其鼎盛时代。印度的穆斯林征服者苏丹穆罕默德在此地修建了一座华丽的清真寺。但加兹尼城的大部分历史遗迹，被包括1221年入侵的成吉思汗在内的外来侵略者所毁坏。

加兹尼城因镶边羊皮外套和背心而驰名，同时还是绵羊、羊毛、玉米和兽皮的交易市场。

第二章　早期历史（史前—651）

阿富汗的偏僻和缺乏吸引力可能使其有时看起来像是游离于世界 31
之外，但是，这片土地早在远古时代就接纳了人类在此居住。最初在平原和丘陵地带游猎的人们，和最初开垦土地、放牧畜群的人们已经确立起沿用至今的生活模式。尽管如此，阿富汗的地理位置使其成为民族和思想的交汇地，从未真正地与世隔绝，阿富汗的居民从与相邻土地上的人接触及其文化的连续性中获益匪浅。

一、最初的人类居民

阿富汗大多数史前考古的挖掘发生于20世纪50年代到70年代，由外国学者带头，而后加入的是由训练有素的阿富汗高校教师和考古学家组成的不断壮大的队伍。在这30年的勘探过程中，有少部分重要的考古遗址被发现并得到研究。这些遗址所揭示的极具吸引力的历史线索需要更进一步地广泛深入研究。不幸的是，在1978年的共产主义政变和1979年的苏联入侵以后，大部分工作都停顿下来。随后数十年的战争、贫困、隔绝以及对前穆斯林时代考古发掘在意识形态上的敌意，使得这项工作几乎没有取得任何进展。事实上，大多数处于暴露状态的考古遗址遭到自然风化、人为破坏以及蓄意劫掠。考古学家相信，现存未挖掘的考古遗址中还有很多不为人知的秘密，而且，一旦安全得以恢复

32

历史遗产的破坏

阿卜杜勒·瓦齐·费罗兹，国家考古研究所的总负责人，反省了战争对阿富汗文物和美国考古研究所的遗产所带来的灾难性影响。

阿富汗，位于古代东西文明的交汇之地，其疆域内的各个角落都埋藏着大量独一无二的珍品。也是基于这个原因，一些来自不同国家的学者和研究人员决定在这片土地上开始他们的考古活动……

战火把我们 70 年勤恳的工作和所取得的成就都付之一炬……喀布尔博物馆超过 70% 的珍藏被盗窃和劫掠……非法挖掘和大量的秘密挖掘活动在大多历史遗迹上进行，数以千计的有价值文物被运送到其他国家……

帕克蒂亚省价值连城的米尔·扎卡（Mir Zaka）财宝被当地居民、受巴基斯坦鼓励的军官和阿富汗交易商在 1993 至 1995 年间非法挖掘。发现的文物包括各种饰物、铸币、器皿、刻章和金、银、铜制的动物外形，以及重达数吨的青铜器，这些文物被盗窃并走私到巴基斯坦，根据一份法国的出版物，这些文物由巴基斯坦再被贩卖到日本、伦敦、瑞士、意大利、美国以及世界其他国家。同时希腊-巴克特利亚时期的阿伊·哈努姆（Ai-Khanoum）城在非法挖掘期间被劫掠者用推土机严重毁坏……在高压政策下，文化活动受到严厉限制而且数量减少……巴米扬两座巨大的佛教雕像，弗拉迪（Foladi）河谷和卡克拉克（kakrak）的其他雕像都被炸毁，2001 年
33 喀布尔博物馆收藏的数百件雕像被毁坏……重要的佛教寺庙 tepe shutur-e-hadda 被毁坏，其中所有珍稀铸造品被抢劫，这座寺庙不仅是一座固定不动的博物馆，而且还是犍陀罗艺术的杰作。还有（佛教）恰卡里（Chakari）尖塔，是 1 世纪最重要的纪念碑之一，也被炸毁。

阿卜杜勒·瓦齐·费罗兹："战争对阿富汗文化遗产的破坏作用"，摘自美国考古研究所网站：

http：//www. archaeological. org/pdfs/papers/AIA _ Afghanistan _ address_ lowers. Pdf. posted january3，2004.

和研究资金到位，其他数百处曾经得到鉴定并被认为有挖掘价值的考古遗址（洞穴和岩石掩体，有暗示性的土墩）将能够得到研究。

迄今为止，阿富汗考古挖掘的数量还是有限的，而未发掘的早期人类居住遗存则非常丰富，这些早期人类遗存出自类似现代人的智人，也可能出自尼安德特人。

时代最早的遗址是1970年在喀布尔市西南150英里处的达什基·纳乌尔湖（Lake Dasht-e Nawur）上方的梯田里发现的，可以追溯到距今10万年前的旧石器时代早期。在阿富汗境内没有发现明确的尼安德特人的骨骼；然而，在阿富汗东北部的达拉伊库尔（Darra-i-Kur）遗址发掘出了大量5万年前的石制工具。这些石器与北部不远乌兹别克斯坦境内发现的智人尼安德特人的考古遗存里的类似石器存在一定的联系。 34

兴都库什山的北部丘陵地区发掘了很多旧石器时代中期和晚期的考古遗址（35 000－15 000年前），其中很多给人深刻印象的文化遗迹是现代人类遗留下来的。搜集到上万件石器，包括用燧石或石灰石制成的石核、石片、石斧、削刮器、石刀、石锥和石枪头。同时还挖掘出很多骨器。从挖掘出的动物遗骨判断，这些狩猎者主要食用野生的绵羊、山羊、马、鹿、牛，有时候也会吃豺、狐狸、龟，甚至还有野鼠类。

在阿富汗北部的巴尔赫城南75英里处的阿克·库普鲁克山（Aq Kupruk）遗址发掘出的精美的手工艺品器具，代表着一种延续了约5 000年（20 000－15 000年前）的当地传统。当地居民还将他们的手工技艺用在非实用主义的用途上，20世纪60年代，在一个考古遗址的壁炉处有一个重大发现：一个精心雕刻的、2.5英寸（6厘米）大的石灰石鹅卵石。距今约17 000年，人类的形象被雕刻在这个椭圆形状的物体上。虽然已有年代更久远的雕刻品发现于欧洲，也可能发现于非洲，但这一块是在亚洲出土的历史最为久远的雕刻品。阿富汗早期象征思想的其他可能的证据是，发现于阿姆河以北100英里处的沙丘附近的细石器上的几何形图案，这些细石器可以追溯到约10 000年以前，这一时间说明，这些手工艺品也就比欧洲发现的有对称图案的最早器物稍微晚了一点点，是欧洲考古学家曾经花费了很多的时间才四处搜寻到的。

二、新石器时代

可能早在九千年以前的新时期时代，原始的“农学家”们就已经在耕种阿富汗北部的土地（阿克·库普鲁克遗址），与此同时，驯养绵羊和山羊的牧人则开始发展出沿用至今的半游牧社会组织的传统。突起的丘陵地形，不仅出土了阿富汗最早的新石器时代遗存，还构成
35 阿富汗东端一个气候带和地形带，这一地带通过北部伊朗，向西延展到现代的土耳其。现在仍旧是野生的小麦、黑麦和其他谷物产地的这一地带，很可能是中东地区小麦-大麦-绵羊-山羊经济模式的发源地，而这种经济模式为第一个古代伟大文明的发展奠定了基础。

不久以前，阿富汗封闭的山谷和丘陵也是极其多样的野生果物的产地，包括葡萄、樱桃、苹果、梨、桃子、杏、石榴、杏仁、胡桃和阿月浑子果，其中一些是目前在全世界范围内栽培的驯化的品种的祖先。但这些历史遗产注定在现代战争的大规模摧毁下消失殆尽，部分幸免于战火的余烬又被趋于赤贫的人口砍伐用做木柴。

尽管一些阿富汗新石器时代遗址表现出与中东地区的密切联系，但随后在阿富汗东北部的达拉伊库尔考古遗址（年代距今 4 000 年以前），与西伯利亚南部和克什米尔地区的古代游牧民族和半游牧的牧羊人所留下的遗址，具有更多的相似性。达拉伊库尔遗址出土有珠宝，有几何装饰图案的陶器，以及用于人类丧葬仪式的山羊的头和角。在阿富汗的墓穴和神庙中山羊角也被发现。

考古学家还在阿富汗的几处遗址中发现了新石器时代的农耕定居村落。这些村落一般是在地势低洼的河谷中。这是比丘陵地区的村庄更经得起检验的存在大规模农业生产的证据。坎大哈附近的德赫·莫拉希·格洪达遗址（Deh Morasi Ghundai）的年代可以追溯到公元前 5000 年，莫拉希遗址，与紧邻的萨义德·卡拉遗址（Said Qala）及其

以北 40 英里位于孟迪加克（Mundigak）的更大的遗址，为定居生活提供了一个几乎连续的历史记录，可以使学者们追踪到公元前第 1 千纪中期农业和城市技术的发展状况。

在阿富汗南部这些考古遗址的早期地层中已经出土了陶器、人形和动物形的陶制品、晒干的砖和小的铜制工具，陶制的排水系统和铜制的浴盆不久后也相继出土。这些文化遗存显示出与伊朗和中亚的某种相似性。

三、早期文明

根据青铜时代的地层（公元前 2000 年左右），这些村落与印度河流域文明有着显而易见的联系。他们很有可能是支撑今巴基斯坦境内巨大城市中心摩亨佐·达罗（Mohenjo-Daro）和哈拉帕（Harrapa）的贸易和农业网络的组成部分。在莫拉希（Morasi），庞大的砖结构神庙建筑群是对母亲神生殖力崇拜的证据。建有大规模纪念性建筑群的孟 36
迪加克遗址成为一个重要的城镇，根据一些考古学家的说法，这些建筑群是人类牺牲的见证。他们在阿富汗西南的锡斯坦地区和北部的土耳其斯坦地区也发现了其他印度河流域文化遗迹。

在喀布尔西南 150 英里哈瓦克（Khawak）山口附近的霍什·塔帕（Khosh Tapa）发现了一个更具文化折衷性的遗址。这个遗址的年代可以追溯到公元前 2300 年。在古代，这里曾经是中东、印度和中亚交通的十字路口。这个遗址出土的金银器上有来自上述各地区的动物图案。该地区附近的青金石沉淀物把这个地区与美索不达米亚和爱琴海地区联系起来。阿富汗的青金石早在公元前 3 世纪就以实物形式出现在美索不达米亚地区，而在爱琴海地区，在公元前 2 世纪的迈锡尼时代地层中也发现了青金石物品。同时该地区还可能曾经是中东的一个锡矿来源地。

另一个给人深刻印象的青铜时代城市遗址是位于阿富汗北部平原中心地带马扎里沙里夫城附近，年代为公元前 1500 年的达什里（Dashli）遗址。其年代为公元前 1500 年。该遗址出土的文物有精美的本地陶器和引入该地的伊朗陶器。此外，青铜和铜制武器，还有一个纪念性宫殿的遗存。

由于没有任何形式的书写的遗存，学者就早期城市居民的语言或民族问题尚不能做出确切的论断。或许他们与那个时代生活在发达文明地区的民族有着联系——生活在东方的印度河流域的民族，或者生活在西方的美索不达米亚平原的民族。但是，至公元前 2 世纪的上半叶，至少语言的面貌开始有一点清晰起来。

早期，位于孟迪加克的古代城镇在破坏中存活了两个短暂的时期，破坏力显然是来自西边伊朗高原和中亚费尔干纳的劫掠者。但在公元前第 2 个千年的中期，当一系列更加持久的侵略开始之后，这座城镇未能在新一轮的攻击中存在下来。在接下来的两千年间，操印度 - 伊朗语的游牧民族连续不断的侵略，重新改写了这一地区的历史。

四、雅利安人和他们的信仰：婆罗门教和琐罗亚斯德教

公元前 2000 —前 1500 年，印度-伊朗人或雅利安人的部落依靠武力大规模进入阿富汗。这是他们带着自己的语言和大部分文化迁向今天伊朗和印度一带的大规模移民的组成部分。少数历史学家推测，一些移民运动甚至可能出现得更早。无论是哪种情况，这些人与操印欧语系内其他语言的古代欧洲人有着怎样的联系，现在仍然不是很清楚。

37 今天大部分阿富汗人（阿富汗的乌兹别克人和土库曼人除外）所说的语言都或多或少是从雅利安人入侵者那里直接沿袭下来的。很多阿富汗人自己很可能就是这些移民部落男女的后裔。前雅利安时期的阿富汗人口绝对没有印度河流域的人口多，这些阿富汗人很可能是被驱逐或者在特定区域是为雅利安人所取代。

用梵语书写的《吠陀经》（前 1500 —前 900）是印度最古老的印度教文献。梵语是北印度语和其他印度语的初始语言），《吠陀经》将雅利安人描写为放牧的民众。这些民众为手拿铁制武器和驾着马拉战车的武士所领导。长期以来历史学家一直相信，雅利安人来自中亚大草原。但也有其他学说认为他们起源于中东地区。雅利安人出现在南

亚的历史，刚好也是印度河流域文明突然终结的时代。这使得早期的历史学家们猜测到雅利安人经阿富汗，对印度进行了急骤的、毁灭性的侵略。这些历史学家把《吠陀经》所载地名与阿富汗考古遗址一一对应，勾勒出了阿富汗在有文字记载的历史中最初呈现出的场景。近来更多的历史学家认为，雅利安人的迁移更可能是循序渐进的，有些历史学家甚至相信，早在《吠陀经》记载的时代以前，印欧语系的语言就已经在印度出现了。

《吠陀经》和其他半传奇的历史材料，为雅利安人描绘了一个田园牧歌式的画面。他们以部落（每个部落都有自己的方言）、氏族和家族为单位，并由所有成年男子组成的会议选举的首领进行管理。妇女们可以自由行动，而且有时她们也参加战斗。雅利安人起初虽是一个游牧民族，但也定居在位于阿富汗北部中心的巴尔赫城，并称之为“诸城之母”。从巴尔赫城出发，经撒马尔罕可以到达中国，经喀布尔河谷可以到达印度，经赫拉特可以到波斯，都存在着一定的贸易活动。至公元前 1 世纪，吠陀信仰（后来称之为婆罗门教，或者印度教）大概得到印度北部大多数人以及相邻的阿富汗许多地区的人民的崇拜。

现代阿富汗语言与伊朗语言的关系要比与印度语言的关系更为紧密。雅利安人的伊朗分支可能随第二次迁徙浪潮，由阿富汗北部进入伊朗，最终在阿富汗南部也同样散布开来。琐罗亚斯德教（古代伊朗的宗教）的古老经卷《阿维斯陀》，清楚地提及阿富汗的地名，如巴尔赫城。伊朗拜火教创始人琐罗亚斯德本人可能就出生在阿富汗，也很可能是在这个国家去世的。传说他曾鼓励当地的雅利安部落接受农业，并以最高神阿胡拉马兹达（Ahuramazda）仆人的身份宣扬统一，这个最高神是善的精神，以祭祀的火焰作为象征。

因此可以把阿富汗北部看成是琐罗亚斯德教起源的中心地带。 38
《阿维斯陀》记载了来自北方的猛烈袭击，在其中一次袭击中，琐罗亚斯德本人显然于巴尔赫城遇害，时间大概是在公元前 900 年至公元前 6 世纪末之间。

如果后一个时间是准确的话，那么琐罗亚斯德在他所生活的时代已经取得了非常的成功，因为《阿维斯陀》在波斯王居鲁士大帝统治时期（前 559 —前 530）被写定成书，也正是居鲁士大帝使琐罗亚斯德教传播到广阔的阿契美尼德帝国各地。后者是以其以统治者半传奇性的祖先阿契美尼德命名的。至晚在大流士一世时（前 522 —前 486），琐罗亚斯德教已成为波斯帝国的官方宗教。琐罗亚斯德教在阿契美尼德王朝、帕提亚王朝和萨珊王朝始终是全民信仰，只是到公元 7 — 8 世纪的穆斯林征服以后才走向没落。琐罗亚斯德教，在印度和伊朗的一些小的区域里残存（但在阿富汗已经绝迹），代表的是早期多神教与合乎道德的一神教以及在当前世界占主导地位的普世主义哲学之间的一种转变。其追随者（还有一些学者）声称，琐罗亚斯德教的思想不仅影响了古典希腊哲学，也同样影响了早期犹太教、基督教、伊斯兰教和佛教。

五、亚述人、米底人和波斯人

根据罗马历史学家阿利安（Arrian）的说法，第一次征服阿富汗领土的中东人是亚述人（前 8 世纪），其统治包括伊朗的大部分地区，并可能远达阿富汗南部的坎大哈。如果这个说法属实的话，那么他们对于阿富汗并没有留下深远的影响。

紧跟亚述人之后的是米底人，他们是与波斯人有联系的伊朗北方部落群。在公元前 600 年以前的某个时候，他们依靠骑兵创造了一个帝国，这个帝国从安纳托利亚和高加索地区伸展到中亚地区。正如阿利安所说，合理的假设是：他们同时也控制着阿富汗北部和西部地区。米底人迅速走向衰落，至公元前 550 年左右被波斯人征服，而波斯人则继续开拓，创造出至今为我们所知的最大的政治实体。

在西方传统下教授的历史总是从古代肥沃的新月地带开始，然后转到希腊，是站在西方人看东方的立场上来看待波斯帝国。我们知道，在伊朗高原上建立帝国的居鲁士大帝，征服了位于西方的巴比伦，并允许《圣经旧约》中提到的犹太人流亡者返回耶路撒冷。大流士一世
39 征服了色雷斯（Thrace），并入侵希腊。继而马其顿国的亚历山大带着

他的军队从欧洲征服了广阔的阿契美尼德王国。但是，亚历山大大帝所征服的帝国，一半领土位于其皇室都城所在的苏萨城（伊朗）以东。巴克特利亚总督的辖区在阿富汗北部，阿里亚总督的辖区在阿富汗的西部，阿拉霍西亚总督的辖区在阿富汗的南部，犍陀罗总督的辖区在阿富汗的东部，这些辖区的名称依据的是大流士在贝希斯顿（伊朗）所刻的著名的碑铭，他在这个碑铭中罗列了他所继承的领土。加上西南部的 drogiana 和中亚的索格底亚纳，这些东方的领土（包括今天阿富汗全境）曾经都是波斯帝国的组成部分，在随后的所有时代里，这些都被写入波斯的历史和文学作品当中。

因此，无论伊朗人来自何方，在有史时期他们的政治、宗教和文化遗产覆盖了阿富汗的大部分地区。至今，作为波斯语一种的达里语，比伊朗的方言更接近于伊朗的标准语，是阿富汗官方语言之一，而且有 50% 的阿富汗人讲达里语的这种或那种方言，在现代，达里语还是宫廷语言，即使宫廷是在说普什图语的长老和君王的领导之下。

居鲁士至少发起过两次行动，以确保他的阿富汗领地的安全。在其中一次行动中，他穿越西南部的沙漠区（在这里，他的军队如果没有得到当地 Ariaspian 人的帮助，可能会全军覆没），横穿阿富汗南部，一直到贝格拉姆（在今天喀布尔附近），并在此修建了一个名叫卡皮萨（Kapisa）的卫戍城。他还与乌浒水（阿姆河）北边的斯基泰人部落作战，并在那里修建了几个城市。他最后一次也是最重要的一次战斗是在药杀水（锡尔河）附近。

居鲁士是波斯政权的缔造者，而大流士一世是其巩固者。作为帕提亚（横跨今伊朗和阿富汗的边境地区）的总督，大流士在一次流血政变中夺得帝国的皇冠，并为帝国开疆拓土。但他最大的遗产是官僚政治。大流士将其王国重组为 20 个省份，由督军和皇家巡阅使监视下的波斯总督管辖。军队也按照合理的原则重组。保护交通线路安全以确保从每个地方稳定地征集赋税。波斯语也第一次用文字书写（最初是一种楔形符号表达，后来用字母书写），但已经是中东地区混合语的亚拉姆语，成为政府的官方语言。随之阿富汗也紧紧地进入广阔的文明世界。

大部分古波斯历史之所以为世人所熟知，应归功于希腊（和以希腊为基础的罗马）的历史学家，他们主要依靠第一手的记载。阿契美
40 尼德王朝的皇帝雇佣了许多有着军事和其他技能的希腊人，还把希腊殖民者安插到蔓延的边界地区以帮助波斯人戍守边疆。因此，阿富汗的第一批希腊居民比亚历山大大帝还要早一或两个世纪。然而，无论他们有什么军事技能，他们也不能长时间守住帝国南部和兴都库什山东部的总督辖区。

公元前 5 世纪的希腊历史学家希罗多德，是第一个没有任何虚饰地详细记载阿富汗历史的人。他在史书中记载了阿富汗东部尚武好战的帕克蒂亚（Paktuyke）部落，有人认为这就是今天阿富汗最大的民族普什图人。他们的衣着和武器，希罗多德写道，和北部巴克特利亚人的很相像。他们最后被大流士在其印度行动中所征服，被迫每年向大流士纳贡 170 个金币。

六、马其顿国的亚历山大

早在新石器时代和雅利安人迁徙期间，阿富汗就已经扮演着一个文化中间人或者文化中转站的角色。作为马其顿国的亚历山大——也被称为亚历山大大帝——一生经历的结果，阿富汗的这一角色表现得更为强烈。这个尚武的帝王或后来以其名义讲话的辩护者，将其血腥的经历辩解为一次传播希腊价值观，或者是一场将东西方最优秀的东西整合为统一文明的运动。无论其动机如何，事实上他确实在东方留下了一个有持续影响力的遗产，尽管事情总是以他未曾预见到的方式在转变。

后期的阿契美尼德国王们不再牢固地控制着阿富汗的总督辖区，然而，来自巴克特利亚（阿富汗北部）的武士动员起来，帮助大流士三世（前 380 —前 330）应对马其顿人的威胁。公元前 331 年，巴克特利亚人的骑兵在总督柏萨斯（Bessus）的领导下，在伊拉克北部高加米拉的决战中勇敢地战斗（依据希腊资料），但是他们不能阻止帝国

注定的溃败。亚历山大很快就控制了这个寓言中的巴比伦，烧毁了波斯神圣的都城波斯波利斯，并把大流士三世追击到里海地区。也就在此地，大流士三世被柏萨斯和另外两个背叛的总督杀害。

与关于他的其他话题相比，阿富汗人对亚历山大要熟悉得多，因为他此后仅有的 7 年人生，有 4 年是在阿富汗度过的。他生活在这里并在与阿富汗相邻的区域里战斗，在那里修建了几座城池，还娶了巴
克特利亚的公主罗克萨娜。阿富汗全国仍流传着很多关于亚历山大的 41
民间故事。由此可见，亚历山大给这个国家留下了深刻的印记。罗克萨娜公主也是如此，在阿富汗，为人父母者非常喜欢用她的名字给孩子命名（虽然她和她的儿子在其短命的丈夫死后也没有再活多久）。

公元前 330 年，亚历山大为了完成他对全部波斯世界的征服，以及为大流士的谋杀复仇，而进入了阿富汗，但事实证明当地的部落和总督比西方的更加狡猾，其反抗更为强烈。亚历山大在今天的赫拉特附近修建了亚历山大・阿里安那（Alexandria Arion），随后征服者沿着历史悠久的入侵路线向南到达锡斯坦地区；向东行进到坎大哈地区，并在那里修建了亚历山大・阿拉霍西亚城（Alexandria Arachosia）；向北攻打到喀布尔河谷地带，在那里他建立了亚历山大・德库卡苏姆城（Alexandria ad Caucasum）。在中亚地区的两年纵横征战后，他返回并跨过乌浒水，重建巴尔赫城，并将之作为另一个希腊-亚历山大城，随后艰难跋涉越过兴都库什山，在印度河流域留下了他的足迹。在印度的比亚斯河，他那胜利但疲惫不堪的部队最终强迫他返回。

七、希腊-巴克特利亚人

虽然亚历山大的东方征服运动最终全面衰退，但其民众和驻军却留了下来——仅在巴克特里亚地区就有 13 000 人的部队。亚历山大去世后，其在东方的继承者塞琉古一世尼卡托（前 358 —前 281），招纳来自希腊本土的数以千计的殖民者，来增强巴克特里亚地区的守军，这是古代历史上最伟大的和平移民之一。

新来的殖民者不仅巩固了亚历山大的城池，而且还创建了新的城

池，并把希腊文化传播到远至印度和中亚的地区。公元前 303 年，塞琉古一世在与印度孔雀王朝的缔造者旃陀罗笈多·摩揭陀的战争中彻底失败以后，被迫割让兴都库什山南部大部分土地，但他仍保留着巴克特里亚的土地。此后，在一个和平联系时期，两大强国间的外交、贸易和文化交流持续发展，促使新的城市文明在阿富汗北方繁荣起来。

当从北方而来的游牧民族帕提亚人重建了一个独立的波斯国，在阿富汗与说希腊语的西方之间设置了一个令人生畏的障碍时，希腊殖民者留下来的巴克特里亚地区很快就脱离了塞琉古的最高统治。公元前 250 年以后，在狄奥多图斯二世的领导下，希腊-巴克特里亚人最终获得了完全的独立。他们的后裔在两代人的时间里控制着兴都库什山以北的全部阿富汗，还有中亚的一片辽阔的条状地区。他们的帝国，或者至少他们的袭击，延伸到了中国汉朝的边界，因此希腊历史学家斯特拉波（Strabo）声称：在当地边境地区的希腊士兵偶尔会描述这一时期的中国艺术。

42 这些接触被中国朝廷适时地记录下来。给帝王们留下深刻印象的是有关定居城市的传说，这些城市带有文明的生活方式和对中国奢华的喜爱，坐落在一片远离野蛮地区的土地上。这是中国与其他文明世界之间最初的正式接触。或许最初向西方传播的技术革新是实用的铜-镍合金，这项技术在中国被用来制造武器，在巴克特里亚被用于其举世闻名的铸币。更为持久地，“丝绸之路”在公元前 2 世纪的某个时候开始走向辉煌，为阿富汗的中间商提供了持续 1 700 余年（中间也有盛衰和几次大的中断）的商业利润的源泉。从其最初的时期开始，“丝绸之路”就同时也成为一个文化交流的管道，如印度的宗教思想，中途被希腊风格的文化修正后，开始慢慢地传入中国，并最终传遍东亚其他地区。

1964 — 1978 年间，法国科学家在阿富汗北部靠近阿姆河的阿伊·哈努姆（Ai-Khanoum）考古遗址的发掘，发现了一个给人深刻印象的希腊化城址，里面有剧场、体育场、宙斯神庙，还有带科林斯式柱廊的希腊风格的房屋和大理石雕像，以及大量希腊碑铭。波斯风格的艺术图案也大量存在于同一个城址之中，这个城很可能是亚历山大亲自建立的城池之一。不幸的是，当考古挖掘中止之后，这个城址的珍宝被随意劫掠20余年。2000年，整个考古遗址被塔利班当局用推土机摧毁，但是，其可能留存的遗物还是足以带来许多卓有成效的考古工作。

希腊–巴克特里亚的统治，不论是通过一个政府，还是通过一系列地方王朝，最终延伸到了印度洋，在这里“丝绸之路”贸易被希腊化的埃及延续着。公元前180年，希腊–巴克特里亚国王德米特里一世翻越山脉南下入侵印度。在随后的两百年间，印度北部的大部分地区被 43
印度–希腊国王们统治着，他们中的大多数，和受人尊敬的米南德一样，都成为佛教徒。事实上，佛教在东方希腊地区的文明中扮演着重要的角色，至其高峰期（前150年），佛教影响着从恒河到咸海的广大地区。北部的希腊–巴克特里亚王国，在公元前125年左右，当面对来自北方的斯基泰人和印度–伊朗贵霜人的新一轮侵略时灭亡，而南方的统治者在约一个世纪以后也向这些侵略者屈膝投降。希腊语最终在阿富汗消失，这种语言可能从来也没有被希腊城邦的乡下臣民使用过，希腊殖民者看来也融入到当地人口之中或者是消失了。然而，在喀布尔东北的努里斯坦地区隔绝的河谷中，当地的居民中很多人有着金色或红色的头发，蓝色或介于中间颜色的眼睛。第一次遭遇这些“卡菲尔”（源于阿拉伯语“异教徒”）——他们在1895年皈依伊斯兰教之前被当地人这样称呼——的

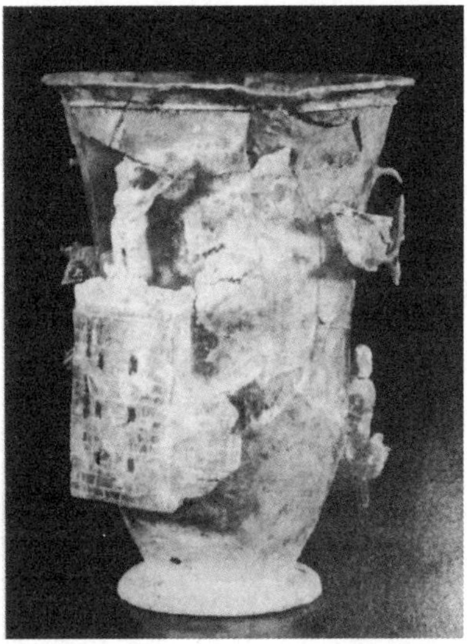

图16　“灯塔花瓶”，亚历山大的灯塔指示物，1937年发现于喀布尔附近的贝格拉姆，其年代为公元1世纪。（阿富汗：《古老土地与现代途径》，阿富汗皇家政府规划部，1961年）

欧洲人推理认为，他们是亚历山大的军团的后裔。本土的传说，同时还有那些在神话、音乐和体育方面可感知的与古希腊的相似性，也都支持这种观点。无论如何，当地语言属于印度-伊朗语族的一个古老分支。或许“卡菲尔”人在与世隔绝中保留的史前印-欧特性，刚好和印-欧希腊人的特性一致，而后来的民族和宗教的侵入，使得这些特征从其余的阿富汗地区消失。确实，同样的侵入后来也修正了希腊特性，在阿富汗，没有人再信奉宙斯神，而且大部分人也不再是金发碧眼（如果他们在古典时代真是那样的话）。

八、孔雀帝国

在希腊国王们向兴都库什山南部推进之前，阿富汗南部地区成为大孔雀帝国的组成部分，被其统治了 150 年之久。孔雀王朝创造了古印度历史上光辉灿烂的时代。

孔雀王朝的缔造者是一个好战的印度人，名叫旃陀罗笈多·摩揭陀。他在马其顿军队的帮助下，在恒河流域建立了王国。大约在公元前 320 年，旃陀罗笈多返回印度河流域，推翻了那里的亚历山大的希腊殖民统治，继而与塞琉古一世尼卡托（战胜的）在阿富汗南部交战，并于前 303 年大获全胜。塞琉古被迫割让他在兴都库什山下面的所有土地，随后这两位君主建立了友好的外交和商贸关系。旃陀罗笈多为了签订协议，还赠与塞琉古 500 头战象，这 500 头战象在塞琉古
44 后来的中东胜利中起到了重要的作用。通过击退亚历山大在当地的继承者，孔雀王朝允许他们的希腊-巴克特里亚人邻居在北方走向繁荣，并最终赢得他们自己的独立。

孔雀王朝缔造者旃陀罗笈多的孙子是著名的阿育王（前 273 —前 232），他完成了对几乎整个印度的征服（尽管在北方他从未突破兴都库什山一线）。阿育王在最后一次战斗中屠杀了 10 万人之后，懊悔自责占据了他的内心（根据他在现存手稿中的解释），他皈依了和平主义的佛教，并在余下的统治时期，致力于为帝国构建一个用正确行为原则管理的中央集权的政治秩序，同时为把印度作为单独的统一国家

的思想开创了先例。在传教热情的驱使下，他在自己的领土内到处修建了数以千计的佛塔和纪念碑，并派遣传教者，向缅甸、斯里兰卡（至今此地佛教仍很兴盛）以及包括同时代的希腊–巴克特利亚王国在内的遍及东方希腊化世界的希腊城市传播佛教。在此时代，一个佛教小区可能在埃及的亚历山大扎根。希腊历史学家麦加斯梯尼（Megasthenes）居住在阿育王的宫廷，并撰写了第一部详尽描写印度次大陆的土地和人民的著作。

阿育王在他的整个帝国内竖立了很多刻有佛教碑铭的石柱，通常用当地语言书写，这些碑铭总称为阿育王法典。1958 年，在坎大哈附近发掘出一个这样的石柱，用希腊语（显然此时仍旧是当地的主要语言之一）和亚拉姆语（波斯帝国的官方语言，在罗马时期之前，在整个西亚地区被广泛用于外交和政府公务）镌刻。其他类似的阿育王碑铭后来在贾拉拉巴德附近被挖掘出来。和其他碑铭一样，坎大哈出土的碑铭正文赞美佛教戒律，或者“义”，体现了虔诚的人道主义。他们谴责对人和动物的残忍，并提倡中正的行为。

阿育王之后，孔雀王朝走向衰落。公元前 185 年，孔雀王朝的末代君王被一个婆罗门部将杀害，也正是这个部将发起了对佛教徒的迫害。这次对亲希腊君主的攻击，成为希腊–巴克特利亚国王德米特里一世的入侵（如上文所述）的导火索，最终导致印度北部和阿富汗的佛教徒的解放，并使得希腊文化和印度的艺术、哲学进一步融合，这次融合的伟大成果此时尚未到来。

九、贵霜帝国

印度与希腊的艺术和哲学的相互影响，起初是受到希腊–巴克特 45
利亚王国和孔雀王朝的赞助，而在贵霜帝国的统治下，达到其创作的巅峰状态，贵霜帝国囊括了整个阿富汗、中亚大部分地区和印度西北部，并以某种形式存在了近 500 年之久。贵霜帝国最有影响力的两个文化遗产是印度–希腊文化，或者称犍陀罗艺术，还有大乘佛教。

阿育王法典——坎大哈石柱敕铭

皮亚达萨王（上帝慈爱之人）向世人展现虔敬（佛法）已经有10年之久。从那时（以后）他使得人们更加虔诚。存在于整个世界的万物繁荣昌盛。而且国王还不（吃）众生，确实其他的人以及无论是为国王打猎的人还是捕鱼的人都停止了杀生，那些没有自制力的人也尽可能地停止缺乏自制力，（成为）顺从父母和长辈的人，诸如此类的情况以前从未有过。在将来，由于其所做的一切，他们会生活得比以前更加愉快。

“坎大哈双语石刻铭文”，阿育王法典的译文，摘自网络：URL：http：//www. tphta. ws/tph _ aski. atm. accessed December 1，2005.

公元前3世纪的某个时候。中亚地区的游牧民族进入了一个比以往更激烈的混乱和冲突时期。帕提亚人、斯基泰人（塞种人）和匈奴人被迫掀起侵扰南亚和西亚文明地区的浪潮，稍后，也侵扰了欧洲，这经常带来灾难性的后果。很多理论被提出以解释这种现象，有人认为中国新建的长城改变了移民模式；还有人猜想恶劣的气候剥夺了游牧民族的食物，抑或相反，良好的气候促进了人口的膨胀，进而需要地理上的新出路。

不管是哪种情况，斯基泰人是第一个突围进入阿富汗的民族，很显然，斯基泰人仅是满足于以土地为生，而没有强加任何正式的统治。根据记载，斯基泰人中的大部分此时已经进入普什图尼斯坦（Pashtunistan），或许普什图人就是他们的后裔，至少部分是。

46 在斯基泰人之后不久，随之而来的是贵霜部落，他们操着晦涩难懂的吐火罗语支下的一种古印欧语言，并作为一个较大部落联盟的组成部分，这个部落联盟以其中国名称月氏而知名，先前生活在中国新疆地区。月氏于公元前2世纪开始渗透到阿富汗，约至公元前135年，取代了北部的希腊-巴克特利亚人统治者。大约60年后，贵霜部落的首领丘就却和几个部落之间形成紧密的联盟，巩固他在北部地区的统治，并穿过各个山口向南部地区挺进。为了便于统治，贵霜人采用了希腊字母和希腊风格的货币制度，但是，这一时期的一个举行祭火典礼的贵霜庙宇已经被发现，显然他们保留了自己的印度-伊朗式的信仰，一种琐罗亚斯德教。

约至公元100年，在抵挡住来自波斯的帕提亚帝国和其盟友斯基泰人的一系列军事挑战之后，当贵霜的第三任皇帝迦腻色迦一世（约100－150）加冕称帝时，贵霜帝国达到了鼎盛。迦腻色迦一世被认为是一位声名显赫的君主，他使贵霜帝国的疆界扩张到其最大范围，并包括今天喀布尔以北的贝格拉姆（卡皮萨）在内的3个都城。

此时，旧世界主要的三大文明中心间的所有陆路、海路贸易通道都要经过一个得到相当良好管理的和宽容的王国，所有的陆路贸易通道都聚集在阿富汗境内。在迦腻色迦的统治下，"丝绸之路"走向繁荣，中国和印度的陶器被带到罗马，而西方的货物被运送到中国，在其刺激下，从前的边缘地带里，文明的城市中心不断涌现。从罗马帝国（包括叙利亚和埃及）出口的有贵金属、羊毛和亚麻制衣、黄玉、珊瑚、波罗的海琥珀、乳香、玻璃制品和葡萄酒。印度为多种贸易提供了棉花，还有靛青、香料、珍珠、象牙、准宝石、克什米尔羊毛、铁剑和皮毛。还有来自中国的未加工的和刺绣的丝绸、西伯利亚和中国东北的皮毛、碧玉和东方香料。所有地区出口的各自特色鲜明的精美陶器和手工艺品，得到了整个文明世界鉴赏家的赞誉。从这个时候起，在欧洲北部和中国各省内都曾挖掘出随意毁坏的各种国外的珍稀物品，这成为古代"丝绸之路"活跃的无言证据。

迦腻色迦的夏都贝格拉姆坐落在"丝绸之路"的印度支线上。20世纪30年代至40年代，在此地挖掘公元2世纪的皇宫的两个房间时，发现了大约2 000件非凡的世界级艺术珍品。其中有来自印度的精雕细刻的象牙嵌板，汉代中国的漆箱，希腊-罗马的浅浮雕塑和石膏铸大 48

47

图 17 巴米扬，海拔约 8 200 英尺（2 500 米），位于喀布尔市西北 145 英里处（2 233 千米），坐落在连接中国和欧洲的著名的“丝绸之路”上。在 9 世纪伊斯兰教传播之前，巴米扬是一个重要的佛教中心。2001 年 3 月，塔利班当局摧毁了刻在岩面上的大佛像（高 120 英尺和 175 英尺，或者说 36 米和 53 米）。（《阿富汗：古老土地与现代途径》，阿富汗皇家政府规划部，1961 年）

奖章，庞培风格的青铜雕像，埃及的银制器皿，腓尼基的玻璃器皿，等等。

给人留下更为深刻印象的还是以犍陀罗风格闻名的印度-希腊艺术珍宝，犍陀罗风格得名于阿富汗东北部横跨巴基斯坦边界的犍陀罗地区。在这个地区已经发现了数千件雕塑、浮雕和建筑组件，时代为公元 1 世纪末至 6 世纪中期。它们中大多描绘的是佛，最初的描绘只是象征性的，是以一个脚印、莲花、轮或者卍字符号象征佛。犍陀罗风格的佛像看起来典型地像一个安宁的阿波罗神的样子。头发、衣服和有些姿势是受希腊现实主义的影响，而脸部通常是一个程式化的铸型，底座和服装则是印度的。各种希腊神灵，诸如赫拉克列斯和阿特拉斯，都被借用于表达佛教理念，其中包括菩萨。它们的特征，甚至是发型，被例行地复制了数个世纪。犍陀罗风格的佛像为后来整个东亚地区的所有佛教艺术确立了模式。阿富汗北部中心巴米扬通往巴尔赫的贸易通道上的大佛，是纪念性佛像最为生动的标本，被雕刻在岩面上，高达 120 英尺和 175 英尺（36 米和 53 米）。这些佛像为许多石窟寺所环绕，据称，晚至公元 7 世纪，也就是在穆斯林征服之前，还有数千僧侣生活在巴米扬。

自称是波斯先知的古代摩尼教创始人摩尼（约 217 － 275），据说曾经在巴米扬一带活动。他所创立的宗教，曾经在整个古代世界，从罗马到中国都赢得了很多有力的追随者，是对诸如基督教、犹太教、佛教和琐罗亚斯德教等此前的宗教的一种审慎的融合，反过来，也影响了后来的基督教以及佛教。但在阿富汗，可能摩尼教在伊斯兰教传入以后继续存在的时间并不长。

迦腻色迦因资助印度佛教哲学和文学曾经倍受世人尊敬，尽管他也明显支持过印度教和琐罗亚斯德教的机构，甚至还支持过波斯新兴的密斯拉教（Mithra）[①]。在阿富汗东部地区有很多同时代的印度教庙宇和其他遗存被发现。大乘佛教（北派佛教）在犍陀罗发展成世界主

---

① 密斯拉教，又称太阳神教，是祆教的一个分支。——译者注

要的宗教，很快就通过“丝绸之路”传播到中国、蒙古、朝鲜，稍后由朝鲜再传入日本。将佛视为人-神的新观点可能受到希腊原型的影响（如亚历山大本人），主张责任、美德和平等的斯多葛学派观念可能有
49 助于形成众生皆有佛性的信仰。在这样一个思辨的层面，我们可以猜测，由早期阿育王法典得到证实的佛教中关于尊敬弱者和宽恕罪人的理念，可能通过希腊作为中介，影响到了早期的基督教。佛的生活模式以及菩萨自愿忍受转世的痛苦以帮助其他人觉悟的意愿，可能以类似的方式对耶稣的故事产生了影响。

十、萨珊王朝和白匈奴[①]

贵霜帝国衰落以后，其大部分领土被新建立的波斯萨珊王朝所侵夺。公元 224 年，萨珊王朝的缔造者阿尔达希尔一世（公元 224 —约 241 年在位）推翻了帕提亚人的统治。他在波斯南部本土部落的支持下，决定抵制帕提亚人的侵入并恢复古老的阿契美尼德政权的荣耀。他成功地把阿富汗的西部和南部重新纳入波斯的控制之下，而这并非是历史上的最后一次。

贵霜帝国在印度北部地区继续存在，尽管他们在那里的领土也在丧失之中，这一次他们是受到印度本土的笈多王朝统治者的侵夺。小贵霜国也在阿富汗的部分土地上继续存在，它有时也作为萨珊王
50 朝统治下的总督辖地。虽然佛教在日见衰微的贵霜王朝领域内的印度西北部和阿富汗北部地区继续被实践和丰富，但其光辉的日子已经屈指可数了。由于旧有印度-伊朗式信仰（琐罗亚斯德教和印度教）的打击和随后匈奴人具有破坏力的侵略，佛教很少能够持续到穆斯林征服之前，而在此之后，佛教就不再是阿富汗的一支重要的力量了。

游牧部落对近东定居地区的连续不断入侵是现在我们所熟知的现象。新来的民族通常停留下来，并最终被整合进混合文化之中。但阿

---

① 白匈奴，中国史籍称为“嚈哒”。——译者注

图 18　喀布尔巴拉·希萨尔城堡（喀布尔高墙）由白匈奴人在 5 世纪建立。19 世纪中还被英国人用做居所。（沙伊斯塔·瓦哈卜拍摄）

富汗和印度北部此时面临着更为严峻的野蛮民族的挑战。

白匈奴可能发源于蒙古地区，还可能在种族上与后来威胁欧洲和中东地区的匈奴人和阿瓦尔人（Avars）有关。当白匈奴于 5 世纪中叶穿过乌浒水时，他们给当地定居的人们留下的深刻印象不仅是他们凶猛的、残酷有效的战斗方法，还有他们狰狞可怕的面目。据传说，白匈奴人会束缚儿童的头部以使他们的头骨扭曲，还会割伤年轻男孩子的面颊以蓄留看起来不自然的胡须。如此形象以前从未见过，但在西方，无敌的匈奴人最初也被视为非人类。

白匈奴人没用多久便征服了阿富汗和印度北部，他们在沿途将城市夷为平地，屠杀居民以及查禁宗教机构。当他们的统治得到安全保障之后，便精明地停止了这种堕落行为，但是他们从不进入城镇以建立作为继承者的帝国，如同他们的前辈曾经所做的那样。约在公元 565 年，在白匈奴人悄无声息地统治了一个世纪之后，才被库斯鲁一世（531—579 年在位）领导的萨珊军队及其突厥盟军联合击败，后者接管了乌浒水以北的所有土地。

随后直到穆斯林开始征服的一个多世纪里，阿富汗是重建后的萨珊朝波斯帝国的稳定组成部分，其北部由匈奴总督管理，南部由贵霜总督管理。而在东方，印度的笈多王朝统治着南亚次大陆。在经历一千年的外来侵略和文化变迁之后，这个地区（阿富汗）再一次被置于不可挑战的印度-伊朗统治精英们的控制之下，这些精英人物是西部的波斯琐罗亚斯德教徒和东部的印度教徒，通常以印度河河谷的西侧边缘为界。

第三章　从伊斯兰教的崛起到阿富汗国（651 — 1747）

欧洲的历史学家，传统上以 472 年罗马遭到汪达尔人的洗劫，作 51
为古代世界终结、中世纪开始的适当标志。但对其南部和东部的地区、直至中亚和南亚而言，一个更为合适的时间可能是公元 632 年，穆罕默德在这一年去世，他的追随者们开始了第一次对阿拉伯半岛以外的肥沃新月地带上的古代定居地的袭击。在此后的 20 年之内，阿拉伯军队挺进到 1 500 英里之外的阿富汗的边疆。至 8 世纪初期，他们控制下的帝国从西班牙延伸到中亚地区——尽管为征服阿富汗强悍的部落民他们又耗费了至少 150 年的时间。

一、伊斯兰教

在某些方面，如此迅速地征服文明世界一片巨大土地的阿拉伯人，与他们之前的很多其他游牧入侵者，从远古的雅利安人到哥特人，以及早先几世纪的匈奴人，有着相似之处。在每一种情形中，征服者的军队都由游牧或半游牧部落的身体强壮的男子组成，他们都深受尚武文化的影响。由于精通迅速机动的战争，他们总是能够利用比其文明程度高的敌人的瞬间弱点。

阿拉伯人的成功，得益于拜占廷帝国和萨珊帝国间数十年的残酷战争，使得二者的财力和军事实力枯竭。此外，萨珊朝波斯曾经历了政治和社会的衰落，其国内大多数臣属民族没有理由为其萨珊统治者而战。在萨珊统治下的很多基督徒（正如拜占廷统治下的大量犹太人和科普特人）甚至欢迎阿拉伯人的到来，以便把他们从宗教迫害中解救出去。

52 然而这次入侵也有所不同。伴随着获得权利、物质利益和部落或种族荣誉的通常动机的，是一种非凡的宗教热情。仅在近期之前，阿拉伯半岛中、西部地区一盘散沙似的部落，在伊斯兰教的创立者和先知，有着超凡魅力的政治、社会和宗教领袖穆罕默德的领导下实现了统一。随着他们早期的每一次令人惊异的胜利，阿拉伯军队对其将穆罕默德通过《古兰经》（记录着他的预言和其他看法[①]）展示给他们的真理传遍已知世界的使命，赢得了更多的自信。

穆罕默德认为《古兰经》是安拉（上帝）给阿拉伯人的启示，正如给早期犹太人和基督徒的启示一样（《旧约》和《新约》）。最初，很多征服者自豪地表白自己的阿拉伯血统，甚至保留其最初的部落和氏族间的血缘关系。但不久，伊斯兰信仰的普世思想趋于盛行。

最后事实证实，阿拉伯人所带来的信息比他们的军队更为持久。阿拉伯人的军事霸权仅维持了二三百年，阿拉伯语也只在亚洲传播了两百英里，从幼发拉底河西岸到底格里斯河东岸，从叙利亚沙漠到地中海沿岸，然而穆罕默德遗留下来的伊斯兰教，在其追随者的不断发扬下，迅速流行于相当广阔的地区，成为大部分古代文明中心地区——埃及、肥沃的新月地带以及印度河流域——的主要宗教。随后，游牧民族征服者，亚洲的突厥人、蒙古人，非洲的柏柏尔人，都很快皈依伊斯兰教，反过来成为伊斯兰教进一步传播的代理人。

在阿富汗，伊斯兰教最终挤掉了以前所有的宗教教义，伊斯兰法

---

① 穆斯林认为，《古兰经》并非穆罕默德的著作或言行录，而是来源于造物主的直接“启示”，由“哲布赖勒”天使负责传达，先知穆罕默德听到后口述出来，再由身边的书记员记录。穆罕默德本人是文盲，不具备书写能力。

和伊斯兰教的风俗习惯在整个国家扎根。阿拉伯语成为宗教语言（全世界穆斯林至今仍用阿拉伯语诵读《古兰经》），甚至在一定程度上是法律和文化语言。阿富汗所有的更为古老的书写系统都被阿拉伯语字母所取代，很多阿拉伯语词也融入当地的语言。伊斯兰教被证明是阿富汗各个民族间最强有力的，有时也是唯一的统一因素。

二、早期征服

在635年，从拜占廷帝国手里夺取叙利亚之后，阿拉伯军队转向美索不达米亚地区。两年之后，在卡迪西亚的历史性会战中，他们击溃了强大的波斯军队并占领了波斯首都泰西封（今伊拉克巴格达附近）。至642年，萨珊王朝的残余力量在伊朗西北部的尼哈温被全部歼
灭，在随后的几年，阿拉伯人逐渐确立他们在广阔帝国大部分地区的 53
统治。

在长途追击萨珊王朝末代帝王雅兹底格德三世（约632－651年在位）的过程中，约在650年，阿拉伯军队经过阿富汗北部的赫拉特
和巴尔赫，不久便吞并了阿富汗西南的锡斯坦地区。其后不久，叶兹 54
底格德被杀害于巴尔赫或梅尔夫（今土库曼斯坦境内）。阿拉伯人正全神贯注于消化他们征服的广阔地区（在非洲和亚洲），最初并没有尝试去征服萨珊王朝余下的东部省份，其中包括阿富汗大部分地区。他们只是满足于偶尔的袭击以获得战利品，一旦袭击队伍撤退，那些已经归降，甚至是皈依伊斯兰教的城镇或山谷地区，竟会反弹恢复到过去的状态。

7世纪，甚至到8世纪，在伊朗和伊拉克完全被征服的省份，并非所有的人口都皈依伊斯兰教。其中城市居民更多地暴露在阿拉伯统治者和士兵们的面前，加之皈依所带来的经济和职业方面好处的诱惑，迅速地接受了对安拉的信仰。很多犹太人和一性论基督徒会同样地发现，穆斯林信仰的主张“除安拉外再没有主宰”是容易接受的。然而大多数波斯地主和农民还坚守着他们古老的信条，直至9世纪。阿富汗的部落民，无论是琐罗亚斯德教徒、佛教徒、印度教徒，或者是萨

满教徒，对伊斯兰教的抵制显然更为强烈，他们频繁地让侵略者付出一个个小的伤亡代价。

穆罕默德把犹太人和基督徒（广泛分布于整个萨珊帝国）看成是“有经人”，他们只要支付特别的税款就可以得到宽容，欧麦尔（644年去世），第二位哈里发，或者说穆罕默德的继承人，将这种认识扩大到琐罗亚斯德教徒，但随后的穆斯林统治者（阿拉伯人和波斯人）却都致力于查禁这个宗教。8 世纪，许多琐罗亚斯德教徒逃往印度，那些留下来的教徒在伊朗最终萎缩成一些小的社区，而在可能是琐罗亚斯德教发源地的阿富汗则彻底消失了。

公元 700 年左右，来自锡斯坦地区的一支阿拉伯军队吞并了赫拉特和巴尔赫地区（这里在当时号称有 100 座佛教寺庙）。与此同时，另一支阿拉伯军队夺取坎大哈，并最终占领了喀布尔，这里随后被印度沙希（Hindushahi）王朝所统治。以缴纳贡赋并接受阿拉伯军事长官的“保护”为条件，当地的统治者保住了他们的职位，阿拉伯人则继续征服信德地区（巴基斯坦南部）。

在伊斯兰教出现前后，印度沙希人（源于库施特人、匈奴人或突厥人）领导了一次印度的复兴。象神伽尼什（ganesh）的思想可能是在这一时期起源或者传播于阿富汗的。印度沙希王朝统治喀布尔地区至 870 年，在此之后百年间，这个王朝继续统治着阿富汗东部的坎大哈地区和巴基斯坦部分地区。

750 年左右，阿拔斯王朝的哈里发们在巴格达确立起统治地位。在其早期统治下，伊斯兰教在阿富汗地区可能呈现出一幅较受欢迎的
55 面貌。当阿拉伯人衰落的时候，一个波斯籍将军领导来自呼罗珊地区（伊朗东部、阿富汗西北部，及其以北地带）的穆斯林军队建立了阿拔斯王朝。波斯裔的官员（以及一些阿富汗人）成为阿拔斯王朝政治和文化生活中的一支卓越力量。从这一点出发，伊斯兰教不再是阿拉伯人独有的事业，波斯文化的因素和传统对随后的宗教、艺术和文学都有其影响。那个黄金时代的许多阿拉伯语的作家和学者都有着波斯或阿富汗背景。

伊斯兰教的5项功修

在伊斯兰教内部有许多种不同的传统，其中一些在信仰和习俗上形成鲜明的对照。但世界各地超过10亿的穆斯林都承认，阿拉伯语的《古兰经》是他们的圣经，他们都接受5项最基本的伊斯兰教功修，或称其为伊斯兰的“五根支柱”。①

1. 证言，或称“kalmia-e shahadat”：穆斯林必须声明“除了安拉再无其他神，穆罕默德是安拉的使者。”（la illaha illa allah, Muhammadan rasul Allah）。

2. 礼拜，或称“namaz”：穆斯林被要求每天礼拜5次——在日出前的早晨，在晌午，在下午，在傍晚，以及在夜晚休息之前。如果一个穆斯林因任何原因不能在指定的时间里礼拜，那么他或她必须在晚上的礼拜中，把错过的拜功补上。

3. 天课，或称“zakat”：具有条件的穆斯林被要求施舍，比率取决于个人的收入和财产的类型，这些施舍被用于接济那些贫困的穆斯林。

4. 斋戒，或称“roza”：在莱买丹月，即伊斯兰教历的9月，穆斯林在每天日出到日落之间斋戒，禁止饮食、吸烟及性关系。由于伊斯兰教历是纯阴历，每年比公历要少几天，所以莱麦丹月在每一个季节都能来临，包括昼长夜短的夏天。不要求儿童、病人和旅行者斋戒。

5. 朝觐，或称“hajj”：有经济能力的穆斯林在其一生至少要去沙特阿拉伯的麦加禁寺朝觐一次，以瞻仰神圣的“克尔白”并在其周围礼拜。此后，完成朝觐功课的他或她被称为“哈吉”。穆罕默德宣称，那些履行了朝觐义务的穆斯林会被真主完全地免除所有罪恶。近些年来，每年有来自世界各地的约200万穆斯林进行朝觐。

① 伊斯兰教的5项功修，中国穆斯林习惯分别称之为念、礼、斋、课、朝，合称五功。——译者注

在这个和平的时代里，贸易繁荣昌盛，在穆斯林的支持下，伟大的波斯文化复兴开始了。在这次复兴过程中，东部城市扮演了主要的角色，包括赫拉特、巴尔赫，特别是北部地区的布哈拉和撒马尔罕。正如希腊-巴克特利亚和康什特（kushite）时代一样，历史再一次证实，阿富汗是一个善于混合多种文化的地区。

三、早期穆斯林王朝：萨法尔王朝、萨曼王朝和伽色尼王朝

公元 806 年，具有传奇色彩的哈伦·拉西德去世之后，阿拔斯王朝开始走向分崩离析（尽管他的继任者在此后的 450 年间仍保持着形式上的权力）。至 9 世纪中叶，很多半独立状态的侯国开始出现，特别是在东部省份。赫拉特的塔希尔·本·侯赛因及其后裔，塔希尔王朝的君主们，自 821－873 年统治着呼罗珊地区；他们在 867 年，被雅古卜·本·莱伊斯·萨法尔——来自锡斯坦的扎兰季的一个狂热穆斯林铜匠的学徒，夺去了赫拉特城。萨法尔统一了包括今天阿富汗全境在内的所有地区（此外还有伊朗部分地区和印度河流域），将之置于其略显不稳定的统治之下。他于 870 年左右为传播伊斯兰教而攻克喀布尔，并有效地突破了印度教和佛教在阿富汗各地统治的最后防线。一个短暂的印度沙希王朝的复兴未能维持到下个世纪。此后，萨耶尔的后裔作为其他帝国和王朝的诸侯，还统治了锡斯坦地区 600 年。

大约与此同时，萨曼王朝，萨曼·胡达（819－864 年在位）缔造的一个波斯穆斯林王朝，也确立起其在首都布哈拉和撒马尔罕地区的统治，在其君主们的资助下，这些城市以及后来的阿富汗的巴尔赫，成为知识、诗歌、建筑和艺术的中心，在他们统治时期与巴格达一样闻名。这一时期来自巴尔赫地区的著名诗人有阿布·阿卜杜拉·加法尔，也被称为罗达基，沙库·巴尔希、沙希德·巴尔希，以及悲剧色彩的女诗人拉比耶·巴尔希，她的坟墓在 1964 年被发现。萨曼王朝的作家们为后来的波斯语文学奠定了重要的基础。

在公元 900 年，萨曼王朝赢得了萨法尔王朝所有辖地的统治权，由此将阿富汗（还包括呼罗珊与河中地区，以及乌浒水以北的土地）

统一在一个持续百年之久的稳定、宽容的穆斯林政权之下。然而，约至 960 年起，萨曼王朝感受到来自其北方的游牧民族的压力，新一轮的中亚征服者的先头部队——突厥人和蒙古人——其后裔将在穆斯林的历史中发挥核心作用，直到现代的黎明。990 年，依兰克・汗突厥人（Ilak Khan Turks）夺取布哈拉，9 年之后，他们灭掉萨曼王朝。

萨曼王朝曾经以正统穆斯林的虔诚和对波斯文化的赞助，以及他们松散的统治而闻名。而随后出现在阿富汗的卓越穆斯林王朝，伽色尼王朝，以其军事实力和对伊斯兰教的激烈推进而著称于世。

伽色尼王朝建立之初所面临的特殊环境，为穆斯林世界树立了一个极为普遍的模式。在对由穆斯林统治者控制的伊斯兰地区之外的袭击中俘获的奴隶，开始被补充进穆斯林的军队，并很快成为穆斯林军队的领导者。此类奴隶军官经常在省区，甚至是在首都，掌握着有效的权力，最终坐大并独揽大权。

阿尔勒波的斤便是这样一位奴隶出身的突厥将军，曾是萨曼王朝呼罗珊地区卫戍军队的长官。他上演了一场不成功的政变之后，携带他的突厥支持者逃往坎大哈东北部小要塞伽色尼，并从 961 年开始，代萨曼王朝统治伽色尼地区。至 994 年，阿勒波的斤的奴隶（也是他的女婿）萨布克的斤，把伽色尼王朝的控制范围扩大到乌浒水以南的所有呼罗珊地区，并利用依兰克・汗突厥人之手倾覆了萨曼王朝。

萨布克的斤的儿子伽色尼・马赫穆德（988 — 1030 年在位）成为伽色尼帝国的缔造者，这是第一个在阿富汗境内进行统治的穆斯林大国。马赫穆德本人曾 17 次亲征印度，把俾路支斯坦、旁遮普、克什米尔和恒河上游地区纳入其统治之下，并洗劫城镇，利用印度教庙宇的大量财富支持他的统治（并使用他们的奴隶为他劳动）。

由于不满足只是作为一个霸主，马赫穆德和他的毛拉们，[1] 在印度和阿富汗发动了大规模的皈依伊斯兰教的坚决行动。第一次有效地

① 毛拉，波斯语音译，该词有学者、知识分子等多重意思，作为人名的一部分时表示尊称，而在这里指伊斯兰教学者或伊斯兰教教职人员。——译者注

把印度教从阿富汗地区清除，最终使阿富汗成为世界上最纯粹的穆斯林国家之一，甚至连一个大的基督教少数民族都没有。在伽色尼当地，考古学家在靠近伽色尼废弃的清真寺附近，挖掘出了大量破旧的印度
57 教雕像的残存，这些雕像很可能在此被用做阶石。在印度历史上，马赫穆德以被穆斯林称为“捣毁偶像者”或被印度教徒称为“印度之鞭”而知名。他对索谟那特（Somnath）最大的庙宇的毁坏，以及他声称屠杀了成千上万印度教徒的行为，已经成为20世纪印度民族主义者集结力量的象征。

马赫穆德还积极向西扩张领土，从另一个突厥王朝——什叶派布韦希王朝那里夺取了伊朗的大部分领土。巴格达的哈里发，和马赫穆德一样同属于逊尼派，支持了这次行动。

马赫穆德一旦稳固了他的王权，便利用战争所得的战利品把加兹尼重建成一个庞大而辉煌的城市。一些他所建设的清真寺和宫殿的废墟，仍旧矗立在阿富汗的各种考古学遗址中，特别是在阿富汗西南部
58 的博斯特地区（但是在伽色尼的遗迹并不多，这是由于在随后年代里的重复破坏）。这位苏丹还设立了教授数学、宗教、医学和人文学科

逊尼派和什叶派

逊尼派和什叶派是穆斯林当中两大主要宗教派别。今天，什叶派穆斯林主要集中在伊朗、伊拉克南部和波斯湾沿岸地区，在巴基斯坦、印度、阿富汗和其他一些国家是主要的少数民族。这样的地理布局很大程度上是由于这样的偶然事件，即一个或另一个统治者争取到了什叶派阵营的支持，比如，仅在16世纪萨非王朝统治后，伊朗什叶派才占据主导地位。

逊尼派和什叶派的分裂始于穆斯林历史的最早时代，源于对穆罕默德合法继承人问题的争论。穆罕默德没有儿子，什叶派支持穆罕默德的女婿，其女儿法蒂玛的丈夫阿里·伊本·阿布·塔利布的继承权。这个争论最终导致阿里及其女子侯赛因分别于661

年、680年被暗杀。自此之后，什叶派尊崇阿里和侯赛因为殉教者。什叶派认为穆斯林领袖地位只属于穆罕默德的后裔，在早期的几个世纪里，运动内部的各个派别对精确的继承世系无法达成共识，但是，他们却一致拒绝早期的哈里发，并认为他们是非法的。

在阿拔斯王朝哈里发的统治下，什叶派获得了一点点力量，阿拔斯人本身虽然是逊尼派阿拉伯人，但在什叶派当中寻求联盟和支持者。随着时间的推移，逊尼派和什叶派之间又出现了一些后续的分歧，特别是关于《圣训》（穆罕默德及其同伴的早期传统）的有效性问题。[1] 一些什叶派穆斯林对神秘主义理论和实践的态度似乎更为开放，例如，德鲁兹派和巴哈伊教，都起源于什叶派社会之内。

的大学。尽管伽色尼王朝的统治者是突厥人，但其模仿萨曼王朝，波斯语成为宫廷和帝国的官方语言。据说，马赫穆德曾把900名学者、诗人和穆斯林哲学家带回伽色尼，他还任命科学家和历史学家阿尔·比鲁尼（Al-Biruni　973－1048）为宫廷占星家，阿尔·比鲁尼用阿拉伯语写作，其著作《印度》是一部重要的历史文献资料。马赫穆德还支持历史学家阿尔·乌特比（Al-Utbi）和白伊海基（Baihaqi），哲学家法拉比（Farabi）以及一群重要的波斯诗人，其中包括伟大的菲尔多西（Ferdowsi）。这些作家不仅有助于传播伽色尼王朝的荣耀，而且 59
还保留了对美丽的建筑、花园、以精美艺术品和壮观庆典为装饰的生活的记录。据传说，伽色尼统治者的厩中圈养了2 500头大象，军营里有成千上万的奴隶士兵。

① 《圣训》是后世穆斯林学者搜集的先知穆罕默德言行录。由于搜集系统、学者的认识各异，《圣训》就有了不同版本。但这些版本的大多数内容相近，并无多大区别，只是对一些“圣训”的强弱性上（来源的可靠程度）有了不同的认识。穆斯林认为，先知穆罕默德的言行是对《古兰经》启示的直接诠释，因此《圣训》的地位也仅次于《古兰经》，是穆斯林行为规范和立法活动的第二大源泉。

菲尔多西

以下内容摘录自伊朗商会提供的一部菲尔多西的传记。

菲尔多西被认为是最伟大的波斯诗人，是波斯民族史诗《帝王纪》的作者。虽然他的诗歌主要以早先的散文体为基础，但他在这部诗集里体现出了终极的和持久的诗歌形式。近一千年以来，波斯人仍在继续阅读并听人背诵他的不朽杰作……

《帝王纪》最终完成于1010年，献给著名的伽色尼王朝苏丹马赫穆德，马赫穆德在此之前已经成为菲尔多西家乡呼罗珊的主人……由于友好的大臣艾哈迈德·伊本·哈桑·迈曼迪保证苏丹能够接受他的诗歌，菲尔多西便亲自前往伽色尼。不幸的是，苏丹马赫穆德却与怀有敌意的大臣商议该诗歌的报酬。他们建言应该只给菲尔多西5万第尔汗，更有甚者，鉴于其异端的什叶派原则，有人认为给5万第尔汗太多……最后，马赫穆德只得到了2万第尔汗。由于极度失望，他去了一趟浴室，出来后，买了一份foqa（一种啤酒），并把所有的钱都分给了浴室服务员和foqa零售商。

就在苏丹马赫穆德决定给菲尔多西价值6万第纳尔的靛青，作为自己不公正对待诗歌的补偿的时候，菲尔多西不合时宜地死去了。

"哈基姆·阿布·卡希姆·菲尔多西·图西"，伊朗商会。摘自网络：http：//www.iranchamber.com/literature/ferdowsi/ferdowsi.php. Accessed December 2，2005.

在1030年马赫穆德死后，伽色尼帝国不再能保持原貌。来自大草原的突厥人，包括塞尔柱人（大约在此时他们已经征服了伊拉克和伊朗），开始蚕食帝国的北部和西部，迫使马赫穆德的继任者们集中力量转而确保印度的安全，在印度，一批小王国正如雨后春笋般涌现出来。马赫穆德的儿子马苏德一世最为典型，他是一位仁慈但无能的帝王，1040 年他在塔卢坎战败后逃离伽色尼，并携带他父亲的财宝逃往印度的马里卡拉（Marikala）。随后他的军队抢夺财宝并杀死了他。

四、古里王朝和花拉子模

伽色尼王朝据守伽色尼城至 12 世纪中叶，1151 年，另一个阿富汗突厥王朝——廓尔王朝的首领阿拉-乌德-丁劫掠了伽色尼城，屠杀平民，并把该城著名的建筑和图书馆付之一炬。阿拉丁还因此赢得了一个“亚罕苏孜”（世界火炉）的头衔，无论如何，逃过此劫的人民确实重建了这座城镇。自此之后，伽色尼王朝的统治者退守印度，直至 1186 年，加兹尼王朝的末代帝王被古里军队杀害于拉合尔。

廓尔是阿富汗北部中心地带山区的一个古老的王国，可能为贵霜人或匈奴人所建。在伽色尼王朝时期，该地区臣服并皈依了伊斯兰教。早在 12 世纪，他们就在突厥穆斯林酋长的带领下，从山区迁徙出来，并第一次以赫拉特为都城。在过去某个时候的一次行动中，他们逐渐接掌了所有伽色尼王朝在阿富汗和印度的统治权。

这个新建的廓尔王朝并没有像他的前任者那样，在历史和文学作品中留下光辉灿烂的印记，但其的确留下了一些具有纪念价值的实物遗存，包括在赫拉特的星期五清真寺（贾米清真寺）的建立（由苏丹吉亚斯-乌德-丁始建于 1201 年，后来进行了大规模改造），以及两座大的胜利纪念塔，这两座塔可能基于早期伽色尼王朝样式所建。其中一座是著名的砂岩顾特卜塔，位于德里附近，高达 238 英尺（72.5 米），是目前世界上最高的尖塔。而另一座塔只有 20 英尺高（6 米），耸立于兴都库什山荒凉的贾姆（Jam）河谷。

位于贾姆河谷的尖塔（吉亚斯-乌德-丁在 1194 年修建），塔身带 60
有美丽的装饰，有蓝色瓷砖的库法体阿拉伯语碑铭，在瓷砖和灰泥间饰有几何图形和花卉图案的花边，由于这个尖塔位于偏僻的中央山脉地区，自 1943 年被发现后，使得考古学家们迷惑不解。从那时起，还

图 19　赫拉特的星期五清真寺，或称贾米清真寺。苏丹吉亚斯-乌德-丁始建于 1201 年，后来进行了大规模改造。（沙伊斯塔·瓦哈卜拍摄）

发现了宫殿、要塞、集市的废墟，还有一个可能是犹太人墓地的废墟，这似乎表明这个遗址可能就是廓尔王朝遗失的夏都菲罗兹，根据记载，这个都城在 13 世纪蒙古人西征过程中被毁坏（同时被毁坏的还有廓尔王朝在巴米扬的另一个都城）。

约 1200 年，花拉子模·沙领导的突厥人从他们的都城撒马尔罕涌入阿富汗和伊朗，并于 1215 年击败了廓尔王朝。在推翻了西部的塞尔柱王朝后，花拉子模人在土耳其至印度的广大地区确立了自己短暂的宗主国地位。在“丝绸之路”利润的财政支持下，他们和之前的突厥王朝一样，从粗野的征服者蜕变成文明的统治者，但他们的统治很快被蒙古人的侵略所打断，而蒙古人的出现在很多方面改变了历史的本来面貌。

因受到来自其波斯臣民和巴格达哈里发的抵制，哈里发仍在穆斯林世界保有某种精神方面的权威，花拉子模政权是脆弱的。但没有力量能够抵挡得住成吉思汗领导下的蒙古铁蹄。成吉思汗军队的规模之大（大概有200多万[1]）以及速度之快，灵活的机动性和严明的纪律，都使得所有的抵抗趋于流产。

五、蒙古人

蒙古人给阿富汗所带来的广泛的、残酷的和系统的破坏，可能永 61
久地改变了这个国家的特性。阿富汗北部、南部和西南地区著名的城市以及大规模定居的城镇、乡村和农田都被消灭殆尽，其中一些再也没有恢复过来。经历数世纪方最终完成的灌溉系统被征服者精心毁坏，而那些懂得如何修复水利的人也统统被杀。类似于巴尔赫和伽色尼的城市，都失去了其作为伊斯兰文化有创造力的中心的地位。曾经一度与巴格达相媲美的规模较大的贸易城市和北部更远的绿洲地带也纷纷没落，对此地受过教育的精英的屠杀，使得阿富汗与世界文明中心渐行渐远。

另一方面，阿富汗越来越多的游牧部落发现，撤退到山区才是最容易的规避征服者的方式。根据当时的史料记载，在山区，蒙古人善于骑射并组织严密的优势无法有效地发挥，而部落民则可以藏匿于山洞和灌溉渠道里。阿富汗人引以为荣的分权的部落或氏族的规则，和他们几乎成为世仇法则的尚武价值观，并没有为普世性的哲学所缓和，使其在对付蒙古人侵略上占了大便宜。但同时，向城市文明递进的步伐也倒退了数百年之久。

成吉思汗，或称“终极首领”，一个出身卑下的孤儿，在其早期生涯中花费心血进行无止境的战争，使中国北部的蒙古和突厥游牧民全部结成一种统一的力量。在1206年被选为这个巨大联盟的首领之后（此时成吉思汗51岁），他强加给各个部落统一的法律和宗教体系，为蒙古语制定了一个字母表（蒙古语曾为北方最不文明的民族所使用），重组军队并将之置于残酷的纪律之下，这些纪律在他死后仍被执行了很久，他还从各个层级中提拔伟大的将领以辅佐他和他的儿

---

① 原文如此，但这个数字是被极度夸大的。——译者注

子们。

在征服中原，并获得大量财富和奴隶军人之后，成吉思汗把他的目光转向西方。根据中世纪历史学家的记载，战争始于强大的花拉子模·沙贸然拒绝了成吉思汗建立联盟的邀请，反而杀害了成吉思汗的满载礼品的使节。这种不合时宜的姿态正给了成吉思汗所需要的借口。1219 年，当花拉子模·沙派遣军队征服巴格达的时候，多达 20 万的重装蒙古骑兵，在中国围城专家的陪伴下，蜂涌进入花拉子模腹地。他们把布哈拉化为灰烬，并精选有用的能工巧匠和奴隶，还把撒马尔罕付之一炬，然后转而南下扫荡战败的敌人的臣民。

62 和过去时常发生的一样，阿富汗于 1221 年被征服，成为这次征服运动的第一站。当代的波斯历史学家约瓦伊尼（Juvaini）写道："世界上一块肥沃的土地荒芜凋敝，该地区因此变成一片沙漠，还有大量的生灵被荼毒，他们的皮肤和骨头被碾成尘土。"（Afghanan Dot Net 2005）。

当另一支蒙古军队以不败的战绩席卷伊朗北部，并通过高加索地区进入乌克兰大草原的时候，在阿富汗，在喀布尔以北，成吉思汗的将军们在花拉子模-阿富汗人部落联军的手上，遭遇到他们的第一次战败。作为报复，成吉思汗把巴米扬河谷的全部人畜消灭殆尽（发誓还要摧毁该地的一草一木），以使这里永远荒芜人烟。伽色尼城刚从 70 年前古里王朝的破坏中艰难地恢复过来，但却再一次被夷为平地。

尽管有了这些惨痛的教训，但当成吉思汗挺进印度的时候，阿富汗城镇还是纷纷叛乱。成吉思汗认为炎热的条件对其骑兵不利，随即从印度河流域撤军返回，并迅速地消灭了赫拉特和巴尔赫的居民。蒙古人在赫拉特前后屠城 7 日，有 2 000 名藏匿的居民也被随后返回的蒙古军队所杀害。然而，叛乱和不断地劫掠袭击补给地可能已经达到了目的，对印度失去兴趣的蒙古人最终也意识到，在阿富汗长期不断地进行战事是得不偿失的。

1227 年成吉思汗死后，蒙古帝国被划分成 4 个领地，其中两个领地的界限刚好把阿富汗一分为二，而余下的巴尔赫、喀布尔和伽色尼都划归给了中亚的察合台汗国。蒙古卫戍部队驻扎在山区，他们可能就是今天阿富汗的哈扎拉人的祖先，大部分哈扎拉人呈现出东亚血统。

赫拉特和阿富汗西部被划给在伊朗和伊拉克的伊尔汗国。1245年，伊尔汗国又将其作为领地分赏给了能干的塔吉克库尔特王朝管理。库尔特王朝恢复了城镇，并逐渐占领了呼罗珊全部和坎大哈南部地区，最终于1232年宣布其汗国独立。时至今日，阿富汗赫拉特地区和西部零星地区居住着一个重要的少数民族塔吉克。库尔特王朝持续了50年，在帖木儿领导的新一轮蒙古人征服中被击败。

尽管在其根据地早已有很多穆斯林，但成吉思汗的军队还不是穆斯林。1258年，巴格达的阿拔斯王朝最后一位哈里发因拒绝投降，被
蒙古汗王旭烈兀（1217－1265）杀害，自此，一个历时500年之久的 63
王朝覆灭。旭烈兀的基督教妻子和姐妹们说服他与基督教十字军的国王联盟，以共同夺取叙利亚。但直至世纪末，伊斯兰教再一次得到宣扬。1260年，虔诚的穆斯林、埃及马穆鲁克奴隶王朝在叙利亚击败蒙古军队。渐渐地，和其他野蛮征服者一样，新来的侵略者均屈服于同样的命运——他们在文化上向他们所征服的文明投降。在中国，他们成为佛教徒；而在西方，他们接纳了伊斯兰教。

1295年，新的伊尔汗马哈茂德·加赞（1271－1304）宣称他成为穆斯林，并迫使他的宫廷也皈依伊斯兰教。他成为穆斯林学问和艺术的伟大资助者，在这些方面后来表现出强烈的东亚影响。到下一个世纪，蒙古人成为伊斯兰教的捍卫者，并帮助其向边疆地区传播。然而，随着时间的推移，在东方穆斯林世界里，各个汗王失去了他们的大部分野蛮活力和政治敏锐性，而这为一个新的竞技者的登场作好了准备。

六、帖木儿和帖木儿王朝

帖木儿自称是成吉思汗的后裔，但事实上他于1336年左右出生在撒马尔罕南部农业地区的一个突厥-蒙古裔的小酋长家庭。甚至在他的权力达到巅峰的时候，他也只是被称之为“大埃米尔”，而不是更显王者风范的称号“汗”。帮助帖木儿开拓这个位于南亚和西亚的最后

一个草原帝国的忠诚士兵大部分是乌兹别克突厥人，也正是他们构成了帖木儿步兵团的核心部分。现如今，乌兹别克人是阿富汗境内第三大民族，而帖木儿则被认为是乌兹别克人的民族英雄。

帖木儿运用聪明灵活的手腕、经过连年艰苦的战争，最终确立了他在河中地区的主人地位——其早年在阿富汗当劫匪时身负箭伤，因此而得了一个“帖木儿伊郎”的诨名，意即“跛脚的帖木儿”。1370年，帖木儿率军从其河中地区走出，决定复兴成吉思汗的帝国。从帖木儿毁坏的城镇数目和他用人头骨所建的高塔来看，他至少被证明和他所宣称的祖先一样残酷冷血和具有报复性。帖木儿军队征战的距离甚至比成吉思汗的还要远，曾经在某个时候和其他时间，分别到达过东方的德里，西方的安卡拉和大马士革，以及北方的莫斯科。

帖木儿在阿富汗的历史是混淆不清的。一方面，当他的骑兵脱离他的统治时，便对阿富汗西南的锡斯坦地区采取无情的报复措施，他
64 系统地毁坏了赫尔曼德的灌溉系统，结果直至今日，他一直被指责应为该地区的荒凉状况负责。事实上，这个曾经被誉为“东方谷仓”的地区变成一个沙漠，部分地应归咎于当地无法预知的流动沙丘。帖木儿还在与德里来回的路途中征服山地部落，但没有获得较大成功。在德里，他屠杀印度教徒，还大不敬地劫掠穆斯林苏丹的财产。在北方，他毁坏但不久后又重建了巴尔赫与赫拉特。

帖木儿的大多征服被证明是短暂的，但他的继任者，帖木儿王朝的君主们，在中亚和阿富汗持续执政直到16世纪初期。帖木儿带回撒马尔罕的战利品和俘获的工匠发起了中亚最后一次重要的文化和艺术繁荣。“丝绸之路”贸易也在这一时期达到了巅峰。

撒马尔罕和赫拉特均受益于两次蒙古人侵略对伊朗城镇的破坏。帖木儿的小儿子沙哈鲁（1405－1447年在位），一位艺术的资助者，定都于赫拉特。而他著名的妻子乔哈尔·沙德，曾帮助其在连续的斗争中获得胜利，监督赫拉特城的大规模建设工程，并引进最杰出的建筑师。其中大部分工程至今保留，如部分穆萨拉建筑，这是一个融工厂车间、学校和陵墓为一体的复合建筑群，因其精致的美景和重修的

图 20 帖木儿王朝建于15世纪的赫拉特尖塔。（沙伊斯塔·瓦哈卜拍摄）

图 21 穆萨拉建筑群，建于15世纪赫拉特城的乔哈尔·沙德陵墓。（沙伊斯塔·瓦哈卜拍摄）

星期五清真寺而举世闻名。

由于卷入王位之争，寡居的乔哈尔·沙德在她80岁的时候，也就 65
是1447年被杀害。然而，在帖木儿王朝末代君主侯赛因·巴卡拉赫统治时期（1470－1506年在位），赫拉特经历了一次知识、科学、书法、音乐和艺术的更大复兴，一些杰出的人物也给这次文艺复兴增光添彩，如伟大而神秘的波斯诗人阿布杜勒拉赫曼·贾米（Abdurrahman Jami）；受人尊敬的微图画家贝赫扎德（Behzad），他是一个土生土长的赫拉特人，还担任学院院长达几十年；及历史学家米什科万（Mishkwand）。帖木儿王朝的文艺复兴被认为是古典波斯文化的最后一个伟大时代，其在中国文化的影响下得到丰富发展。和《阿维斯陀》时代、萨曼王朝及加兹尼王朝时期一样，阿富汗再一次成为波斯文化的重要中心。同时，具有活力的察合台-突厥语文学形成。

帖木儿帝国对阿富汗南部几乎没有什么影响。1451 年，和洛提（Lodi）王朝一样，来自东南方的吉尔查伊（Ghilzai）普什图人将自己强加为德里苏丹国的统治者。

待帖木儿王朝失势之后，河中地区落入一个新的乌兹别克人所建的昔班尼（Shaybani）王朝的统治之下，这个王朝虽然短暂地控制了巴尔赫，但并没有能够占据他们家乡南部的任何领土。从那时起至今，乌浒水（今天的阿姆河）一直作为一个国际边境线，在倒霉的苏联于1979 年入侵之前，没有任何一个大国军队越过这一界线。至 15 世纪
66 末，今天阿富汗境内所有主要的民族和语言群落都已经形成。此外，虽然和平的人口迁徙流入和间歇式的移民活动后来时有发生，如萨非王朝时期的波斯人，和苏联时期从中亚逃离的居民，但阿富汗的人口基本结构没有发生变化。

七、莫卧儿王朝和萨非王朝

虽然阿富汗再也没有遭遇草原骑兵的贪婪入侵和劫掠，但蒙古人和突厥人统治的时代并没有完全结束。1504 年，年方 19 岁且操突厥语的蒙古人查希尔丁·穆罕默德（通常被称为巴布尔，意即“老虎”）夺取了喀布尔（在经受暴君统治的当地平民的邀请下进入喀布尔）。巴布尔是成吉思汗（其母系）和帖木儿（其父系）的一个后裔，这个年轻人经过多年征战，最终将撒马尔罕地区纳入其世袭的完全无用的费尔干纳汗国。北方的接连失败使其把目光转向兴都库什山以南。巴布尔花去数年

时间征讨普什图人，一直到坎大哈地区，然后向印度发起了一系列的袭击。最终于1526年击败了吉尔查伊阿富汗人统治的德里王朝，这次战斗的胜利，他的突厥火炮功不可没。4年之后，也就是巴布尔去世那年，他已然控制了印度北部大部分地区和几乎整个阿富汗。

图22　莫卧尔帝国的缔造者巴布尔，葬于他所钟爱的夏都喀布尔市的巴布尔花园。（沙伊斯塔·瓦哈卜拍摄）

巴布尔还是一个诗人（用波斯语和突厥语写作）和作家，他的自传，编辑了40多年之久，被认为是一部经典之作，也是这一历史时期重要的信息来源。他写到他的帖木儿王朝的祖先，阿富汗各部落，还有阿富汗和印度的动植物种类，也写到了他所热爱的喀布尔，那里是他的夏都，他以著名的花园来加以美化，而他的陵墓便在其中一个花园里。

巴布尔的喀布尔

以下文字是巴布尔自传《巴布尔纲玛》（Baburnama）中关于喀布尔市的一段描述：

就日常用品而言，（这座城市是）一个极好且有利可图的市场。每年有八千甚至上万的马匹被带入喀布尔。每年有15 000－20 000件布匹被商队从印度斯坦购进。来自印度斯坦的商品还有奴隶、白布、糖果、精致的和普通的糖、药品和香料。那里还有很多不满足于获得300%或400%利润的商人。（Ewans 2002，27）

巴布尔所缔造的莫卧儿帝国统治了几乎所有的印度和阿富汗大部分地区，其至少在名义上前后历时300年之久。这些杰出成就的行政 67

基础是巴布尔的一个将军舍尔·汗所奠定的。舍尔·汗是一个土生土长的阿富汗人，他于1537年从巴布尔儿子手里夺得权力并统治了帝国8年。但随后不久，巴布尔的孙子阿克巴开始了其近50年的统治（1556－1605）。阿克巴扩大了帝国的地理范围，规范了帝国的行政事务，经常任命被打败的当地非穆斯林首领作为其代理。这种统治结构的大部分在后来英国统治时期仍得以保持，直至1947年印度独立国家的建立。

尽管阿克巴自己是个文盲，但他是一个艺术的伟大赞助者。他支持波斯文化，并确保其在整个莫卧儿时代的主导地位。他对所有宗教表示宽容。1582年，阿克巴提出了一种新的融合的一神教，称之为“亭－伊－伊拉希”（Din-i-Ilahi），即神圣的信仰，融合了伊斯兰教、印度教、琐罗亚斯德教和基督教的一些成分。最后一位伟大的莫卧儿苏丹奥朗则布（1658－1707年在位）不顾这种先例，开始迫害印度教徒，随即激起大规模叛乱，最终削弱了莫卧儿帝国的统治。

虽然部落的忠诚经常可以被收买而不需武力逼迫，但在莫卧儿帝国皇帝正式逊位以前，喀布尔和大部分普什图斯坦一直在名义上作为帝国的一部分。此时，撒马尔罕的乌兹别克人统治着巴尔赫和阿富汗北部地区（留下了很多有价值的帖木儿王朝风格的遗物），而阿富汗西部地区则被纳入伊朗萨非王朝的统治（1502－1736），萨非王朝大约在1506年夺得赫拉特城。坎大哈在萨非王朝和莫卧尔王朝的统治之间摇摆不定，而这取决于权力平衡的波动。

68 三大帝国间断断续续的战争给阿富汗地方主义以喘息的机会，有数百的部落和宗派各自保持相对的独立性或者视需要而改变其所效忠的宗主国。随着莫卧儿王朝的衰落，叛乱和阿富汗冒险主义的趋势在波斯和印度地区先后不断高涨。而且，手提火器的逐渐传播使得这些山地部落比以前更令人畏惧。富有的中世纪征服者，无论是来自大草原还是来自文明帝国，都能够用精良的武器装备他们的武士甚至骑兵，这种优势现在被子弹所消除。

萨非王朝，由苏菲派宗教领导人的库尔德人后裔建立，确立了现代伊朗的疆界，并确定什叶派作为国家的统一信条。从其都城伊斯法罕非凡的建筑成就来看，阿拔斯一世（1588－1629）的统治是萨非王朝发展的巅峰时期。阿拔斯统治时期，萨非王朝还见证了欧洲各国的利益膨胀，在进行了一个世纪的适度贸易之后，葡萄牙对其进行宗教和殖民的侵略。阿拔斯得到西欧国家的支持，后者推动他开辟一个东方战线，以反对在地中海和巴尔干半岛进行扩张的奥斯曼土耳其。英国战舰帮助阿巴斯夺回了具有战略位置的葡萄牙殖民地——位于波斯湾口的霍尔木兹。

八、民族主义的活跃

阿富汗对莫卧儿帝国的抵抗部分地是受到身为诗人、战士和哲学家的胡沙尔汗·哈塔克（1613－1690）作品的鼓舞，他在普什图语的诗歌里高度赞美他的抗争活动（不仅抵抗莫卧儿帝国，还抵抗敌对的部落）。作为基地在白沙瓦（现代巴基斯坦境内）附近的哈塔克部落的首领，沙尔汗·哈塔克曾被奥朗则布监禁在德里；一经释放，他便号召普什图人联合起来，共同反抗莫卧儿帝国的奸诈和腐败。他在其墓志铭上这样总结自己的一生："我拿起宝剑以捍卫阿富汗人的尊严，我是沙尔汗·哈塔克，这个时代的正直的人。"普什图书面语的确定文本的第一次出现，无疑有助于维系一个新的民族自觉。

类似的民族情感也鼓舞着那个时代最有成就的阿富汗领导人，米尔·瓦伊斯汗，吉尔查依普什图人霍塔基分支的富有的首领。吉尔查依人通常是支持萨非王朝的，然而，当萨非王朝苏丹侯赛因一世（1694－1722）试图把什叶派伊斯兰强加给这些部落时，他们开始走上反叛的道路。1709 年，米尔·瓦伊斯夺得了坎大哈，并处死萨非王朝可恨的地方长官。

吉尔查依人（很可能是突厥人的后裔）从那时起至今，与阿富汗 69
另一支重要的普什图部落阿布达利（后来被称为杜兰尼）敌对。米尔·瓦伊斯的胜利怂恿了他的敌人阿布达利人，随后，阿布达利人于1717 年也宣称其所控制的赫拉特地区独立。

米尔·瓦伊斯在1715年去世，不久后他的儿子穆罕默德掌权，并于1722年挺进伊斯法罕，显然试图要建立一个属于自己的新波斯王朝。穆罕默德在残酷的围城之后终于夺得了伊斯法罕。阿富汗人的统治通常在印度是很成功的，而在伊朗则被证明是一场灾难。穆罕默德和他的堂弟兼继任者阿什拉夫统治时期（1725－1730年在位），因阴谋狡诈、流血冲突以及把国家卷入混乱和战争而臭名昭著。

当穆罕默德和他的吉尔查依普什图人全神贯注于从他们的都城伊斯法罕出发控制波斯的时候，阿布达利人则试图从赫拉特到坎大哈确立对阿富汗的稳固统治。另一支阿布达利人供职于强盗和冒险家纳迪尔的军队，他在带领波斯人反抗吉尔查依人的统治。至1736年，纳迪尔·沙（1736－1747年在位）自立为波斯君主，并在其阿布达利人和吉尔查依阿富汗人军队的强有力支持下，继续构建他的短命帝国。纳迪尔宣称自己有权统治阿富汗，在进行一年之久的围攻之后，他摧毁了旧坎大哈，并规划了一个建设中的新城，尽管他从未赢得阿富汗部落的持续忠诚。

纳迪尔在印度征战的时间很长，以至于劫掠到传说中的莫卧儿宝藏的大部分，而后向北回撤，在1747年被他的一些部下杀害。纳迪尔的禁卫军军官，25岁的阿布达利（Abdali）普什图人阿赫迈德，也是他的司库，携带大量莫卧尔王朝皇家秘藏潜逃，其中包括著名的“科赫伊努尔”（Koh-i-Noor）钻石。阿赫迈德随后领导禁卫军，一支现成的由久经战场的4 000名骑兵组成的部队，返回坎大哈。

阿赫迈德自16岁起就为纳迪尔征战，但是，作为规模虽小威望却很高的阿布达利普什图人的萨多查依宗族名义上的首领，他仍与坎大哈有着强有力的联系。纳迪尔被偶然地谋杀，使得坎大哈脱离了波斯的统治，现在它需要一个地方领导人。为了摆脱长期的不统一传统，1747年，在坎大哈附近召开了由阿布达利人所有的9个宗族参加的会议（jirga），来选举帕迪沙（padshah，意思是最高的汗，或者王）。经过9天的集体商议，最终选中阿赫迈德。

尽管巴拉克查依宗族比萨多查依宗族要大，但其首领哈吉·贾迈勒·沙，在阿赫迈德的意愿下宣布退出。根据传统，通过一个伊斯兰教苦修者，或献身于宗教的男子，在阿赫迈德的授意下讲话，并把两束小麦插进他的头巾作为加冕行动，推举的决定才能生效。因此小麦被绘在阿富汗的旗帜上。

“科赫伊努尔”钻石

科赫伊努尔，在波斯语中是“光明之山”的意思，最初是一枚 280 克拉的卵形切割钻石。可能开采自印度的某个地方。根据传说，几个世纪以来，这颗钻石几经印度统治者之手，最终才落入莫卧儿皇帝巴布尔的手里。巴布尔在其自传中对这颗钻石进行了描写。

这颗钻石有过在波斯的曲折经历，在那里，纳迪尔·沙给它命了名，也到过阿富汗，在这里，它的光轮有助于“阿富汗之父”阿赫迈德沙的统治的合法化，此后它便找到了返回印度之路。当帖木儿·沙的儿子舒贾·沙失去权力的时候，便随身携带着这颗钻石。1813 年，又被旁遮普的锡克教统治者兰吉特·辛格从舒贾·沙手里强行夺走。1849 年，英国东印度公司打败锡克教徒吞并旁遮普地区的时候，将这颗钻石送往英国，作为礼物献给维多利亚女皇。女皇把它重新切割成一个 106 克拉的大小适中的钻石。由于这颗钻石的不幸历史，没有一个英王佩戴过它，只是镶嵌在了几个女王的王冠上，成为联合王国王冠上宝石的一部分。

在做了一个富有预言色彩的梦之后，阿赫迈德·沙采用了绰号 70
“杜尔伊杜兰”（珍珠中的珍珠），从此以后，阿布达利人被称为杜兰尼普什图人。也是从那时候起至 1978 年，阿富汗的统治者一直出自杜兰尼普什图人。

天赋的领袖气质，丰厚的资金，加之他 4 000 名强壮的骑兵，阿赫迈德很快就赢得了吉尔查依普什图人和杜兰尼普什图人的认可，然而，吉尔查依普什图人再也没有重获他们在印度和伊朗所赢得的荣誉。

阿赫迈德通过划分一些他在波斯得到的战利品，包括另外的好运所带来的财富，以巩固他的统治。在阿赫迈德到达坎大哈的前一天，一个驼队携带准备送给纳迪尔·沙的来自印度的额外丰厚的战利品进入坎大哈。由于纳迪尔已经去世，阿赫迈德夺得了这批战利品，并雇用红头巾（Qizilbash）雇佣兵以保护这笔财富。红头巾（Qizilbash），什叶派波斯人，后来也作为杜兰尼沙个人的卫戍部队和行政官员，直至20世纪70年代，其后裔在阿富汗城市里仍旧构成一个少而杰出的行政管理阶层。

从他生命的这一刻起，这位新的统治者被称为阿赫迈德·沙·杜兰尼。后来的阿富汗人还经常称他为阿赫迈德·沙·巴巴，阿富汗之父，是阿富汗的首位国王（尽管当时还没有使用这样的术语）。

第四章　近代阿富汗的诞生（1747－1901）

阿赫迈德·沙最为持久的功绩是把现今阿富汗的所有地区都统一 71
在本国的统治之下，尽管历经了一个多世纪，此统一才得到其外部力量及其境内人口的稳定和广泛的接受。在短期内，无论如何，他还解决了更多的事情——一个大的区域帝国，给予阿富汗人在世界舞台上的最后辉煌岁月。

一、杜兰尼帝国

当阿赫迈德开始聚集权力和领土的时候，没有任何其他力量能够阻挡他前进的道路。印度的穆斯林莫卧儿王朝，以昏庸无道的统治阶层，以及对立的种族和宗教间的冲突纷争为特征，已然走向其历史的没落时期。在西方，战争摧毁了波斯的城镇，经过几个世纪的破坏和重建，一些城镇，如伊斯法罕，再也没有恢复其旧有的规模和重要性。北部的中亚地区，商业和文明的发展也已经达到了巅峰，“丝绸之路”几乎完全被欧洲、阿拉伯和美洲国家在印度洋上进行的海上贸易所代替。火器在全世界范围内的广泛传播，使得来自草原的从事劫掠的骑兵享有千年之久的优势消失殆尽。

穆斯林世界唯一存活的国家是奥斯曼土耳其，但它的疆域离阿富汗还有一段安全距离。英国和俄国，将最终填补南亚的权力真空并使阿富汗国回到其原有规模的两大力量，在当时还只是为它们未来的亚洲帝国奠定基础。

阿赫迈德于 1747 年被推举为杜兰尼普什图人的最高首领之后，第一项任务就是扩大他在坎大哈的狭窄根据地，而坎大哈在其余生中一
72 直是阿富汗的首都。他迅速地从吉尔查伊普什图人手里夺得伽色尼，同年又以和平方式从红头巾统治者手里接管了喀布尔。

阿赫迈德把目光转向东方，他下一个要夺得的是白沙瓦——莫卧儿王朝所控制的繁荣的印度河流域的门户。尽管在 1748 年与莫卧尔王朝将军米尔・曼努的交手中有次小小的失利，但次年，阿赫迈德就通过威胁要洗劫其都城德里，从其软弱的沙（也叫阿赫迈德）那里勒索到莫卧儿印度的一大块土地。莫卧儿王朝的阿赫迈德将印度河口的信德地区，以及他在印度河以西的所有领土都割让给了阿富汗的统治者。

这样，阿赫迈德便成功地统一了所有的普什图人部落，在他的统治下，普什图人开始发展出一种民族意识。对于他们而言，不幸的是，他们没能够把握住这些成就。东部和南部的普什图人最终从阿富汗王国中分离出去，先后为锡克教徒和英国人统治，而后又被整合进 20 世纪的巴基斯坦国。

阿赫迈德在东部普什图部落的支持下，他的军队膨胀到 25 000 人，并向西部地区挺进。他在围攻赫拉特 9 个月以后，最后将其从波斯人的控制下夺了过来。深入波斯人统治的领土，在呼罗珊地区征战两年，阿赫迈德最终将这一地区纳入他的帝国，其中包括重要的城市马什哈德。

在此之前，赫拉特、甚至波斯都经历过普什图人的统治，然而在 1749 年，阿赫迈德的下一个目标是为他自己和他的部落增加新的疆域：兴都库什山和阿姆河之间的土库曼人、乌兹别克人、塔吉克人和哈扎拉人的土地。和阿赫迈德・沙在波斯和印度的远征不同，兴都库什山和阿姆河之间的土地自此之后一直保持在普什图人的控制之下，但在那个时代的大部分时间里，将之整合进阿富汗民族-国家内仍旧是

很成问题的。

阿赫迈德余下的征战全部在印度进行，在那里他试图巩固和扩大自己的统治，很快把克什米尔和旁遮普地区囊括进来，其中包括拉合尔市。阿赫迈德于1757年夺得了德里，但允许莫卧儿王朝苏丹保留王位，他还把自己第二个儿子帖木儿·沙安插在那里作为他的代理人，以监督莫卧儿王朝苏丹。虽然有丰厚的财政收入和年供，这些财富都被阿赫迈德在班师后大方地分给了他的追随者，而在印度的连年征战已经得不偿失。

当德里的苏丹接受了阿富汗人对其帝国大部分地区的控制的时候，他的非穆斯林臣民却另有想法。锡克教的支持者在旁遮普地区获得了力量，他们对于来自德里或坎大哈的穆斯林统治都表示不满。此外，控制着西部和中部印度的印度教马拉地人，开始全副武装地向北挺进莫卧儿 73
王朝的领土，他们于1757年在锡克教徒的帮助下击败了帖木儿·沙。

作为响应，阿赫迈德宣称要进行抵抗印度教徒和锡克教徒的神圣战争。这个号召得到了广大普什图人和俾路支人的支持，这些人可能帮助阿赫迈德巩固了国内的统治。1761年，两支庞大的军队（每一支有80 000－100 000人，由法国雇佣军援助的印度教徒组成）在帕尼帕特（panipat）对峙，上演了印度历史上许多灾难性的战役。阿赫迈德取得了一次决定性的胜利，屠杀了大量的士兵和阵营追随者。这次战役对后来的历史学家来说有着重大的历史意义，他们认为战争和巨大的损耗消弱了印度抵抗英国的能力。而自此几年以后，英国就在比哈尔和孟加拉国加强了控制，并深入到恒河流域，开始在印度建立一个真正的帝国。

稍后的1761年，锡克教徒开始起兵反抗阿富汗人。阿富汗人不断地征讨，直至1769年，他们成功地捣毁了锡克教庙宇，并屠杀了成千上万的锡克教信徒，但他们没能够驱逐锡克教徒并夺回对旁遮普地区的控制。

当阿赫迈德全神贯注于他的印度领土时，在其王国的另一端，布哈拉的埃米尔（首领）企图宣称对兴都库什山北部可汗领地的宗主权。至其晚年，阿赫迈德与埃米尔达成一个协议，以划分他们各自沿阿姆河的势力范围，这次划分的界限仍是现今阿富汗的北部边界。布哈拉的埃米尔以一件据说是先知穆罕默德穿戴过的斗篷作为礼物，签署了这份协议。阿赫迈德在坎大哈建造了一座清真寺以保存这件遗物。1994 年，当塔利班领导人毛拉奥马尔第一次攻克坎大哈时，便穿上这件斗篷向世人展示。

1772 年，由于染上了癌症，可能由于先前的鼻伤引起的，阿赫迈德退居坎大哈东部的山区，不久，在 50 岁的时候去世。阿赫迈德·沙很大程度上借助自己的人格力量和外交手腕，史无前例地成功地统一了普什图人。他以个人的谦虚谨慎、平易近人和真诚的宗教情感赢得了大批追随者，但他缺乏对行政事务的兴趣，而这恰恰可能是把一个部落联盟转变成一个真正民族-国家的关键所在。

如果阿赫迈德活得更长久一点的话，他的将军们可能能够捍卫他所缔造的帝国。但他的儿子和选定的继承人帖木儿（1772－1793 年在位）却无法承担这一重任。

二、萨多查依·沙

帖木儿·沙在其父亲死后，担任赫拉特的统治者。他的长兄苏莱曼·米尔扎很快开始争夺王位，当帖木儿到达坎大哈的时候，苏莱曼的追随者消失。苏莱曼逃逸，但他的女婿沙·瓦利汗和两个儿子因支持苏莱曼而被处死。

面对这件事和其他行动激起的民愤，1775 年，帖木儿把他的都城迁往喀布尔，这里位于普什图尼斯坦地区的边缘，还接近他印度河流域的土地（他的冬都在白沙瓦）。他依靠 12 000 名红头巾骑兵控制着普什图人，使他得了一个亲波斯和亲什叶的名声，特别是在他执政的后期，即 1791 年，在镇压一次东部普什图部的叛乱时，雇佣军解救了帖木儿之后。那次叛乱的结局是，帖木儿将叛军首领们折磨致死，甚至是在他们手按《古兰经》宣誓效忠于他之后。这次亵渎的行为在当时和后来的大多数阿富汗人心目中给帖木儿的名声进一步抹黑。

74

阿赫迈德的爱国诗

赫拉特充满着一腔爱的热血。
为了你，
年轻人舍弃了他们的生命。
当我接近你时，
心中便了无牵挂，
远离你时，
我的内心颤动，
使我如蛇一般恐惧。
虽然我把很多土地囊括进我的领域，
但我无法忘怀的是你那美丽的果园。
当我记起你时，
我却忘记了德里的王座。
我那美丽的普什图克瓦山峰啊，
他们可以把敌人的生命切碎填充。
如果普什图人挥舞着他们宝剑的时候，
法里德（Farid）和哈米德（Hamid）的时代将要到来，
也是我四处征战的时候。
如果全世界站在一边，
而你却站在另一边，
我会义无反顾地选择你那褐色贫瘠的平原。
亲爱的，
阿赫迈德·沙绝不会弃你而去，
即使他可能夺得全世界的土地。

——阿赫迈德·沙·杜兰尼所写的普什图语诗，哈希姆·拉希姆（M. Hashim Rahimi）翻译。（Benawa1981，120）

帖木儿父亲所征服的大部分地区开始反叛。至 1781 年，帖木儿已经丢失了西部的呼罗珊和南部的信德地区。然而，在杜兰尼部落巴拉克查依宗族首领帕伊恩达·汗的经常协助下，他在国内的统治至少得
75 到名义上的尊重。大体来说，帖木儿的国内统治是和平、公正的。比起军事冒险，帖木儿本人更喜欢建筑和园艺，根据记载，他也尊重在喀布尔的外国商人的权利。

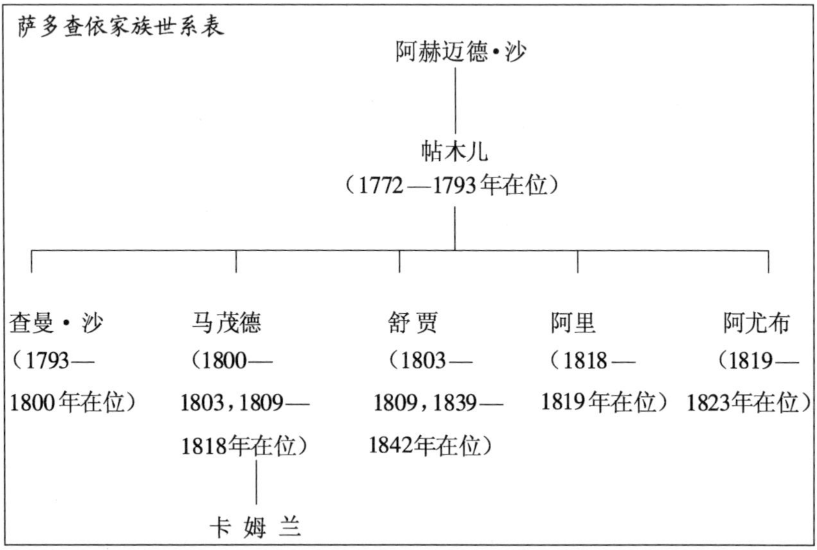

阿赫迈德还为帖木儿操办了很多外交联姻。妻妾成群也使帖木儿多子多孙，1793 年帖木儿去世的时候，还有 23 个儿子在世，他们的权力斗争主导了萨多查依·杜兰尼人余下 25 年统治的国家生活。其中有 5 个兄弟最终有机会在喀布尔进行统治，先后经历了 7 个不同的时期，但控制喀布尔，也不能总是确保对阿富汗其他地区的更大影响。赫拉特和坎大哈地区有时在其他一两个兄弟的统治下，享有着事实上的独立。随着来自巴拉克查依·杜兰尼和其他普什图部落的支持的摇摆不定，变化莫测的联盟关系也使得家庭成员间相互倾轧，其中有很多权力的竞争者被杀害、弄瞎或者在地牢里被淹没。

帖木儿的长子查曼·沙统治期间（1793－1800），试图赢得帕

伊恩达·汗的支持并重新一统国家。他甚至和新兴起的强大的布哈拉乌兹别克首领缔结了一项和平协议，后者也重申了杜兰尼对阿姆河南部的统治权。但查曼在印度就没这么幸运了，他先后于1797年和1798年两次征战锡克教徒，但均未取得成功。同样是在印度，查曼却被他所安置的拉合尔地方长官兰吉特·辛格（1799－1839年在位）击败。

查曼的战败使得沮丧的印度穆斯林向西方寻求另一位救星，这使
阿富汗的国库失去了其主要的税收来源。然而，急切地试图恢复权 76
力，使得利益在印度不断增长的英国感到了不安。英国人害怕阿赫迈德·沙帝国的复兴，作为戒备防范，他们在位于恒河上游中途的奥尤德赫（Oudh）安置了军队。自此之后，没有一个阿富汗首领能够忽视英国这个在南亚日显重要的力量。

由于杀死了其首领帕伊恩达·穆罕默德·汗，查曼最终与巴拉克查依宗族人交恶，帕伊恩达的追随者为了复仇，便弄瞎并流放了查曼，但他们仍然没有准备离弃伟大的艾哈迈德可汗的家族。因此，巴拉克查依人转而支持查曼的弟弟马茂德（1800－1803和1809－1818年在位）和舒贾（1803年－1809年和1839－1842年在位）。然而，面对不断兴起的地方叛乱，这兄弟俩在保护国家内部完整方面并不成功。

1809年，舒贾·沙成为第一个接待英国正式使团的阿富汗统治者，同年6月7日，双方在白沙瓦签订了友好协议，在协议中，他们承诺组建联合阵线，以反抗令人恐惧的法国-波斯联盟的任何侵略。虽然舒贾不久被后来的穆罕默德所废黜，但事实证明这次会议对舒贾个人来说是很有用的。失去权力后，舒贾和查曼在英国的保护下，生活在旁遮普。数年之后，英国方面扶植舒贾作为他们在喀布尔的代理人，舒贾在第一次英阿战争期间，主持了一个3年的短暂统治。

英国人对阿富汗的初次印象

芒斯图尔特·埃尔芬斯通1809年在他的《喀布尔王国记事》(An Account of the Kingdom of Cabaul)中这样写道：

有理由担心这个国家的社会走向分裂，他们自身拥有一种排斥和分裂的原则，而且根深蒂固以至于很难克服，除非有这样一个力量出现，他能够把整个社会统一成一个坚固的机体，并能够粉碎、消除每一个部分的特征……

各个部落组成的国内政府很好地回答了这个问题，皇家政府最大的无序从未扰乱社会的运行，也不会打扰人民的生活。一大群有组织且兴致勃勃的共和党人正准备反抗一个暴君，以捍卫他们千疮百孔的国家，而且还公然藐视一个政党在内战中的脆弱努力。(Ewans 2002, 41)。

78 1818年，面临波斯人占领赫拉特的企图，马茂德派遣他卓越的巴拉克查依同盟者，帕伊恩达的儿子法塔赫·汗击退侵略者。法塔赫的成功给他带来了毁灭。由于嫉妒他的权力，马茂德的儿子卡姆兰以一次小的侮辱为借口——法塔赫的弟弟多斯特·穆罕默德在赫拉特的一次后宫寻宝过程中，虐待了卡姆兰的妹妹——逮捕并弄瞎了法塔赫。

返回喀布尔后，马茂德和儿子卡姆兰亲自把法塔赫折磨致死。这次事件随即激起了以多斯特·穆罕默德为首的巴拉克查依宗族的一次全面暴动。马茂德逃往赫拉特，并在此与卡姆兰在波斯人的保护下统治到1842年。而喀布尔的王位经历了帖木儿的另外两个儿子阿里（1818－1819年在位）和阿尤布（1819－1823年在位）的短暂统治，仅仅表明这个国家进入完全的无政府状态，萨多查依家族也最终没落。自此之后，杜兰尼帝国在印度什么也没有留下，甚至由于巴尔赫成为一个独立的侯国，北部阿姆河的边境也没有守住。

巴拉克查依家族世系表

- 萨达尔·帕伊恩达·穆罕默德·汗
  - 法塔赫·汗
  - 埃米尔多斯特·穆罕默德·汗（1826—1839及1843—1846年在位）
    - 埃米尔·穆罕默德·阿夫扎勒（1866—1867年在位）（死于1867年）
      - 埃米尔阿卜杜·拉赫曼·汗（1880—1901年在位）（1844—1901）
        - 埃米尔哈比布拉·汗（1901—1919年在位）（1872—1919）
          - 伊纳亚图拉
          - 金·阿曼努拉·汗（1919—1929年在位）（1892—1960）
        - 纳斯鲁拉·汗
        - 沙姆丁
        - 哈菲祖拉
        - 阿马努拉
        - 奥马尔
        - 古拉姆·阿里
    - 埃米尔阿扎姆（1867年在位）（死于1869年）
    - 穆罕默德·阿克巴尔·汗（死于1847年）
    - 古拉姆·海德尔（死于1858年）
    - 埃米尔希尔·阿里（1863—1866及1868—1879年在位）（1825—1879）
      - 埃米尔雅各布
      - 穆罕默德·阿尤布
      - 阿卜杜拉·贾恩
    - 穆罕默德·谢里夫
  - 米希尔·迪尔·汗
    - 希尔·阿里 坎大哈长官
  - 苏丹·穆罕默德·汗
  - 赖姆德·汗

三、欧洲人

一千年以来，阿富汗及其邻国生活在七八世纪伊斯兰教急剧扩张之后所创造的文化环境里。每一次王朝命运的扭转和改变，每一次商业或艺术的新发展，甚至新的民族进入这一地区所导致的移民，都能或多或少地整合进这个宽广而稳定的背景中。不信仰造物主的人要么皈依信仰，要么处于从属的地位。

但就在1800年以前，面对不断扩张的欧洲基督教文明，辽阔的穆斯林世界开始失去主动地位。这两个文明的疆界缓慢地改变并变得有利于欧洲，开始是在伊比利亚和俄罗斯，而后是在巴尔干地区。更重要的是，欧洲国家逐渐获得了制海权，从而使得他们可以封锁旧世界的商业贸易，扩大新世界的财富。

欧洲力量在南亚的出现可以追溯到1498年，当时全副武装的葡萄牙舰队第一次绕过好望角，驶向印度。在近百年时间里，葡萄牙的舰队、商人、冒险家、传教士和殖民者，在武装力量的支持下，并依靠环印度洋沿岸的殖民地，建立起一种贸易帝国，因而几乎是不可挑战的。然而，他们的直接影响并没有渗透到遥远的内陆，阿富汗人基本没有关注到这些发展。

在下一个世纪，葡萄牙获得的利益和荣誉引来了西班牙人、荷兰
79 人和英国人的竞争。1600年12月1日，女皇伊丽莎白一世授予东印度公司的商人一份皇家特许状，或称贸易垄断法。这家政府资助但却是私人所有的公司，尽管建立和运营的目的是赚钱和把财富运回英国，逐渐为英帝国在东方的势力奠定了基础。在印度的第一个“工厂”（商站）在莫卧尔王朝皇帝贾汉吉尔（1605—1627年在位）的许可下，于1615年在西海岸中心的苏拉特建立。一百年间，英国重要的桥头堡在孟买、马德拉斯和加尔各答形成。东印度公司利用英国军官所领导的被称为印度士兵的当地武装来维护其利益。在17世纪，莫卧儿王朝还能控制英国以及其他欧洲人的商站，但1707年奥朗则布死后，西方欧洲各个力量集团开始扩大他们的影响，而且通过与印度国内多

个独立和自治的政府组建联盟，相互争夺利益。

欧洲各国皇帝间的相互敌对状态，导致了 1756 — 1763 年“七年战争”的爆发，也许这是历史上第一次久负盛名的全球战争。如在新世界一样，大英帝国在印度也战胜了法国，获得了印度洋的控制权。在罗伯特·克莱武将军的领导下，东印度公司开始巩固和扩张其直接控制的土地，很快便成为德里莫卧儿宫廷的主导力量。

在东印度公司暴政的几次灾难性的插曲之后，英国议会在 1773 年加强了对印度的控制，由君主派遣总督以改善行政管理，在南方，同强大的马拉地人联盟这样的当地敌人也展开了战争，至 19 世纪初期，英国人已然成为印度大部分地区的实际统治者。由于优越的军事力量和医学技术、最新的行政管理技术、优秀的政治和外交手段，以及对当地文化一定程度的好奇和以前很少有征服者做得到的对当地文化在一定程度上的尊重，仅仅几千名英国男子就能够支配这个大陆。只是由于这一兰吉特·辛格所领导的旁遮普地区的锡克教政府，才使得阿富汗对英帝国忽略了很多年。也许同时，鉴于阿富汗人勇猛的武装力量使他们在先前的印度历史上扮演着极为重要的角色，锡克教缓冲政府阻挡了来自阿富汗人的攻击，为英国人提供着保护。

暂时来说，由于法国皇帝拿破仑一世（1769 — 1821）的野心，法国看起来似乎是杜兰尼王朝一个最为紧迫的威胁。1807 年，一份主要直接针对俄国的法国-波斯协议签署。法国的外交使节和政府官员可能 80
怂恿波斯的卡贾尔·沙通过历史悠久的西部侵略路线，向阿富汗挺进，并可能以此作为进逼印度的第一步，或者至少英国人是这么认为的。但是法国人无法帮助波斯人阻挡俄罗斯人进攻高加索地区，在面对俄罗斯人一连串的胜利之后，法国人在印度的野心变得悬而未决。

俄国，作为亚洲的陆地力量，形成对阿富汗的更大危险和持久的威胁，而且进一步可能威胁英国控制下的印度。因俄国热衷于追寻一个温水海港的企图被奥斯曼帝国延续的力量所阻隔，这促使俄国皇帝的野心在整个 19 世纪都挥洒于中亚地区。在 1600 年以前，俄国沙皇的统治就已经延伸到了里海北部沿线，但俄国的势力在此停留了几代人的时间，直至 19 世纪初才开始向南推进。按照 1813 年的《古利斯坦协议》，波斯人把里海地区的所有海军权力都割让给了俄国。尽管英国企图通过 1814 年其与波斯签署的协议来抵消俄国的入侵，但俄国对波斯的首都德黑兰的影响力与日俱增，而且俄国继续不断挺进，于 1828 年吞并了亚美尼亚地区。在远东，俄国于 19 世纪 20 年代吞并哈萨克草原，并觊觎位于杜兰尼王朝领土北部且日益衰败的中亚可汗的领地。

四、多斯特・穆罕默德

在萨多查依家族统治的最后几年间，流血冲突和混乱无序席卷了整个阿富汗，最终驱使杜兰尼普什图人中数量较多的巴拉克查依宗族人为自己夺得了统治权。在能干的多斯特・穆罕默德（1826 — 1839 年在位）和后来的阿卜杜・拉赫曼（1880 — 1901 年在位）统治下，他们把一个部落联盟转变成一个相对具有凝聚力的国家。

帕伊恩达・汗存活下来的儿子们（法塔赫・汗的弟弟们）最终一致同意巴拉克查依宗族夺取杜兰尼王朝的王位继承权，但他们的分歧在于哪位兄弟能够胜任这个宝座。每一个兄弟都组成一个独立的派系，通常得到其母系部落的支持——例如，吉尔查依宗族人站在控制着坎大哈的兄弟们的麾下。

此后 8 年间，阿富汗分裂为激烈争吵的几个侯国，外围地区，如俾路支斯坦和克什米尔，则永久地失去了，这使阿富汗政府的主要税收来源被大大削减。帕伊恩达的小儿子，法塔赫的副手多斯特・穆罕默德被分派到伽色尼地区，在这里，他把喀布尔北部的科希斯坦地区纳入他的统辖范围内。多斯特・穆罕默德还在其母亲所属的红头巾部落的帮助下，加之他的自然魅力、外交手腕和并不伪善，同时在喀布
81 尔赢得了支持。1826 年，多斯特・穆罕默德赢得了对喀布尔的全面控制权并宣称自己为“埃米尔”（首领）。他的其他兄弟也尊其为同辈弟兄中的第一人，但他这些兄弟继续在阿富汗南部进行着独立统治。多斯特・穆罕默德也不能在夺来的巴尔赫地区保留“布哈拉埃米尔”的

身份，在其执政的早期，他充其量只不过是一个地方封建领主。

显然，此时的多斯特·穆罕默德学习阅读和书写，并努力公正、和平地管理国家（根据英国使节亚历山大·伯恩斯的证实），但他杀死了很多他的反对者，也从来不反对诉诸武力和背信弃义。他更没有确立一个现代的行政管理部门，他的统治，最终覆盖了整个现代阿富汗，仍旧更多是个人性质的而非国家性质的。

在外交事务方面，多斯特·穆罕默德执政时期，扩张的俄国与英帝国之间爆发了第一次长达一个世纪之久的冲突，即历史上著名的“大博弈”，这次冲突支配阿富汗历史的时间与这两大帝国存在的时间一样长，或许甚至更久。更有讽刺意味的是，“大博弈”可能也保证了阿富汗以一个缓冲国家的身份独立。

在18世纪30年代初期，英国就担心一个软弱、分裂的阿富汗会成为俄国干预的借口。英国还相信富有传奇色彩的阿赫迈德·沙的孙子，他们的老代理人舒贾，是一个比多斯特·穆罕默德更受欢迎和更可靠的统治者。英国于1834年给予舒贾财政上的支持，以图谋重新夺得王权。多斯特·穆罕默德集结巴拉克查依人在坎大哈外围击败舒贾。然而当他们正在激战的时候，兰吉特·辛格抓住这一机会，带领锡克教徒占领了白沙瓦，并任命多斯特·穆罕默德的一位兄长穆罕默德·汗为白沙瓦地方长官。由于白沙瓦和其周边地区是普什图人祖国不可争辩的一部分，因此这次损失深深地刺激了多斯特·穆罕默德。

1834年，多斯特·穆罕默德的儿子穆罕默德·阿克巴尔（1847年去世）率领军队赢得了另一场胜利，此时大军已经逼近锡克教徒，但他们突然停止收回白沙瓦地区。两年之后，多斯特·穆罕默德请求新任印度总督洛德·奥克兰，在其锡克教徒同盟者中间斡旋，以归还白沙瓦地区。这个重大的请求导致了长达两年的谈判（英国代表为亚历山大·伯恩斯），由于多斯特·穆罕默德期待收回白沙瓦地区，而英国则希望把阿富汗纳入其势力范围，谈判最后毫无结果。

当这次谈判正在进行的时候，波斯王穆罕默德·米尔扎（1810－1848）在俄国顾问和官员的支持下，于1837年11月向赫拉特进军。

赫拉特城，仍旧在马茂德的儿子卡姆兰的控制下，在 8 个月的围攻之
后仍在坚守，使关注这件事的英国有了足够的时间，以采取措施反对
82 被其视为印度之威胁的俄国。1838 年 6 月，英国–印度军队在波斯湾
的哈尔克岛登陆，在英国特使直接的口头威胁之下，波斯王从赫拉特
撤军了。

由于英国方面不愿意向锡克教徒首领兰吉特·辛格施加任何压力，为了能够在与英国谈判时增加砝码，当波斯–俄国军队还在围攻赫拉特的时候，多斯特·穆罕默德同意接收一个暧昧的俄国使节，被称上尉或中尉维特克维奇。与此同时，多斯特·穆罕默德的兄长在坎大哈准备效忠于波斯王米尔扎。这使得洛德·奥克兰一下怒火中烧，他坚持认为多斯特·穆罕默德应该回绝任何俄国或者波斯使节。虽然亚历山大·伯恩斯选择支持多斯特·穆罕默德而非舒贾·沙，但他不能动摇洛德·奥克兰的态度，遂于 1838 年 4 月离开喀布尔。此时，第一次英阿战争便拉开了帷幕。

五、与英属印度的战争

甚至波斯王从赫拉特撤军也没有成功地使英国平静下来。英国很清楚，虽然他们自己曾经是从海陆进入印度次大陆的，但是先前的每一个征服者都是通过阿富汗西北山口涌入印度的。英国认为，只有在喀布尔建立一个英国保护下的强大政府，才能够阻止俄国、法国，或者其他内陆侵略者。这样一个政府还能为将英国的贸易渗透到中亚地区提供便利。

1838 年 6 月，洛德·奥克兰策划了一个与兰吉特·辛格和舒贾的三方协议，根据这个协议，舒贾将成为喀布尔的最高统治者，白沙瓦及其周边地区被正式割让给兰吉特·辛格，而英国将使其力量投向历史上印度的极限地带。英国方面同意提供资金以愉悦其他团体，并着手贿赂各个普什图部落首领，但这些首领支持的保证后来被证明是毫无意义的。

英国最初的计划是依靠从兰吉特·辛格军队中招募来的穆斯林士

兵，但后来证明这支穆斯林士兵组成的军队不愿意进行侵略，甚至拒绝允许军队通过白沙瓦和开伯尔山口。或许是担心锡克教徒吞并阿富汗之后谋取自己的权益，而成为英属印度的一个威胁，英国方面接受了这些穆斯林士兵的做法。东印度公司决定培植一支属于自己的由印度教徒组成的侵略部队。这支军队由 21 000 个士兵组成，其中包括英国和印度编队以及舒贾雇佣的数千雇佣兵。还有大约 38 000 名军营随员和 30 000 头骆驼也被续编在内。

同年 10 月 1 日，洛德·奥克兰发表了著名的《西姆拉宣言》。在这个宣言中他详尽叙述了多斯特·穆罕默德的蓄谋挑衅，并宣布了东印度公司侵略其领土和安置舒贾为阿富汗“合法”统治者的明确意 83
图。洛德·奥克兰甚至还指定了永久的英国代理人，在舒贾掌握权力的时候，能够给他忠告建言。洛德·奥克兰的行动虽得到了伦敦政府原则上的支持，但不久，印度和英国舆论大哗，攻击这是一次轻率的、不必要和不公正的行动。但事已至此，12 月，侵略军队从印度的菲罗兹布尔出发，在沿途击退俾路支部落民后，于第二年 3 月到达杜兰尼边境地区的圭达。

1839 年 4 月，英国不动一枪一卒进占了坎大哈（当地部族首领被收买，多斯特·穆罕默德的兄长逃跑）。而伽色尼城于同年 7 月份经历一场恶战之后沦陷，在这次战斗中，凶猛的伊斯兰教勇士第一次露面。被认为是坚不可摧的山上要塞（城墙 60 英尺厚，150 英尺高）迅速陷于英国将军约翰·基恩之手，使得大部分阿富汗人深信抵抗是没有任何意义的，尽管城墙是由于内部的叛变而被攻破的。至 8 月 6 日，英印联军到达喀布尔。多斯特·穆罕默德被其大多数支持者遗弃，遂向北逃往巴米扬，而后逃往布哈拉。而舒贾和他的英国后盾第二天便进入喀布尔。

让英国遗憾的是，舒贾受欢迎的程度看起来并没有他们曾经设想的那么大，同时，作为统治者他所支配的税收也不足以支持适当的武装力量。英国方面现在明白，他们在阿富汗必须保持一支坚固的卫戍部队，以确保他们这次戏剧性成就的安全，尽管他们也深知当地人对大量外国异教徒（印度教徒和基督教徒）的出现表现出极大的怨恨。大部分部队被遣返印度，但有一个师留驻坎大哈，两个旅在喀布尔。

1839 年末，一支 5 000 人的俄国武装力量进入咸海南部的希瓦可汗领地，这个消息使喀布尔的英国司令官威廉姆·麦克纳顿爵士更加深信，英国先遣部队只能呆在阿富汗——即使俄国的行动本身在很大程度上是对英国侵略的回应。不管怎么样，一个寒冷的冬天让俄国人苦不堪言，最后不战而退。

舒贾不顾一切地需要英国军队的支持，但他不允许英国人驻扎在喀布尔的历史遗迹巴拉·希萨尔城堡，舒贾担心，这个城堡处于喀布尔居高临下的位置，可能会在民众中间煽起更多的仇恨，而他却一直希望赢得民众的支持，因此，他要求英国人居住在他的巨大王室宫殿
84 里。随后，这两个旅的士兵，及其英国和印度的家眷随员，被派遣驻扎在喀布尔城外一个无遮蔽、无防卫的兵营里。

遗留的历史残片与这个英帝国传说中最血腥的灾难之一是相适合的。战争的故事经过几代阿富汗人的粉饰和诉说，最终和其他因素一样，有助于形成其不屈的民族意识，或许，也有助于形成其对外国人代表的现代价值的全国抵制。

六、英国的撤军

虽然坎大哈的英国驻军很快就不得不面对来自吉尔查伊人持续不断的袭击（其南部补给线受到俾路支人的袭击），但 1840 年的喀布尔一直平安无事。阿富汗人对英国人的愤恨——部分是由于其在公开场合饮酒和开放的男女社交活动——还没有发展到极点。麦克纳顿发现自己被恳求者看成阿富汗真正的统治者，而舒贾却孤立地呆在自己的皇宫里。

1840 年 9 月，多斯特·穆罕默德从布哈拉返回，举起了反抗的大旗，但不久就被彻底击败。这位前任埃米尔被迫投降，随即被遣送印度，居住在舒贾空出的住宅里。1841 年夏，阿富汗西南部的其他杜兰尼和吉尔查伊普什图人的叛乱被毫不费力地镇压下去。

舒贾在位的两年间，并没有赢得任何真正的支持者，或者说没有施展出任何统治的才能。由于伦敦方面财政预算的削减，导致部落首领的报酬被取消，吉尔查依人便封锁了通往白沙瓦的路线，舒贾的权威随即消失。英国军队的威慑力也没有持续多久。1841 年 11 月 2 日，一群暴徒袭击了位于喀布尔一条狭窄街道上的亚历山大·伯恩斯的居所，由于没有舒贾的保护，英国军队也没能及时赶到，这位喀布尔总督和他的兄弟被杀死。

据记载，此时阿富汗已经爆发了全国性的血腥暴动，11 月，驻扎在喀布尔的英国守军被切断与外界的联系，甚至是其与喀布尔城自身的联系。多斯特·穆罕默德的儿子穆罕默德·阿克巴尔开始指挥抵抗运动。面对这样的形势，麦克纳顿别无选择，只好通过贿赂和前后不一的承诺，设法离间阿富汗人的各个派别。在 12 月 23 日，在进行谈判之际，麦克纳顿可能被穆罕默德·阿克巴尔本人杀死。在得到吉尔查依人提供一个安全通道的承诺后，英国人在不胜任而且可能老迈的将军威廉姆·埃尔芬斯通的带领下，决定不再迟延，立即撤军。

不愿意等待武装的护送和补给，在得到穆罕默德·阿克巴尔的允许之后，1842 年 1 月 6 日，威廉姆·埃尔芬斯通率领 4 500 名士兵和
12 000平民随军人员，其中包括许多妇女和儿童，离开兵营，一路忍 85
饥挨饿，在穿越山口时缺少御寒的衣服。那些没有死于饥寒的士兵，也无法抵抗沿途一直在攻击他们的非正规部队，这些攻击主要来自吉尔查伊人和其他部落民。有 100 名左右的英国人被俘虏，约两千名印度兵或随军人员设法逃回喀布尔。其余的 14 000 人中，仅有一个受伤的英国男子、一批印度兵和大约 20 名追随舒贾的阿富汗人，在一周后到达贾拉拉巴德。舒贾自己设法在喀布尔坚守了几个月，但在 4 月，在其第一次冒险走出巴拉·希萨尔城堡时，被杀死于喀布尔。

同年 2 月，在伦敦，一个新的英国政府取代了洛德·奥克兰，并禁止支配甚至裁决阿富汗内部权力安排的任何进一步尝试。

进一步命令或甚至裁决阿富汗内部权力事务的企图破灭了。不久，被包围在坎大哈和贾拉拉巴德的英国驻军得到了印度的增援，于 9 月

一路击退无组织的抵抗（包括来自伊斯兰教勇士的袭击），重返喀布尔，并在那里营救出被俘虏的英国人。

途经加兹尼城时，英国人除掉了伽色尼王朝马赫穆德坟墓的木门，据说木门是马赫穆德从 Somnath 的印度教庙宇中拿来的。因此，英国人被认为是犯下了一个历史性错误，由此招致印度穆斯林的敌对情绪，也没有给印度教徒留下深刻的印象。爆发了几次有意策划的流血报复行动，以反对从前发动反叛的城镇和村庄。10 月，陈放麦克纳顿腐烂尸体的喀布尔的古市场在抢劫和掠夺中被炸毁。10 月 12 日，英国联合军队离开喀布尔撤回印度。

图 23　多斯特·穆罕默德的儿子穆罕默德·阿克巴尔，于 1841 年在阿富汗掀起反抗英国占领及英国扶植的舒贾·沙的斗争。（沙伊斯塔·瓦哈卜提供）

英阿战争严重地损耗了东印度公司的军队，并且使得士兵招募工作受阻，这次战争共计耗资 2 000
86 万英镑，国库费用一度吃紧。英国威望的戏剧性下降被认为是 1857 年印度独立战争爆发的主要诱因之一。同时，在阿富汗第一次面对现代欧洲国家的时候，这次意想不到、无缘无故的战争助长了阿富汗人仇恨和轻蔑的思想，一种危险的混合体。

英国的撤退随即导致了无政府状态。直到 1843 年 1 月，足智多谋的多斯特·穆罕默德从流放中重返喀布尔，开始了他又一次长达 20 年的统治。在这期间，多斯特·穆罕默德借助近期英阿战争中所锻造的国家一统意识，余生都在致力于重新联合破碎不堪的阿富汗。在其统治的头十年，多斯特·穆罕默德的几个儿子征服并以他的名义控制了兴都库什山北部的乌兹别克和土库曼地区。1848 年，当锡克教徒正进行最后一场抵抗英国的战斗时，多斯特·穆罕默德甚至还短暂地夺回了白沙瓦，但在第二年英国最终胜利之后，他便放弃了这座城市。1855 年，多斯特·穆罕默德把坎大哈地区纳入其统治。1863 年 5 月，在其去世前两周，多斯特·穆罕默德在历经长达 10 个月的围攻后，最终吞并了赫拉特。

在同一历史时期，东印度公司也在更大规模地集结力量。英国对信德（1843）、克什米尔的征服，在与锡克教徒的战争期间（1846，1849）对旁遮普的征服，以及对俾路支地区（1859）的征服，意味着此时英属印度的控制范围已经扩大到南部和东部的普什图地带。山区部落小心翼翼地看护着他们的自治，将要持续几代人的袭击与反袭击的循环随之开始。但英国成功地让至少一半的普什图斯坦脱离了喀布尔的统治。

面对新的力量实体，多斯特·穆罕默德分别在 1855 年和 1857 年与英国签署了两个友好协定，以确立正常的外交关系，但他拒绝英国使节进驻喀布尔。取而代之的是，印度穆斯林被允许作为东印度公司的代表进入喀布尔，这种状况持续了 20 年之久。鉴于 1856 年波斯曾经短暂地占领过赫拉特，根据 1857 年签署的协议，英国方面为阿富汗正规军提供补助津贴，以作为抵抗波斯的一支缓冲力量。1857 年印度国内发生叛乱时，多斯特·穆罕默德越界进行干预制止，这可能是由于被围攻的英国人接受了他的领土要求。在排除几个顾问和首领的力劝之后，多斯特·穆罕默德选择集中力量统一那些至今被看成是阿富汗核心部分的领土。

七、希尔·阿里汗和国家统一

多斯特·穆罕默德指定他的一个比较年轻的儿子，希尔·阿里（1825－1879；分别于 1863－1866 年和 1868－1879 年在位），作为其继任者，这可能是由于希尔·阿里在担任加兹尼长官期间曾经镇压过
6 次分离加兹尼的暴动。然而，待其父亲一死，希尔·阿里就面临着 87
与多斯特·穆罕默德第一次执政时期一样的处境——家族内部的敌对和内讧。

这一次，战争持续了 5 年左右。起初，希尔·阿里成功地击退了他的同胞兄弟，但他最终被两个年长的同父异母兄弟联合击败。其中一个是穆罕默德·阿夫扎勒（死于 1867 年），于 1866 年在喀布尔夺得王位。但希尔·阿里从未放弃过“埃米尔”（首领）的头衔，他借助意外的运气很快便重掌权力。穆罕默德·阿夫扎勒死后，他那强有力的儿子阿卜杜·拉赫曼与其亲弟弟、比他活得更久的阿扎姆·汗闹翻。

时代在发生着变化，这一点甚至在阿富汗也体现出来，如希尔·阿里开始表现得像个现代的统治者。他建立了一支由 5 万职业和征募而来的士兵组成的常设军队，并有着统一的制服，这对当时的阿富汗来说是件新奇的事物。一旦希尔·阿里的王位得到稳固之后，1869 年，当英国为他提供武器和定期的津贴以后，他的工作变得相对容易。1876 年一个土耳其使团到达喀布尔，试图说服阿富汗加入到反俄联合阵线中，但并未成功，此后土耳其的支持也开始具体化。在奥斯曼帝国和后来的土耳其共和国的主导下，土耳其对阿富汗的援助在 20 世纪一直持续不断。从某种程度上说，正规军使喀布尔不再依赖于反复无常的部落首领。

希尔·阿里也为阿富汗的现代行政管理体系奠定了基础，他设置了给他提供意见的长老顾问团（Council of Elders），几个政府部门，建立邮政服务以及基础的货币系统。他还改革了土地税，农民曾经以现金或实物的方式缴纳税收，而现在改为全部以现金的形式缴纳（尽管仍旧不足以支撑一个雄心勃勃的政府）。在政府的资助下，阿富汗历史上第一所现代学校也被建立起来，其中主要教授英语和军事课程。同时，这位“埃米尔”还出版刊印了第一份阿富汗语的报纸《晨曦》；建立了几座电灯厂，其中一些供给军方。

虽然希尔·阿里第二次执政期间仍旧不得不在国内进行战争（主要反对他叛逆的长子雅各布·汗），但他最大的问题是从英-俄间持续的敌对状态中抽身出来。他熟练地在这两个力量以及其他参与国如波斯和土耳其间周旋，试图确保阿富汗再独立自主 10 年。

八、俄国与英国的对抗与反对抗

当英属印度向北方扩展的时候，俄国向南推进攻入中亚地区。1864 年，俄国吞并了里海和咸海间的所有土地，占领了咸海东部地区，并把边界推进至锡尔河。第二年，俄国还夺取了塔什干地区，至1868 年，撒马尔罕地区并入俄国。也是同一年，布哈拉汗接受沙皇为 88
其领主，自此俄帝国的控制范围延伸到阿姆河流域，与阿富汗领土搭界。

此时，英国内部就如何理解和回应俄国的挺进发生了分歧，他们的政策很大程度上取决于哪个政党在伦敦执政。而对希尔·阿里来说，他的立场是始终如一的。1869 年 3 月，总督梅奥伯爵召集印度王公在安巴拉参加会议，以商讨此事和其他紧急的问题，希尔·阿里在会议上阐述了自己的立场。这位阿富汗的统治者十分愿意与英国结盟，并肩抵抗任何来自俄国的侵略。但他还是拒绝接受任何在英国出生的使节进入喀布尔，为的是尊重仍然沉浸在第一次英阿战争所带来的伤痛之中的民众舆论。他也希望英国能够向他的王朝正式道歉，并接受他的儿子阿卜杜拉·贾恩作为他的继承者。

由于继续奉行一种不干涉主义的政策，英国在安巴拉就希尔·阿里的皇族世系问题拒绝作出任何承诺，或者拒绝给出任何形式的军事保证。相反，英国于 1872 年与俄国签署了一份协议，共同承认阿富汗是两大力量间的“中间地带”，并以阿姆河作为阿富汗的北部边界。英国宣称，这份协议使他们摆脱了向希尔·阿里作出任何正式承诺的需要。此后，希尔·阿里与梅奥伯爵建立私交，并只是满足于非正式的谅解，至 1872 年梅奥被暗杀，英国调停人在解决阿富汗与波斯的边界纷争时，被阿富汗人认为是不公正的（波斯方面也很不满意），此后不久，英国与阿富汗政府间的相互信任破裂。

1873 年，希尔·阿里的元老赛义德·努尔·穆罕默德·沙参加的西姆拉会议，标志着英-阿两国关系的正式恶化。英国重新提出在阿富汗北部边界设置军事观察员的要求，与此同时，仍然拒绝给“埃米尔”本人或者他的国家提供任何形式的保障。

当1874年本杰明·迪斯累利成为英国首相的时候，这种状况没有得到改善，英国决定在阿富汗恢复“积极的政策”，这个政策的目标是尽可能地在阿富汗凸显英国的力量，而不是依赖于缓冲国的概念。作为抗议，奉行自由主义的总督瑙思布洛克伯爵辞职，这使得希尔·阿里两翼受敌且无坚实的盟友。进入南部坎大哈地区的门户——南部普什图城市圭达，于1876年被英国正式占领，并变成一个军事基地。

有为的新总督莱顿伯爵再次提出为时甚久的要求，即让希尔·阿里接受在喀布尔设置一个常驻的英国代理机构。从希尔·阿里对此要求的答复的暗示来看，在当时的政治气候下，这似乎是使阿富汗成为
89 保护国的一条捷径。希尔·阿里告知英国方面，他已经拒绝了俄国驻中亚司令官考夫曼将军来信中所提出的类似要求（1875年，俄国通过驻在阿富汗的一个穆斯林使节与希尔·阿里保持联系）。虽然希尔·阿里勉强与俄国人保持一定距离，但在接下来的两年里，他在英国的抗议声中与俄国人保持联系。

九、第二次英阿战争

1877年，俄国借口保护基督教居民，派遣大量军队进驻土耳其控制的巴尔干地区。在经过一连串的胜利之后，俄国军队逼近君士坦丁堡，这座城市不仅是东方东正教的圣城，而且还是俄皇野心觊觎的一个古老目标。

对英国来说，这次事件就是红色警报，他们随即派遣一支舰队穿过达达内尔海峡。在经过长达6个月的军事对峙之后，两大帝国在欧洲的柏林会议上达成妥协。但当时这个结果仍旧让人生疑，随后考夫曼在土库曼斯坦集结了一支4万人的军队，准备牵制性地侵略印度。由于不希望在还没有看见印度国土之前就在途经阿富汗的过程中作战，考夫曼命令斯托利托夫率领一支250人组成的代表团赶往喀布尔，以逼迫希尔·阿里支持其进军。

希尔·阿里试图阻止这些俄国人，但他们设法到达了他的都城。

1878 年 7 月 22 日，在不知道前一天英-俄间和平协议已签署的情况下，这些俄国人面见希尔·阿里，并提议建立防御性和进攻性的军事同盟。按照这个盟约，俄国可以在阿富汗境内驻兵，并可以将其道路和电报系统延伸进阿富汗。显然，希尔·阿里同意了这个要求，但我们不知道，他是否将执行这些协议，因为这支俄国代表团的大部分成员，在得知英俄已经在欧洲实现和平之后，便尽快地离开了喀布尔。

侵略计划虽然悬而未决，然而，让莱顿愤怒的是俄国人竟然得到了许可，而他的使节却长期被一直排除在外，他要求阿富汗政府允许一支英国使团进入喀布尔。

同年 8 月 18 日，希尔·阿里的儿子阿卜杜拉·贾恩死去，因此希尔·阿里要求在回复莱顿的信件之前，能够有时间举行适当的哀悼。不为所动而且不愿意等待，这位缺乏耐心的总督派遣一支小规模的军队到达开伯尔山口，在此因受到阿富汗地方长官的武力威胁，随即撤军折返。虽然希尔·阿里最终反馈信息在使节问题上妥协让步，但这位丧子的“埃米尔”未能主动道歉，以使莱顿在这次“侮辱”事件后善罢甘休。11 月 22 日，这位英国总督可能在伦敦政府的示意下，命 90
令英国军队从三个方向突破边界，侵略阿富汗。至第二年 1 月，他们战胜了当地的顽强抵抗，并占领了坎大哈、贾拉拉巴德以及喀布尔南部的古勒姆河谷。

英国军队，在铁路和电报网络的支持下，直接逼近阿富汗边界地区，而且武器装备远远比阿富汗的先进，这种情况在此 40 年前是从未有过的。格林机关枪被首次用于战场。此时，英国人（以及他们忠诚的锡克教徒募兵）也更加熟悉普什图人的战略战术，而且或许是被为第一次英阿战争悲惨失败复仇的愿望所激发。希尔·阿里招募的士兵被证明对其远没有对他们自己的部落首领忠诚，他的军队并没有成功着手一次有组织的防御。

希尔·阿里现在转而求助以前的俄国请求者，但俄国再也没有兴趣与英国展开一场战斗了。希尔·阿里任命他的儿子雅各布·汗为摄政王，并前往阿富汗北部边界，决定亲自进入圣彼得堡，直接向沙皇恳求援助。然而俄国人拒绝他通过，他只好返回，并于1879年2月21日死于巴尔赫附近。

继任的“埃米尔”雅各布，由于缺乏来自同胞的一致支持，被迫于同年5月26日与英国签署了不平等的《冈达马克条约》。根据这个条约，英国方面同意从贾拉拉巴德和坎大哈地区撤军，但保留他们已经占领的接近南部开伯尔山口以及其他山口的领土（这些领土至今保留在两国边界的巴基斯坦一侧）。让阿富汗人至今感到耻辱的规定是，雅各布承诺后继的“埃米尔”必须“遵照英国的建议和愿望行使与外国政府的所有关系”。除此之外，英国最终获得了他们在喀布尔以及其他地方常驻代表团的权力。作为回报，英国人同意每年向“埃米尔”支付一笔价值6万英镑的薪金，并承诺保护阿富汗反对外国的无端袭击。

十、僵局

历史很快再一次重演。7月，英国使节路易斯·卡瓦尼亚利住进喀布尔的巴拉·希萨尔城堡，开始忠告“埃米尔”。9月3日，他和他的整个护卫队共75人被阿富汗士兵和喀布尔居民杀死在城堡里，尽管雅各布试图阻止这场战斗。

作为回应，英国中央纵队司令官弗雷德里克·罗伯特将军率军向
91 喀布尔挺进，并于10月12日进城。此时，雅各布已经逃离喀布尔，并很快被流放至印度，弗雷德里克·罗伯特接管权力，强制推行军事法，在随后的几个月里作为阿富汗的真正埃米尔进行统治。

遵照莱顿的命令，弗雷德里克·罗伯特的首要任务是通过大量逮捕和处以死刑，为路易斯·卡瓦尼亚利的死复仇。被绞死的人中，大多是民族主义者和雅各布的反对者，实际上他们并没有参加巴拉·希萨尔城堡的战事。弗雷德里克·罗伯特许可处死87人，在场的英国人和阿富汗人认为这个数字太多，但这个数字却也使伦敦的公众舆论为之失望。

这一次，阿富汗人也在利用现成的抵抗的历史性模式，反叛几

乎是立即就爆发了。雅各布·汗的母亲移交她的珠宝以资助抵抗运动。能干的将领从广泛的部落和民族群体中涌现，其中包括暴躁的吉尔查伊毛拉米尔·丁·穆罕默德，他号召人们进行圣战，被人们称之为“宇宙的芳香”，还有来自喀布尔南部瓦尔达克省的穆罕默德·贾恩将军。大量的士兵或部落军队开始向喀布尔迈进，英国人再一次发现他们被包围在城外角落里的一个兵营中。从喀布尔，穆罕默德·贾恩以恢复雅各布·汗为条件，为英国人提供去往印度的安全通道。与此同时，他的 4 万士兵继续劫掠这座城市，摧毁其印度教徒和红头巾邻居。

由于对 1842 年安全通行的承诺难以忘怀，英国人回绝了穆罕默德·贾恩的要求，并加固掩体以应对围攻。12 月 23 日，阿富汗人发动了一次最大规模的袭击。然而，此时的英国人与前一次战争中的前辈们相比，已经做好了充分的准备。凭借良好的补给、军营以及领导，他们能够给对手造成 3 000 人的伤亡，而自己却几乎毫发无损，很快英国人重新夺得了喀布尔城。不久以后，阿富汗人各个阶层中都出现了不团结因素。很多部落首领接受了来自弗雷德里克·罗伯特的特赦，而其他部落民返回他们的家园。还有一些战斗人员撤退至加兹尼，在那里一个反抗外国势力的民族政党开始成形。

尽管他们在公开战场上没有打败过英国人，但这支抵抗力量能够
动员足够的力量骚扰占领军，其中伊斯兰教勇士发挥的作用与日俱增。
英国人深知，他们必须寻找一位可靠的、而且肯合作的当地首领，能
够允许英国人撤回他们的军队。1880 年 2 月，正是这样一位合适的人
选从北方进入阿富汗。阿卜杜·拉赫曼·汗，希尔·阿里的侄子，出
生于 1844 年，在早期权力斗争中失败后，他被流放，在俄国考夫曼将
军一笔丰厚资金的支持下，居住在撒马尔罕和塔什干。此时，阿卜 92
杜·拉赫曼·汗开始从北部地区可汗那里聚集支持的力量，1880 年 7
月 20 日，他在喀布尔北部的恰里卡尔，在部落会议上宣称自己是阿富
汗的“埃米尔”。

虽然阿卜杜·拉赫曼穿着一件俄国制服，而且据说他曾经许诺购

买俄国的武器准备，但英国认定其为最佳人选。回首往事可以发现，这是一场精明的投机，在流放的岁月里阿卜杜·拉赫曼得到过俄国的资助，但这使他对于俄国的企图有所警惕，也促成他更加愿意和英国人合作。在伦敦的内阁早在3月份就认可了这个人选，并从喀布尔派遣使节在北部地区与这位“埃米尔”会面，在这次会面中，阿卜杜·拉赫曼的性格和智慧给英国人留下了深刻的印象。英国人表示要帮助他在全国范围内赢得更多的支持。

雅各布的退位留下了权力的真空，先前的10月，尽管在甘达马克已经做出了承诺，但英国方面的政策是把坎大哈和赫拉特地区从阿富汗政府手里分离出来。在一个新的解决方案开始谈判，并至少被一些阿富汗人接受之前，争夺仍在继续。这给阿富汗人留下足够的时间，以记述打击英国皇帝声望的传奇故事，和上次战争从喀布尔撤军相类似。

希尔·阿里的一个儿子穆罕默德·阿尤布，率军从他的强大基地赫拉特出发向坎大哈挺进，7月27日在城外的梅旺德战场击溃英军。据传说，一个名叫马拉莱的当地女英雄，以她的面纱为战旗，在战场上挥舞起来，使得士气大增，他们几乎杀死了1 000人，而英国人和印度人总共才2 500人。英军中的生还者撤回坎大哈，并驱逐那里的城市居民，准备应对围攻。弗雷德里克·罗伯特在听说惨败之后，带领一万人的军队从喀布尔火速增援，9月1日，穆罕默德·阿尤布的军队被击退。

与此同时，英国人与阿卜杜·拉赫曼在喀布尔达成一项政治解决方案。他们同意此前的在喀布尔常驻一个代表团的权力，并停止干预阿富汗内部事务；而阿卜杜·拉赫曼接受了丢失坎大哈的事实，并避免与任何外国政府建立联系。不管怎么样，俄国人此时表现出不愿意干涉的态度。甚至在弗雷德里克·罗伯特在坎大哈的胜利之前，余下的英国军队已经撤离喀布尔，退居印度。

由于英国公众反对本杰明·迪斯累利的“积极政策”，一个新的英国政府于4月被选举出来。1881年4月，新内阁命令英国军队从坎大哈撤出，他们曾经任命的坎大哈长官瓦利·谢尔·阿里在卡拉齐带薪退休。英国人在印度的扩张时代即将终结。此外，正如广受欢迎的 93 英国作家拉迪亚德·吉卜林所演绎的那样，凶猛的阿富汗战斗人员的浪漫形象使得后来的英国政府都不愿意捅这个“马蜂窝”。

十一、阿卜杜·拉赫曼

埃米尔阿卜杜·拉赫曼在喀布尔掌权，并开始他长达 21 年的统治，在此期间，他将阿富汗置于稳定的基础之上。虽然受到其与英国协议的束缚，但他能够在英-俄两大帝国间游刃有余，且能够保住其疆界内的大部分领土，并得到普遍的认同。

同时，阿卜杜·拉赫曼还确保了国内的和平，这样就阻断了外来势力以任何借口干预阿富汗内政。他还无情地控制着地方首领和毛拉的权力。但是，他的手段包括，冷酷地排斥异己，更不用说叛乱，通常用拷打、有时会用大量处死的方法处罚反对派，因此他也得了一个“铁血埃米尔”的称号。不经政府的许可，个人没有权力在国内移居或出国旅行。结合阿卜杜·拉赫曼的文化和经济孤立政策，这些措施可能会使阿富汗比以前更加贫困和更加衰弱，也为他的后继之君制造了麻烦。

这位新任的“埃米尔”接手这个国家时，是一幅无政府主义和经济萧条的景象，城市大多被摧毁，而且部分地方人烟稀少。和阿富汗大部分新任的统治者一样，他的当务之急是平定国内觊觎王位的那些对手们。1881 年英国军队撤出坎大哈三个月之后，阿卜杜·拉赫曼的堂弟穆罕默德·阿尤布，从其忠诚的卫戍军手里夺得坎大哈。虽然当时新任的“埃米尔”还没有一支规模相当的部队，但他联合吉尔查依部落民，在坎大哈城外击败了穆罕默德·阿尤布。与此同时，一支忠诚的北方人组成的部队拿下了赫拉特，穆罕默德·阿尤布被迫流亡印度。

虽然阿卜杜·拉赫曼再也没有遇到过可与之相比的威胁，但在随后的时间里爆发了约 40 次的叛乱，他稳健而系统地把各个民族的地区都征服在自己的旗下。其中最为著名的叛乱有1886年吉尔查依人兴起作乱，1888年乌兹别克人的反叛，以及1891—1893年哈扎拉人的造反。为英国资助和装备的阿卜杜·拉赫曼军队成功地平定了这三次叛乱。1895年，阿卜杜·拉赫曼推行了“8取1”的募兵制度。这个制度在村一级的行政单位实行，那些抽中签的人要么去服兵役，要么支付一个代替者的费用，而免服兵役的那7个人或他们的家庭必须缴税供养这个新兵。

最具代表性的是，继阿卜杜·拉赫曼在军事领域的节节胜利之后，他对叛乱者采取了无情的报复行动。他还复兴了重新安置反叛者这一
94 古老的策略，这个策略有一个世纪没有被广泛地应用了，将约1万户重要的吉尔查依人家庭迁移到北部非普什图人聚居区。在如此潜在敌对的邻居中，他们成为“埃米尔”的忠实支持者。

阿卜杜·拉赫曼对待西北山区的哈扎拉人更加的残暴。当这些什叶派穆斯林（哈扎拉人）拒绝交出他们所珍视的自治权的时候，阿卜杜·拉赫曼便对外宣称进行一次圣战，并给任何应征参战的伊斯兰教战士以崇高的地位。随后，哈扎拉人被当作一个政治-民族群体被彻底镇压，他们的大部分土地被划归给其他民族，其人民被迫充当后者的奴仆。还有一些被当作奴隶在喀布尔出售。有成千上万的哈扎拉人逃往波斯的马什哈德和印度的奎达。

1885年，阿卜杜·拉赫曼又一次宣称进行圣战，这一次针对的是阿富汗东北山区的卡菲尔斯坦。这里的居民自亚历山大大帝时起就保持着强烈的独立性，阿卜杜·拉赫曼动用武力强迫当地的异教徒居民皈依伊斯兰教，并将他们的家乡重新命名为努里斯坦。他们那些穿越边境进入巴基斯坦的同胞，时至今日，仍免于被迫皈信伊斯兰教。

阿卜杜·拉赫曼还延续并深化了希尔·阿里的一些行政改革。也许是最为持久的，他把阿富汗划分成不同的省份、行政区和小行政区，但这种划分经常忽视了民族和部落的界限。他还选用非本省区出生的人担任该省区的长官，这些地方大员在军队的支持下，只忠于最高首

领，并负责征收赋税和维护社会秩序。他组建了一支国家武装警察部队，利用间谍和情报员确保地方长官的忠心。在一些场合，地方长官和其他官员廉价出售属于宗族或部落的共有土地，这一行为破坏了古老的部落组织——在此之前是最有效的一级政府。

在喀布尔，几个部门组成的一个新行政机构被“埃米尔”自己的亲属、显赫地方家族的质子，以及来自非普什图地区的忠诚奴隶联合占据。阿卜杜·拉赫曼把他的儿子留在喀布尔，从而使得他们不能像前人的儿子所做的那样，建立地方的权力基地。同时，负责财务、贸易、司法、公共工程建设、邮政、教育和医药的部门也分别建立起来。

虽然阿卜杜·拉赫曼设置了国家支尔格会议（loya jirga），一个部落首领、贵族和毛拉们的集会，但他通过批准各种章程以限制这些人的权力。他还委任了由多数部门负责人组成的最高政务会（Supreme Council），定期召集商讨政策以及为“埃米尔”提建议。

按照传统，一个“埃米尔”的权威依赖于支尔格会议的承认。与
之相反，阿卜杜·拉赫曼声称他的统治源于神授，并自称为“王”。 95
作为一位不信教的成功征服者，他还垄断了召集圣战的权力。在阿卜杜·拉赫曼以武力迫使努里斯坦人皈依伊斯兰教之后，毛拉们称他为“民族和宗教之光”。

考虑到地方毛拉们残存的权力，阿卜杜·拉赫曼宣称自己是作为穆斯林乌玛或民族下一级社区的阿富汗国家的伊玛目，或者说精神领袖。如此，他利用这种通过他成功的圣战给予证实的君权神授观念，把毛拉掌控在自己的手中。阿卜杜·拉赫曼在自传中，称这些地方传道者是讲授与“穆罕默德的教导和原则相反”的东西的“无知牧师”（Ewans 2002，101）。为了改变这种现状，他还设置了资格考试，根据清真寺慈善基金“瓦格夫”的产出的多少为毛拉支付薪水，并把“瓦格夫”纳入到政府的控制之下。阿卜杜·拉赫曼还建立了标准的法庭制度，遵照“沙里亚”或者说伊斯兰法进行统治，而“沙里亚”由作为“伊玛目”的他自己负责解释。

阿卜杜·拉赫曼还成功地与地方和部落首领战斗，并把他们纳

入地方长官的控制之下。他在自传中写道："每一个牧师、毛拉以及每一个部落和村庄的首领都认为他们自己是一个独立的王……这些人的专制和残暴是让人无法忍受的。"（Ewans 2002，101）他拆除了很多独立的城堡，并在主要的贸易通道上建立他自己的贸易站。他还利用过如政治联姻、贿赂、抓人质以及在部落间挑拨离间等传统策略。

为了保护阿富汗的独立，阿卜杜·拉赫曼拒绝允许任何铁路或电报线路渗入其国界，并把外国官方的专家数量降到最少。而且不允许英国的代理机构在喀布尔与其国民会面。

按照阿卜杜·拉赫曼自己的解释，国君必须引进一小批医师、工程师（特别是为了矿物开采和水利灌溉）、地质学家和印刷工。一些来自外国的灯泡制造机械设备也可以被接受。国内的商业贸易得益于安全的保障。但现代教育可能比希尔·阿里统治时期更为有限，而且文盲率居高不下。

十二、边界的划分

至其统治后期，阿卜杜·拉赫曼以自己国家的损失为代价，一度终结了英国与俄国的领土野心，但不久之后，两大帝国吞并了阿富汗
96 一大块重要的土地。1884 年，面对俄国进一步巩固其在中亚的领土，英国与俄国一致同意组建联合委员会，共同瓜分阿富汗的北部疆界。不过，当地的俄国军队继续向南挺进，并于 1885 年 3 月在潘杰德赫绿洲战胜阿富汗最北端的前哨。俄国军队可能想继续向兴都库什山迈进，也许以此作为与印度接壤的天然边界，但英国发出警告，俄军如果再向赫拉特迈进一步就意味着战争，此时英、俄两国上空都弥漫着狂热的爱国情绪。在阿卜杜·拉赫曼冷静地接受了俄国的既成事实，并随后对印度进行国事访问之后，战争被避免。英俄两国开始长达两年的紧张谈判，并于 1887 年夏就西北边境问题最终达成一致意见，这也许要部分地归功于阿富汗"埃米尔"始终如一的克制及其处理与两大帝国关系上的机智。1888 年，与波斯接壤的西方边界最终确立。而东北

部的疆界前后分别于 1891 年和 1895 年划清，俄国为了不与英属印度接壤，迫使阿卜杜·拉赫曼接受人口稀少的狭长土地，这块领土海拔地势很高且延伸至中国。

阿富汗人在南部和东部丧失土地的过程远没有结束。甚至自 19 世纪 50 年代开始，当英国的统治到达普什图人邻近地区的时候，英国人与当地部落民的冲突变得稀松平常，通常因诸如普什图人袭击了印度河谷，或者英国人干预了部落内部的事务问题而起。1888 年之后，由于阿富汗政府与另一位新任的总督间寒冷的外交气候，导致了流血冲突事件的与日俱增。阿卜杜·拉赫曼试图直接向伦敦政府控诉，但徒劳无益。1893 年，印度外务秘书莫蒂默·杜兰德被遣往喀布尔，就英属印度与阿富汗间的大致界限达成共识（包括阿富汗人默许了没有出海口）随后，又花费了 4 或 5 年的时间在地面上设立标记。1895 年，阿卜杜·拉赫曼最终接到维多利亚女皇发出的访问伦敦的邀请，由于生病，他派遣他的儿子纳斯鲁拉前往。

在很多地方，莫蒂默·杜兰德最终确定的边界线没有任何民族或地理上的依据，很多村庄被一分为二，而且大库奇人或者游牧民古老的季节性迁徙的路线被堵截。更为严重的是，它剥夺了相当大一部分普什图人与他们统治阿富汗的同胞联合的希望。那些被划入边界南部的人，被一些尚武的毛拉所激发，也可能是在阿卜杜·拉赫曼代理人的激励下，发起了一场广泛的叛乱，这次叛乱历时两年才被英国镇压下去。

为了争取对“杜兰德边界线”的认可，英国方面同意把阿卜
杜·拉赫曼的年俸从 120 万卢比增加到 180 万卢比，尽管可能这位阿
富汗“埃米尔”对这件事别无选择。阿卜杜·拉赫曼在随后宣称， 97
“杜兰德边界线”是对实际控制范围的描绘，而并非最终主权。然而，
由于阿卜杜·拉赫曼签署了与英国的协议，很多阿富汗人从未原谅
过他。

图 24 位于喀布尔市扎尔内加尔公园的埃米尔阿卜杜·拉赫曼的陵墓，他死于 1901 年。（沙伊斯塔·瓦哈卜拍摄）

1901 年 10 月 1 日，阿卜杜·拉赫曼死于喀布尔。他的长子和被指定的继任者，哈比布拉·汗（在其父亲流亡期间，出生于塔什干或撒马尔罕），很快便被国内外公认为统治者，由此可以看出，老“埃米尔”不仅在阿富汗成功地恢复了平静，有效地控制了他的家庭，而且还赢得了外国的尊重。

第五章　20 世纪的君主制（1901 — 1973）

在历经一个世纪之久的欧洲各国蚕食之后，阿富汗于 20 世纪初获 98
得了政治上的独立。随着阿富汗摆脱孤立的困境，它开始应对发生在世界各地的社会和经济变化。然而，现代化进程的缓慢以及对政府改革计划的广泛反对，意味着当 1973 年君主专制被废除的时候，大部分阿富汗人的生活仍局限在传统的模式之下。

一、哈比布拉·汗

哈比布拉·汗（1872 — 1919）的王位从其 1901 年开始统治时起就一直平安无事，这就使得他能够把大部分精力都用在追求政策目标上。他毫不费力地战胜了他父亲那出身高贵的遗孀比比·哈利马（他自己的母亲曾是一名奴隶）及其他反对者。虽然仅有一小部分部落首领支持他，但他父亲阿卜杜·拉赫曼建立的国家常备军，在其任期内一直保持忠心。其中部分原因可能是他的亲弟弟纳斯鲁拉·汗不懈的努力。

由于没有他父亲苛刻的独裁本能，以及继承而来的国家已经非常平静，哈比布拉在地方管理方面给各地方的汗和首领更多的自由，他放缓军事征募活动，并让承认他神圣合法地位的神职人员（与纳斯鲁拉结盟）发挥更大的作用。他父亲起初建立的中央集权国家官僚机构，此时也通过传统的、地方化的力量基础的渗透而成为开放的。

当地方的买立克，即男性家长推举出来的村长，开始被选举进入政府任职的时候，他们不管是脱离对社区忠诚的价值观，还是作为贿赂的回报，经常能够妨碍不受欢迎的法令。现在，地方长官或
99 行政官员可能从各地汗、大地主或者推选出的部落首领中选任。然而这些官员常常利用政府的资金和保护以加强传统的权力结构。越来越西化的国家官僚制度所制定的政策，在被得到实施之前，不得不穿透这些绝缘的层面。

图 25　埃米尔哈比布拉·汗（1901 — 1919 年在位），一生都在致力于阿富汗的现代化事业，并奉行谨慎的中立主义外交政策。（沙伊斯塔·瓦哈卜提供）

哈比布拉允许很多显赫的流亡者重返阿富汗，这些在政治上受迫害的显贵们开始变得活跃起来。如白沙瓦的苏丹穆罕默德·汗（多斯特·穆罕默德的弟弟）的后裔穆萨希班家族，在哈比布拉执政时期开始了一次有持久影响力的政治生涯。哈比布拉任命穆萨希班家族 5 兄弟中的老大纳迪尔·汗（1883 — 1933）为最高司令官，这为此后的穆萨希班世系升至王位提供了可能。另一个皇室直系圈之外的重要家族是沙尔克希斯，他们都是先前司令官古拉姆·海德尔·沙尔克希斯的子孙。他们与穆萨希班家族的敌对关系在后来被证明是致命的。

或许在返回阿富汗的流亡者中，最重要的应该是白沙瓦的赖姆德·汗（多斯特·穆罕默德的另一位弟弟）的后裔马赫迈德·贝格·塔尔齐（1865 — 1933）。塔尔齐是一位民族主义诗人、知识分子、政策顾问，也是 20 世纪初阿富汗现代化支持者的关键人物。同时，他在印度、中亚和其他穆斯林国家的民族主义者当中有深远影响。早年，他随父亲居住在叙利亚（当时叙利亚属于奥斯曼土耳其帝国，“贝格”

是土耳其语，其意思相当于“汗”），并在那里娶了一名叙利亚人为妻。随后，他游历欧洲各国和整个中东地区，结识了著名的改革家、泛伊斯兰主义者、同样是从喀布尔流亡出来的哲马鲁丁·阿富汗尼（1838 — 1897），两人在一起还有过合作。

一回到阿富汗，塔尔齐就极力支持在土耳其国内已开始改革的“青年土耳其党”的改革原则。在 1911 年哈比布拉批准发行的独立的半月刊报纸《火炬》（Torch of the news）中，他提出泛伊斯兰主 100
义并谴责了英帝国主义。他还批评顽固的宗教传统势力是阻碍阿富汗进步的一大障碍，并以日本的成功现代化为参考，认为经济和社会变革会在整个阿富汗的社会和宗教结构内部进行。塔尔齐还是哈比布拉两个儿子阿曼努拉和伊纳亚图拉的家庭教师，而且这两个王子分别娶了塔尔齐的两个女儿。当阿曼努拉迎娶沙赫巴努·索罗亚时，他把先前的一位妻子送到自己母亲那里生活。在阿曼努拉作为君王统治期间，他遵循一夫一妻论者塔尔齐树立的榜样，身边一直 101
只有一位妻子。

哈比布拉发起了一些法律改革，废除了严厉的刑法，并取缔了他父亲的间谍网络。哈比布拉修筑新的道路（他本人就是汽车爱好者），在外国技术专家的援助下建立了几个工厂，改善通讯手段，在 1910 年，电话线连接了喀布尔和贾拉拉巴德，通过这些措施，哈比布拉给阿富汗带来了国内贸易增长的时代。而且还引进了一位美国工程师修建水电站，这个水电站输出的电力都被用来点亮埃米尔的皇宫和主要的公共建筑。

哈比布拉设立了一个现代的医疗机构，还按照欧洲模式创建了几所重要的学校，其中有著名的哈比比亚学校，一个军事学院和一个教师培训机构。阿富汗的大多城市精英开始接受西方价值观，但在占阿富汗人口大多数的农村地区，几乎没有这种文化价值观的转变。甚至哈比布拉本人对于改革也是踌躇不定，他经常公开指责塔尔齐的报纸对社会和宗教的批评。

马赫迈德·贝格·塔尔齐的成就

以下列出的是阿富汗知识分子和政策顾问马赫迈德·贝格·塔尔齐的一些主要成就，是从在线出版社 afghanmagazine. com 上发表的一篇文章中摘录的。

·通过出版《火炬》，为阿富汗新闻业奠定了基础……这份报纸从 1911 年 10 月到 1919 年 1 月以半月刊发行，它在阿富汗现代主义运动的发展过程中扮演了重要角色，它还为少部分受启蒙的阿富汗年轻人提供了一个交流的论坛，这些年轻人为阿富汗民族主义和现代主义提供了民族公正和基本原则。

·出版了《儿童之灯》（Children's lamp），第一部直接针对阿富汗青少年的出版物。

·通过写作、编辑、翻译以及阿富汗新闻的现代化，继续加强对达里语和普什图语散文风格的影响。

·把很多主要的欧洲作品翻译成达里语。

·有效地指导了被称为“青年阿富汗”的第二次青年人立宪运动……这次运动培育了像帕迪沙·阿马努拉（Padshah Amanullah）这样的忠诚的自由主义爱国者。

·自 1919 年从英国手里获得民族独立之后，开始担任阿富汗外交部长，在伦敦、巴黎以及世界其他国家都建立了阿富汗大使馆。

·他对女性权力和女权运动表现出极大的兴趣。不但为女性开办学校，而且还发行了一份女性杂志《Ashad-el-Naswan》，并由他的女儿沙赫巴努·索罗亚（王后）和侄女负责运营。

（Atta and Haidari , September 1997）

二、谨慎的中立主义政策

阿富汗与波斯的边界条款在 1872 年就被搁置，至 1904 年，虽然双方在共享赫尔曼德河水的问题上分道扬镳，但最终还是在地面上划清了边界。在掌握权力后不久，哈比布拉就面临着来自英国总督寇松的挑战。寇松以继续 1880 年阿-英条约中关于提供资金的问题为交换条件，试图在阿富汗寻求更大的影响。寇松担心俄国会再一次在阿富汗寻求代表权，由此坚持认为阿卜杜·拉赫曼的死标志着条约的中止，并要求与阿富汗政府重新谈判。而哈比布拉却回应寇松说，如果那样的话，他将不再局限于英国这条外交事务渠道，并下令任命了 24 个国家的使节，这个举动让阿富汗国内欢欣鼓舞。经过 4 年的遣使和谈判活动，伦敦政府完全同意重申早先的条约，并以一位更为自由主义的总督替换了寇松。1906 年，哈比布拉对印度进行了一次全面的访问，自此两国的关系进一步提升，也促使他在国内的威望达到了顶峰。这次访问中，哈比布拉对在印度所看到的先进经济和技术印象深刻，回国后，他给予塔尔齐以更大的支持。

1907 年，英国与俄国签署了重申双边现状的协定，根据这个协
议，英国可以在阿富汗境内处理关于俄国的事务，但保证不占领或 102
吞并阿富汗的任何土地，也不干涉阿富汗内政。这让阿富汗民众再一次愤怒，虽然英、俄两国在这 15 个月的会谈中，甚至从未与阿富汗商议过，但哈比布拉还是期望参与签署这份协议。但这个侮辱性的请求激怒了阿富汗著名的主战派，几乎涵盖了所有皇室内外的显赫人物，无论是改革分子还是守旧分子，哈比布拉只好拒绝签字。此后两年，纳斯鲁拉继续鼓励跨“杜兰德边界线”的普什图部落发动对英国的袭击，以反对英国重新驯服边境地区的努力。哈比布拉保持了克制，拒绝签署一些毛拉要求发动圣战的命令，但他允许战斗人员跨越边界。

1914 年 10 月，土耳其站在其盟友德国的一边参加第一次世界大战，哈里发在伊斯坦布尔对外宣称反对协约国，而此时他们中的大

部分已经蚕食穆斯林世界一个世纪之久。由很多英属印度穆斯林活动家签署的召集令，也在阿富汗寻求到了支持。哈比布拉自然不愿意与实际上包围着阿富汗的两大帝国发生冲突，尽管实际上没有可能得到中间力量的支持，但他对反英的主张给予了极大的自由空间，他还继续为东部部落和反英的毛拉们提供有限的军事支持。

1915 年 9 月，一个德国-土耳其代表团到达喀布尔，不切实际地提供给他高层次的财经和军事援助，哈比布拉便发誓拥护德国和土耳其。但当代表团离开之后，1916 年哈比布拉又申明阿富汗奉行中立主义政策，英国为表示感谢，为他提供了一笔增加的津贴。1917 年沙皇被推翻，这件事被主战派看成一次阿富汗恢复其伊斯兰使命以反对英国的完美机会，但哈比布拉对此拒绝让步。

哈比布拉考虑到一战即将结束，期望英国能够承认阿富汗在外交政策上的完全独立。而英国此时正专注于因俄国内战而更新的一个北方威胁，对此犹豫不决，直到 1919 年 2 月，其坚定的盟友哈比布拉在一次打猎途中被暗杀。阿富汗的亲土耳其圈子有着最强烈的动机，但公众舆论却将指责对准了英国人。新任“埃米尔”阿曼努拉处决了几个他自己的嫌疑犯，并把他的叔叔纳斯鲁拉（哈比布拉死时与他在一起）投进监狱，他在两年后死于狱中。

三、阿曼努拉汗

第一次世界大战之后，革命和改革的热情在全世界大部分地区
103 高涨起来，阿富汗也不例外。阿曼努拉（1892－1960，1919－1912 年在位）从英国手里赢得了阿富汗的独立，并发起长达 10 年的政治和经济改革。至 1929 年，一次猛烈的守旧势力的行动迫使他退位。

哈比布拉被暗杀的时候，其三儿子阿曼努拉留驻喀布尔，主管财务和军队。也正是对这些资源的利用，使得阿曼努拉能在几天内战胜来自纳斯鲁拉的挑战，并于 2 月 27 日加冕称帝。和先前其他继任者不一样，他从一开始就有一个清晰的目标——以土耳其穆斯林改革家凯末尔·阿塔图尔克的方式，建立一个独立的、现代化的国

家（几年后，波斯的礼萨·沙·巴列维也加入到这种模式）。

阿曼努拉上台后的首要任务就是完成他父亲的目标——彻底独立，他在喀布尔宣布了一次召见，或集会。当英国驻印度总督切姆斯福德在给其宣布独立的信件的回信中态度模棱两可时，阿曼努拉号召发动圣战，并把军队遣往边境地区，这使英国大吃一惊。5 月 3 日，阿富汗军队占领开伯尔山口附近的托克汉姆村，司令官纳迪尔·汗踏平了沿途的几个英国驿站。此时英军也向边境线进发，以几个边境部落中的起义为先导，第三次英阿战争，或称阿富汗独立战争爆发。

而此时的印度被反英暴力活动、支持独立的情绪、饥饿和流行感冒所折磨。印度士兵曾经在欧洲战场上伤亡惨重，留在印度的英国军团意志消沉，正在复员。由于当时俄国正困于内战，对其后方没有直接的威胁，因此阿曼努拉似乎是成功在握。阿曼努拉可能曾经梦想收回所有的普什图人领土，甚至远处南亚次大陆的穆斯林地区。然而，阿富汗军队的表现却不如人意。此地的英国官员和司令官运用他们所有的政治和军事技能阻止边境地区发生全面暴动，他们还在奎达和坎大哈之间发动了一次小规模的反击，派遣几架飞机空袭喀布尔和贾拉拉巴德。

当希望印度发生暴动的设想落空之后，阿曼努拉表示出和平解决的愿望，英军此时已经精疲力竭，这个提议刚好符合他们的利益（一些英国部队开始拒绝前往前线）。1919 年 6 月 3 日，英国驻印度总督同意停火休战，同年 7 月，他派遣一支谈判队伍前往拉瓦品第，并与阿富汗签署了一份休战协议，根据这份协议，双方再一次肯定了“杜兰德边界线”，英国取消了为阿富汗“埃米尔”每年提供的津贴。当英国在协议后附录的一封信的开头宣布阿富汗“正式自由并在内外事务中拥有独立”的时候，阿曼努拉在国内外获得了胜利的声誉。而双方交换大使的最终条约直到 1921 年 11 月才最后签订。 104
到那时为止，阿曼努拉和他的外交部长塔尔齐长期坚持一种独立的外交政策。

图 26　金·阿曼努拉·汗（右四），与其穿着西服的内阁成员在一起，他通过大量改革，致力于把阿富汗带入 20 世纪，但反抗改革的运动最终导致他于 1929 年退位并被流放。（国会图书馆同意转载）

在阿曼努拉执政期间，他与英国人之间的相互猜忌和嫌恶仍旧存在，如在印度边境地区爆发的英军与部落间的暴力冲突，有时是阿富汗人鼓励和资助的。阿富汗还把印度民族主义分子窝藏在喀布尔，作为对这种罪行（至少在英国人这么认为）的回应，英国会限制商品自由流通进入阿富汗。然而在 20 世纪 20 年代，或许让英国人关注的最大原因是苏联在阿富汗的出现。

其实从掌权一开始，阿曼努拉就转向俄国，后者几十年以来显然一直是平衡英国的力量。但紧跟其后的是沙俄的垮台，阿富汗人
105 曾经努力收回此前被沙皇夺走的潘杰德赫和梅尔夫地区。苏维埃俄国领导人弗拉基米尔·伊里奇·列宁，此时正受制于内战和外交孤

立当中。1919年9月，他派遣一位使节前往喀布尔以解决两国的领土争端，并为阿富汗抗英提供支持。作为交换，列宁要阿富汗帮助其镇压在旧沙俄中亚殖民地上爆发的穆斯林抵抗运动，对此他显然没有放手的意图，尽管在此前也有过承诺。列宁至少希望通过结识一位民族主义穆斯林领袖来赢得一些合法性。由于英国在苏俄内战中支持他的对手，列宁还担心英国会坐收渔翁之利。

同年10月，阿曼努拉派遣了以塔吉克族将军穆罕默德·瓦利·汗为首的使团前往圣彼得堡，自此两国确立了正式的外交关系。作为回报，列宁送给阿富汗13架配有飞行员的战斗机和一大批技术援助人员，为后来阿富汗的新空军部队打下了基础。1921年5月，两国签署了和平友好条约，根据约定，苏俄承诺为阿富汗提供现金、技术和军事装备。在20世纪20年代，苏俄苏联专家为阿富汗铺设了几条主要的电话线。

鉴于苏联在穆斯林地区残酷迫害伊斯兰教和传统文化，阿曼努拉最后逐渐对苏联的意图生出蔑视。1924年，苏联废除了希瓦和布哈拉地区自治的可汗领地，并镇压穆斯林抵抗运动的战斗者（虽然还有一些持续战斗至20世纪30年代）。阿富汗军队在潘杰德赫和梅尔夫地区不战而退。阿曼努拉能够安全地向他北方的穆斯林弟兄提供的帮助是，允许一些志愿战斗人员跨界进入苏联领土，并接受逃亡的成千上万的土库曼人、乌兹别克人、塔吉克人和吉尔吉斯人，这使得阿富汗人口中非普什图人的比例大增（相应的，卡拉库耳皮毛和手工织毯的出口量也大增）。至1926年，一旦苏联对边疆的统治疆界牢固地确立，苏联与阿富汗两国又签署了一份互不侵略条约。此时，喀布尔和塔什干地区还开通了航空服务。苏联领事馆驻在马扎里沙里夫和赫拉特，而对应的英国外交机构设在坎大哈和贾拉拉巴德。

1921年，穆罕默德·瓦利·汗率领一支阿富汗使团访问欧洲和土耳其，并与若干国家建立了外交关系。而且与土耳其、法国和意大利很快就签署了条约，条件是他们帮助阿富汗培训军事人员。塔尔齐，作为第一任驻法大使，增强了两国文化的交流，在喀布尔建立了一所法语高中，还为大学里的法国研究提供奖学金。塔尔齐还签署了一份标志性的有效30年的联合考古工作草案，直到1952年才被续签。整个20世纪，法国考古工作者在努力弄清阿富汗丰富的
106 历史文化遗产方面发挥了重要的作用。此外，塔尔齐还设法为军队购买法国的武器弹药，当英国力阻武器离开孟买港时，他还求得了法国的外交支持。

四、宪法和社会改革

当阿富汗完全独立后，阿曼努拉渴望通过改革和现代化增强这个新国家。否决了塔尔齐步步为营的建议，他力图用一代人的时间复兴阿富汗的政治、教育、司法，甚至是“女权”（Gender Politics）。而这一敏感的问题使他在统治的最后几个月里陷入困境。在那个时代，类似的“女权”政策在诸如土耳其和波斯这样更为发达的穆斯林国家被成功地实行，但事实证明，阿富汗没有做好准备或者是不愿意接受。

据说凯末尔·阿塔图尔克曾建议阿曼努拉，为保证改革稳步进行，必须建立一支忠诚、强大的军队。但阿曼努拉在这方面的措施起到适得其反的结果。土耳其顾问忠告他辞退几个年老的军官，并介绍了一种“兵役奖券”（military service lottery）的方法（通过新通用的身份证实现），用以消除村落首领在募兵过程中的作用。对此，武装部长（下一位君主）纳迪尔·汗辞职以示对这些改革的抗议。阿曼努拉还削减军队的开支和军队的规模，这进一步疏远了可能会保护其革命性统治的一支军队。如果按照现代土耳其的路线，在减少薪金的同时应该免费提供食物和住所，但由于腐败和缺乏效率吞噬了大量的资金，军队经常在饥寒交迫中度过。

1923年4月9日，阿曼努拉对外宣布了阿富汗第一部宪法，一份基本上不受宗教制约的文件（规定非穆斯林也拥有同等的权利），

用宪法的形式确认阿曼努拉自己是拥有绝对权力的“帕夏”（Pashah）①，或君王，并在此后成为一个世袭的职位。这部宪法用普什图语书写，由官方翻译成达里语和其他语言。这份文件还规定君主有权任命一个内阁或政府议会，以及一个部分选举产生的咨询机构。更为激进的是，削减了宗教法官的权力。宪法还明确保障了妇女的权益，再次肯定了此前的皇室法令，并取消奴隶制和强迫劳动。阿曼努拉还创立了一个独立的法院系统，颁布新的民法、贸易法和刑法（后者规定“血金”［Blood Money］为非法，这是一种选择性的伊斯兰资金偿还制度，即谋杀者为活着的受害人亲属支付一笔钱，以代替被处死）。

在财政领域，政府回避地区和地方首领的传统角色，颁布了一个经过改革的官僚税收制度，由此进行了一次家畜数量普查和一次土地测量，以确保所有财产都被公正地征税。1922 年，阿曼努拉提 107
交了国家财政预算。部分地为了减少腐败和裙带关系，他废除了很多陈旧的闲职。通过取消对皇室和部落首领的亲戚提供津贴，他节省了资金，但同时也放弃了一些他的前辈们用了一个世纪的巩固和维持支持的重要手段。

或许最具深远意义的革新是在教育领域——或者说阿富汗人被广泛地强迫教育。普及教育被确立为一个原则，即游牧民和定居人口、女孩和男孩都要接受教育。新的初等和高等学校被建立起来，其中包括一个法语、一个德语和两个英语学院，目标是为阿富汗培育一批新的精英阶层。索罗亚王后本人致力于第一所女校的创办，还建立了男女合校的学校。索罗亚还于 1921 年创办了第一个阿富汗女性杂志《女性指导》（Irshad-Niswan）。所有的新学校都教授世俗的和职业的课程，其中一些从印度和欧洲雇佣老师。

阿曼努拉还尝试了其他领域的改革，包括采用太阳历（与穆斯

① 帕夏，突厥语音译，与阿拉伯语中的“埃米尔”意思略同，为首领、君王、总督等意。——译者注

林的太阴历法相对)。1927 年，为了鼓励贸易和工业，打击走私活动，基本货币单位被统一命名为阿富汗尼。阿曼努拉还发起了一个庞大的建设工程，集中在他的新都城——位于离喀布尔几英里处的达鲁尔·阿曼（Darul Aman，意即和平的住所)，来自欧洲的建筑师在此为他建造了皇宫、国会大厦、凯旋拱门、一个电影院、一条电车线、咖啡馆和私人别墅。在 20 世纪末的战争以后，这些工程很少被完整地保留下来。

阿曼努拉的改革在知识分子和很多其他城市居民中赢得了支持，但受到守旧分子和大部分农村人口的反对。其中很多改革措施都触犯到了传统社会和宗教的敏感部位，或许更为重要的是，这些改革威胁到了在阿富汗大部分地区构成政府、社会和法律生活框架的宗教和部落领导人的权力。

1924 年在霍斯特地区，曼加勒普什图人（Mangal Pashtun）在暴躁的“瘸子毛拉”（Mullah-i-Lang）和其他宗教人物的领导下，煽动了一次大叛乱。阿曼努拉注意到一个英国人也支持了这次暴动。大量部落征兵组成的政府军以沉重的生命和财产代价，用 9 个月时间才镇压了这次反叛活动。其中一支反叛者向喀布尔挺进，只是在派遣两架德国异教徒驾驶的轰炸机之后，才迫使叛乱者停下了脚步。

阿曼努拉把“瘸子毛拉”和 50 名追随者处以死刑，但他还是召集了一次大支尔格会议（loya jirga）以商讨这件事。在保守派的压
108 力下，阿曼努拉被迫修订了一些改革措施，放弃了女性权益，并恢复了毛拉的一些权力。即使这些措施不是出自他的反对者的批准，也看起来似乎得到了默许。由于允许一些改革措施缓慢地扎根，在随后的几年里阿富汗保持了安宁。

五、激进主义和叛乱

1917 年 12 月，为了反对给他的忠告——密切关注部落和宗教势力的不满情绪，阿曼努拉和其王后索罗亚开始了为期 8 个月的旅行，出访了印度、波斯、埃及、土耳其、苏联和欧洲各国的首都。这对

王室夫妇一路成为轰动性的人物，为阿富汗获得了外交上的支持。但这位久经世故的王后穿着西方服饰，不戴面纱并裸露胳膊的新闻照片传遍了整个阿富汗，他们认为这是一件丑闻，是对民族价值观的无耻挑衅。

带着更加渴望改革的情绪回国之后，阿曼努拉不顾所有来自支持者的警告性抗议，发起了新一轮的改革运动。塔尔齐迫切要求，在俄国援助不断增加的同时也应引进英国人的援助，以安抚英国，他还寻求优先考虑进行军队和行政改革。

相反，阿曼努拉却又召集了一次支尔格会议。所有与会者都被要求剃掉胡须，剪短头发，在正式的场合穿着西服，其中有一些人不得不以高昂的价格购买二手西服。当他们集会的时候，阿曼努拉宣告他很快就要颁布一部新的更加自由的宪法。他还提出在政府雇员中实施一夫一妻制，扩大女性的教育权利，要求喀布尔的男女（包括来访首都的部落民）穿着西方服饰，废除童婚习俗，并试图阻止妇女戴面纱和将女性隔离在家的深闺制度。他还计划增加税收，用二到三年的时间扩大募兵，并进一步消弱宗教领袖的权力。

当支尔格会议成员抵制他所提出的大多数提案时，这位君主便召集了一次由支持者参加的小规模的支尔格会议，以向他提供必要的批准。在此期间发生的戏剧性一幕，是索罗亚女王摘掉面纱，向与会者展示她的面容。在此之前，绝大多数参会者的确是通过照片认识她的。

不足为奇的是，很多阿富汗人相信当时开始流传的谣言，即阿曼努拉要弃伊斯兰教而改信天主教，他在欧洲吃了猪肉、喝过酒后已经失去了理智。阿曼努拉以镇压回应对他的疯狂批判，处死了喀
布尔宗教法官的首领和其他毛拉，并囚禁了阿富汗最受尊敬的牧师， 109
绍尔·巴扎尔的哈兹拉特·萨希卜（Hazrat Sahib of Shor Bazaar）。

至此，暴力冲突已经不可避免。开伯尔山口附近的辛瓦里部族（Shinwari）最先起事，可能是源于一次抗税。1928年11月，他们洗劫了贾拉拉巴德，摧毁了皇宫和英国公馆。12月在北方地区，抵

抗运动聚集在一个受欢迎的塔吉克强盗的周围，他名叫哈比布拉，诨名“巴恰·伊·沙考”（Bacha-i-Saqao，意即“挑水夫之子”，显然是一个真实的传记性线索）。巴恰未经战斗便踏平了一个大的政府军堡垒，并袭击了首都喀布尔。

面对这种形势，阿曼努拉试图改变路线，撤销改革措施并释放囚犯，但为时已晚。1929 年 1 月，阿曼努拉让位给其同父异母的兄弟伊纳亚图拉，在掌权 3 天后，伊纳亚图拉与剩下的皇室成员一起，在英国使节的帮助下，迅速地撤离。阿曼努拉在坎大哈进行集结皇家部队的最后一次尝试之后逃往印度，而后前往意大利。他于 1960 年在流亡中死于苏黎世。

塔尔齐和许多人都宣称，英国人支持了这次叛乱，但这种说法没有直接的证据。只是考虑到阿曼努拉反英的言辞及其与苏联的关系，英国确实有理由这么做。英国官员肯定阻止了印度境内的普什图部落卷入这次冲突，可以想象这种做法是解救了阿曼努拉，但英国也吝于提供资金支持。另一方面，有证据显示，英国使节弗朗西斯·汉弗莱斯爵士曾试图劝诫他抚慰反对者，在当时，这种方法有可能会挽救他。

六、革命和重建

伴随着君主制和军队的迅速坍塌，巴恰·伊·沙考于 1 月 17 日率领他的非正规军进入喀布尔，在各种宗教人物的支持下，建立了一个由其亲戚和朋友组成的政府。而其他追随者夺得了赫拉特、马扎里沙里夫和坎大哈的控制权。

在北方地区，抵抗运动虽然得到了苏联驻阿富汗大使的支持，但古拉姆·纳比·沙尔克希除了雇佣苏联边界两边的唯利是图者，没有取得太多的支持。而起初支持巴恰的一些普什图部落，大多都在等待着一位合适的竞争者（而不是一个塔吉克暴发户）出现。长期的斗争经历也让他们学会了如何在喀布尔控制之外生活。

巴恰（他更愿意别人叫他哈比布拉·汗）是出生在喀布尔北部
卡拉坎村庄的一个文盲，他和他的同伙把首都当作一个敌方城市统
治，杀害阿曼努拉的幕僚、亲属和追随者，及其他有钱人。致使喀 110
布尔市内敲诈勒索和抢劫掠夺盛极一时。新政府很快就取消了阿曼
努拉的所有改革措施，大量关闭学校，重新恢复面纱和深闺制度，
从而使阿富汗的教育和法律重新回到宗教权威时代。此前一年才开
始在土耳其留学的女孩子被强令召回。图书馆被毁于一旦，珍贵的
手稿也被付之一炬。

苏丹·穆罕默德·汗（多斯特·穆罕默德的弟弟）的显赫后裔穆萨希班五兄弟，很快召集他们的武装力量，成为恢复杜兰尼君主国的明显候选人。其中长兄、前军队司令官纳迪尔·汗很快从流亡的法国回来，经由英属印度进入阿富汗。3月，与他的3个兄弟在赫斯特开始集结一支由部落民组成的军队，并拒绝了来自巴恰和阿曼努拉支持者的提议。缺乏资金成为几兄弟的最大阻碍，直到10月10日，沙·瓦利·汗率领一支在英控边境线悄然征募的部落兵团，夺得了喀布尔。面对这种形势，英国深知公然的支持会与普什图人敌对起来，而且还会招来俄国人的干预，因此只能恪守中立。巴恰和他的高级幕僚被诱回喀布尔，处以死刑，这很可能违背了当初确保其安全的承诺。至此，喀布尔又遭受了新一轮的劫掠。

七、纳迪尔·沙

10月16日，凯旋而归的首领们拥护纳迪尔·汗为阿富汗的新统治者。1930年9月，在后来召集的一次完全支尔格会议中确认了这次推举，并把纳迪尔·汗改名为纳迪尔·沙。

至1931年，纳迪尔·沙凭其借军事、行政阅历和果敢的决断，把阿富汗重新拼凑起来。在1930年，他利用一支联合军队残酷地镇压了塔吉克人的暴动；在同一年，他用贿赂的方式说服辛瓦里普什图人放弃叛乱。到1933年，纳迪尔·沙的军队已经有4万名士兵，并能够胜任他所布置的军事任务。比如，在1930年4月，当一支苏

联武装越界追捕一位乌兹别克反叛者易卜拉欣·贝格时，纳迪尔·沙的军队把贝格赶回苏联，其可能在苏联被处死。部落和宗教的首领能够拿回他们在阿曼努拉改革中失去的一切，阿曼努拉的大部分改革被纳迪尔·沙正式废除。

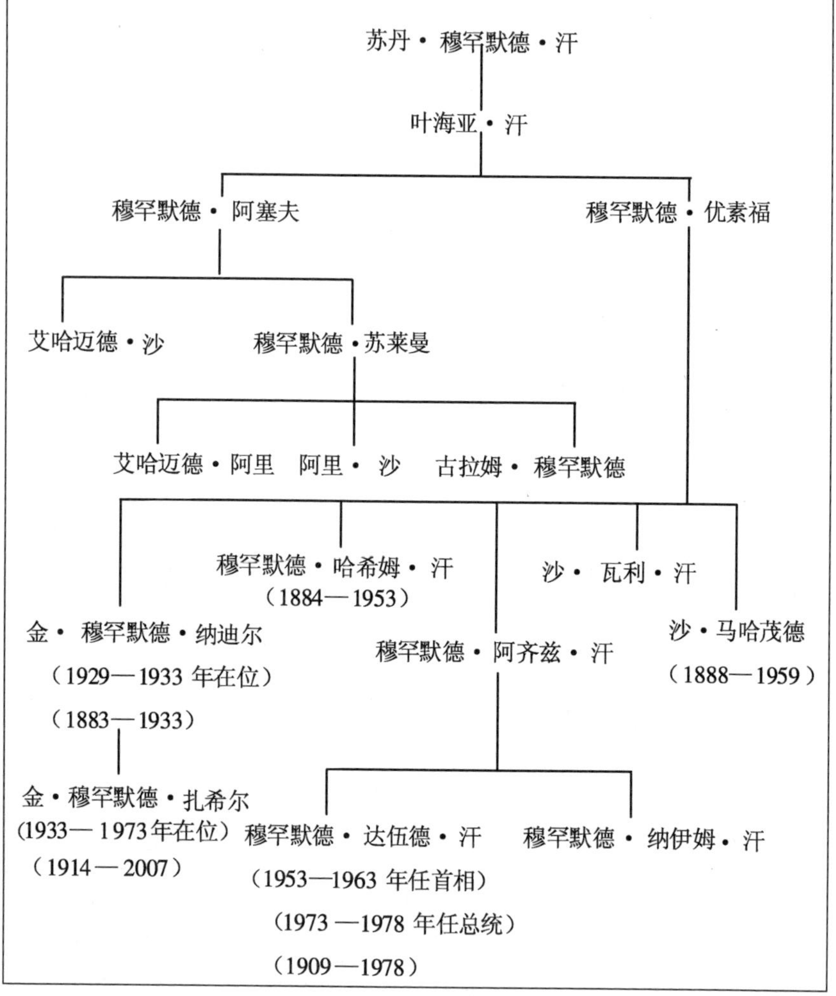

穆萨希班家族世系表

1931 年，纳迪尔·沙颁发了一部新宪法。虽然这部宪法很大程度上是依据 1923 年阿曼努拉的文件，但有一个至关紧要的不同点
111 是：他给予逊尼派伊斯兰哈乃斐教法学派以官方地位。两院议会部

分为民选，另一部分为国王任命；其中议会中有105名成员将被推举到国务委员会（National Council）中为国王提建议。宪法中没有任何关于阻止皇室成员任意滥用权力的条款。实际上，国务委员会给部落和宗教领袖在政府中发言的机会，但同时也让国王监控着任何酝酿中的不满情绪。

纳迪尔还尽可能地追求阿富汗的现代化。他重新开放了很多学校，并修建了新的学校（尽管他将之置于一个教士委员会的审查之下）。他还创建了一个文学院和一个医学院（1932），这些机构后来演变成喀布尔大学。他完成了一条通过希巴尔山口从喀布尔到北方地区的现代公路，修建了几座灌溉大坝，而且还抽干北部的沼泽地以扩大棉花种植。

纳迪尔征募了若干居于领导地位的商人，用他们的智慧帮助国家改善经济计划和稳定金融，并促进对有利可图的项目的投资。112
通过与阿富汗最显赫的商人、企业家阿卜杜勒·马吉德·扎布利合作，阿富汗政府于1931年建立了一家公私合营的银行。1932年该银行更名为“阿富汗国家银行”（Afghan National Bank）。它的主要职能是管理政府财政和现金流通，以及为发展项目筹措资金。纳迪尔延续了阿曼努拉在鼓励外贸和投资方面所取得的成就，棉花、水果和卡拉库耳大绵羊都成为重要的出口商品。国家财政收入中来自贸易的税收所占比重越来越大，以至可以减轻国内的税收。沿着现代交通线路，有一大批生机勃勃的私人企业第一次涌现出来。

在外交事务方面，纳迪尔奉行谨慎的平衡政策。一方面，他辞退了一些阿曼努拉时期的苏联技术专家；另一方面，他也拒绝英国技术专家的进入。纳迪尔任命他的一个兄弟为驻莫斯科大使，另一个兄弟为驻伦敦大使。阿曼努拉统治时期的反英言辞现在不见了，纳迪尔也不再像阿曼努拉那样，为在印度境内靠近“杜兰德边界线”的部落反叛者提供临时援助和抚慰，结果是，反对派控诉纳迪尔是旧敌英国的傀儡。毕竟，英国曾经让他和他的兄弟通过英属印度的边境进入阿富汗，而且一旦他坐上王位，英国人就送给他1万支来福枪、弹药，还有175 000英镑现金作为礼物。鉴于当时国库亏空，纳迪尔是非常需要这些物资的。纳迪尔也可能秘密地寻求英国的保障，以抵抗苏联的入侵。

八、穆萨希班兄弟的统治

1933年11月8日，纳迪尔·沙被一个叫阿卜杜勒·哈利克的青年学生刺杀。这显然是由于穆萨希班家族与阿曼努拉的支持者沙尔克希家族间长期的世仇所致。古拉姆·纳比·沙尔克希（或许是阿卜杜勒·哈利克的父亲；还有人认为阿卜杜勒·哈利克是古拉姆·纳比家的一个仆人）在此前一年因怀疑煽动叛乱而被处死，随后，几个主要人物在这一轮暗杀行动中被刺，其中包括纳迪尔的弟弟穆罕默德·阿齐兹。值得注意的是，大多数刺客是内加特学校的毕业生，这个学校是反英思潮和民族主义情绪的温床。

在随后的几年里，在喀布尔和其他城市的国立学校中受过教育的革命派，开始形成一个人数不多但却有影响力的受过教育的阿富汗人的运动，这些人出身富有，既疏远喀布尔的法院和政府，
113 也远离部落中传统的宗教和政治领导层。这股势力是20世纪五六十年代出现在喀布尔大学的主张民族和经济多样性的激进运动的先驱，而后者的意识形态范围从马克思主义直到伊斯兰激进主义。

历史性的预见表明，纳迪尔的一个有实力的弟弟可能会继位，要么是首相穆罕默德·哈希姆（1884－1953），要么是武装部长、喀布尔的军事司令官沙·马哈茂德（1888－1959）。但他们二者都听命于纳迪尔19岁的长子穆罕默德·扎希尔（1914－2007），扎希尔在1933年11月8日，在其父亲遇刺的当天宣布即位。

在暗杀事件之后，这两兄弟迅速地保证了其家族的控制，或许比以前更加强有力。他们处死了18个所谓的共犯，并逮捕了其他数百人，致使十多年间国内反对派再也没有出现严重扰乱政府的行为。

1939 年在霍斯特地区，在索罗亚王后的一个亲戚沙米·毕尔（意即“叙利亚圣徒”）的领导下，爆发了一次叛乱。由于当时英国正困扰于其边境地区的低水平反抗运动，便支付给毕尔一笔可观的资金，让他离开这个地区。

穆罕默德·扎希尔在法国和阿富汗接受教育，曾被他父亲培育为王位继承人。然而，尽管他执政长达 40 年之久，但只是满足于把实际权力交给其两个叔叔——哈希姆在 1946 年被马哈茂德取代之前，一直担任首相之职——而他的堂兄弟穆罕默德·达伍德于 1953 年取代马哈茂德出任首相之位。由于他的很多亲属缺乏力度，扎希尔最终于 1973 年在一次共和政变中被驱逐，但他在流亡中活得太久，以至于在内战和压迫时期成为阿富汗赞美的符号。2002 年，他在一片欢呼声中返回阿富汗，并在喀布尔老皇宫里过着普通公民的生活。扎希尔是长达 226 年的杜兰尼普什图王朝的末代君主。

图 27　金·穆罕默德·扎希尔，在被其堂兄弟穆罕默德·达伍德于 1973 年推翻之前，统治阿富汗 40 年。2002 年，他从流亡地罗马返回阿富汗，以帮助哈米德·卡尔扎伊政府。（《阿富汗新闻》（Afghanistan News）第 6 卷，第 73 号\［1963 年 9 月\］，驻伦敦阿富汗皇家大使馆）

扎希尔统治时期，阿富汗国
内的政策沿袭了纳迪尔所设定的 114
缓慢现代化的道路。虽然贯穿那个时代，绝大多数阿富汗人处在文盲状态，但有更多的学校被修建。阿富汗国家银行为了按照垄断的基础从事新的经济活动，连续创办新的由政府和皇室广泛参与的公司，被称为“希尔卡特”(shirkats)。1938 年，一个新的政府银行“达阿富汗银行”（Da Afghanistan Bank）成立，并在印度、英国和德国开设办事处。

九、外交纠纷

一个世纪以来，阿富汗一直受到俄、英两大帝国的钳制，但20世纪30年代，两大帝国的势力萎缩给了阿富汗喘息的机会。1934年，阿富汗加入国际联盟（国联），同年，与美国确立了外交关系。其实阿美两国早在1922年就已经开始了外交接触和交流，至1936年，两国又签署了一份友好条约，随后，一小部分美国人出现在阿富汗的教育、贸易和石油开发领域。直到1942年，美国才任命常驻阿富汗大使，但美国并没有把阿富汗看成有着巨大经济和战略价值的国家。1937年，阿富汗与伊朗、伊拉克和土耳其联合签署了友好条约《萨阿达巴德条约》，这个条约的象征意义大于实际意义。

更为重要的是，第一次世界大战期间蔓延的支持和同情德国的情绪此时已得到加强，阿富汗急切地接受了来自德国及其轴心国意大利、日本的援助。与此同时，阿富汗仍然拒绝容许常驻的俄国贸易代表团进入，而对德国却没有表现出类似的意愿。1937年，柏林与喀布尔间开通了每周一次的航空服务，这条线路后来延伸到中国。德国公司在喀布尔设置办事处，建立工厂，矿产专家开始在帕克蒂亚省敏感的边界地区开采矿产资源，对面就是陷入困境的英属印度部落机构。德国的人类学家在努里斯坦地区展开调查，这一行为引起英属印度的猜疑。德国的技术专家还指导建设基础桥梁、灌溉大坝以及发电站，然而，这些工程在随后的春季洪水中几乎被摧毁殆尽。阿富汗的学生还被派往日本留学。

纳粹使节利用种族主义的宣称以扩大其侵略，并取得了一些成功。纳粹使一些受过教育的阿富汗人相信他们是“原始的雅利安人”，而反对广为流传的信念，即普什图人是《圣经》中遗失的以色列部落之一。和伊朗、阿拉伯世界一样，在阿富汗，德国使自己以典范的形象出现在穆斯林面前，既是从老帝国控制下独立的现代化的典范，也代表着一条同时避免共产主义的无神论和反传统因素的道路。

115

与纳粹德国的暧昧关系

在第二次世界大战（1939－1945）的初期，阿富汗政府内的少数人预想与纳粹德国联盟以作为对抗传统敌人（英属印度和苏联）的平衡力量。这些人可能至少得到国王扎希尔的支持。1940 年 6 月，德国击败法国之后，阿富汗与德国进行了进一步磋商。

有影响力的国民经济部长阿卜杜勒·马吉德（曾经帮助阿富汗确立国家银行体系）告诉德国，阿富汗政府准备为“杜兰德边界线”印度一侧的普什图人叛乱提供积极支持。这可能使英国转移对抗德国的战争资源，同时也纠正了大多数阿富汗人所认为的历史性不公平。

驻喀布尔的德国大使通报其政府，他认为阿富汗有可能加入轴心国组织，并期望运送飞机、坦克给阿富汗，以便其与苏联周旋（然后仍与德国联盟），并期望支持阿富汗为其领土争得出海口。两国还商讨共同帮助伊拉克的反英暴动。德国驻阿富汗的代理机构在商业和调查活动的掩饰下，与边境地区的反英武装进行接触，帮助进行了几次对印度的破坏性袭击。尽管他们中的一些人被英国人甚至阿富汗军队逮捕或者杀害。

1941 年 6 月，德国入侵苏联。由于此时阿富汗被盟军包围，才结束了两国这段暧昧的关系。

1940 年 8 月 17 日，扎希尔颁布一项“法尔曼”（Farman），或政令，在第二次世界大战中，在各敌对势力间严守中立。此时，英国仍然关注着德国的影响力。1936 年，阿富汗得到 2 700 万马克长期贷款用于购买武器，据说德国代理机构还考虑恢复因反英而被流放在法西斯意大利的阿曼努拉的王位。德国人还致力于推动印度边境地区的暴力。

1941 年 6 月，德国对苏联的入侵改变了力量格局。同年 8 月，因 116
伊朗国王拒绝驱逐德国政府代表，英国和俄国联合侵占伊朗，并更换了伊朗国王。10 月，英、俄对阿富汗也提出类似的要求。首相哈希姆回应说，将要驱逐所有交战国的非外交人员，但实际上，为了平息因这个要求而在阿富汗国内引起的愤怒声音，首相随即放弃了这个决定。于是他又召集了一次支尔格会议，再一次声明恪守中立。最后，在战争期间，阿富汗向英属印度大量出售的农产品，和向美国出口的羊毛，都在不断地增加，并从中赚取可观的利润。同时，阿富汗还与其他主要的同盟国成员，如中国，建立了外交联系。

德国战败之后，英国即将撤出印度，而俄国已被战争摧毁。面对这种国际形势，新任的阿富汗首相沙·马哈茂德转向战胜国美国，并把它作为一个可能的发展伙伴。他为了扩大阿富汗的农业生产，设想以此前阿富汗、德国和日本间的水利灌溉合作为基础，在阿富汗西南部发起野心勃勃的“赫尔曼德河谷工程”（Helmand valley project）。并期望这个计划能够为阿富汗生产出大量的农产品，而且还能通过水电动力的利用，推动工业的发展。

然而不幸的是，这个工程在与圣弗朗西斯科工程公司莫里森-胡德森（Morrison-Knudsen）合作运营的几年间（1946－1953），尽管得到了来自美国进出口银行（Export-Import Bank）的大量资金支持，但仅完成了其中的一些目标。这个结果是由经济、社会综合因素所致。没有考虑到对当地居民的影响、阿富汗工程和行政资源不足、资金和研究不到位，以及其他因素，都使“赫尔曼德河谷工程”成为冷战时期国外援助项目中最早出现的雄心有余、效果欠佳的范例之一。可是，这个工程的确成功地为阿富汗培训了大量机修工和其他技术工人。

“赫尔曼德河谷工程”不明确的结果让美国人失去了对阿富汗的更大兴趣。美国拒绝向阿富汗出售武器，尽管阿富汗的这个请求可以追溯到1948年，而且沙·马哈茂德个人在1951年访问美国期间也提出了这个请求（由武装部长即后来的首相穆罕默德·达伍德起草）。华盛顿方面担心，阿富汗可能会利用这些武器侵扰其重要盟友巴基斯坦的边界地区。而且，美国送往阿富汗的任何武器，都不能保护这个国家免遭此时已经成为超级大国的苏联的侵略。

十、自由化的尝试

117 首相哈希姆·汗凭借独裁统治和个人魅力，不但使阿富汗继阿曼努拉时期的混乱之后逐渐稳定下来，而且还在第二次世界大战期间能安全地保持中立。然而，在 1946 年，皇室决定用其更加自由年轻的弟弟沙·马哈茂德替换哈希姆，这可能是为了满足实现真正自治愿望的一次尝试，正如为受过教育的阿富汗人所周知的那样，这种愿望在战后的世界非常流行。

一旦就职，沙·马哈茂德就立即释放政治犯、放松对新闻出版的管制，并开始对新军队的政治化进程。1949 年选举出来的由 120 人组成的“自由议会”中就有四五十人是改革者。这些人认真地行使宪法赋予他们的权力，开始就政策和各部的财政预算问题向政府部长们提出质询，尽管大部分部长，不习惯这种详细审查而且担心遭到腐败的指控，都设法逃避这种质询。

改革者能够通过法律以确保新闻出版自由，在 1951 和 1952 年，几份用波斯语和普什图语书写的反对派报纸出现。然而，没有一家报社的报纸发行量超过 1 500 份。改革者通过这些报纸（通常是半月刊）无情地批评保守的宗教领袖和皇室成员。他们还要求将政府置于真正议会的控制之下。一些特别好战的作者因写信给报社编辑而被逮捕。

持不同政见者和改革者开始组成政治团体。人民民主党（National Democratic Party）形成，作为喀布尔大学的学生组织，其成员有 20 或 30 人参加过不受限制的政治辩论会。来自欧美的高中老师也鼓励学生行动起来。1947 年，发源于坎大哈的“觉醒青年”（Awakened Youth）运动出现，它吸引了来自各种持不同政见者团体的成员，并提倡女性权利、议会政府、政党自由，以及其他一些改革措施。

政府也在试图组建一个自己的政党，但进展不大，尽管它成功地阻止了大多数公务人员参加自由主义团体。政府对公众要求的抵制似乎对这个小的自由氛围形成刺激，使之发展成更大规模的斗争，同时，报纸上和大学生（对君主制和伊斯兰教持批评态度）中间的更加尖酸刻薄的语气，让一些中间派感到恐惧，并进入政府的羽翼之下。

1951 年，政府强制取缔了学生组织，几个学生领袖随即逃往巴基斯坦。第二年，为了准备 1952 年的大选活动，所有非政府的报纸都被

118 禁止发行，几十个“觉醒青年”运动的领袖被逮捕，这一群体的活动被有效地中止。其中很多被关押的自由分子放弃了他们的立场，最终被许可进入政府服务。直到 1963 年扎希尔王开始他自己的改革运动时，那些还被关押着的自由分子才被释放。

1952 年的新议会更倾向于代表占农村人口多数的传统精英阶层，因此，标志着另一次改良运动的失败。然而，这次短暂的尝试对后来的阿富汗产生了极大的影响。而且，当时已经成年的那一代人，成为后来的激进运动及 1978 年后掌权的共产主义政权的核心人物。努尔·穆罕默德·塔拉基（1917 — 1979）、巴布拉克·卡尔迈勒（1929 — 1996）以及哈菲祖拉·阿明（1929 — 1979），都曾参加过 20 世纪 40 年代末、50 年代初的改革运动。

十一、普什图尼斯坦

这样，马哈茂德政府在傲慢态度的驱使下，几乎没有努力完成经济发展或社会改革。外交政策的成功也同样让人琢磨不透，特别是阿富汗领导人用 6 年左右时间所关注的普什图尼斯坦问题。

自 1893 年以来，阿富汗被迫承认“杜兰德边界线”是其南部和东部的有效的边界线。然而，由于这条线让多半的普什图人游离于阿富汗所控制的普什图地区之外，没有一届阿富汗政府愿意接受其为与英属印度的永久国界。日益临近的印度独立被阿富汗看成是修正历史上不公正的最佳，或许也是最终的机会。

英属印度所控制的普什图地区构成其西北边境省，并被划分成“定居区域”，自 20 世纪 30 年代实现自治，包括几个山地部落机构。每个山地部落机构中都有一个英国代理人，在军队的支持下，试图维持全面的和平，同时使部落在实际上自治。20 世纪 20 年代和 30 年代，由于印度行将被划分成一个穆斯林国家（巴基斯坦）和一个印度教徒主导的国家（印度），印度国民大会（Indian National Congress）的莫汉达斯·甘地（Mohandas Gandhi）在西北边境省非常活跃，西北边境省的立法机关事实上通过投票要加入印度，这或许是以承诺其自治作为交换的。英国把归属问题扔给全民投票，1947 年 7 月，最终公投结果显示，“定居区域”加入巴基斯坦，部落机构的磋商支尔格会议也作出了同样的决定。

在这次政治进程中，阿富汗试图给英属印度政府施加压力，以便 119
其给普什图人提供另外的选择，如：加入阿富汗、成为独立国家（普什图尼斯坦），或者延期决定（如印度王公的各邦所允许的那样）。当 1947 年巴基斯坦成为独立国家，并承担对西北边境省的控制时，阿富汗是投票反对巴基斯坦加入联合国的唯一国家，而阿富汗在此前一年就已经成为联合国的会员国。阿富汗人以独立自主作为他们立场的基石，但反对者担心他们的真正目的是吞并西北边境省，甚至可能还有俾路支斯坦地区。如果那样的话，将会为阿富汗提供一个接近海洋的机会。

当 1947 年，一个支持独立的“红衫”（Red Shirt）运动在西北边境省声名显赫时，这两个穆斯林国家的关系持续恶化。巴基斯坦故意推迟向阿富汗航运货物（这可能给“赫尔曼德河谷工程”引发了更多的问题）。1949 年 7 月，在一架巴基斯坦飞机轰炸了阿富汗境内一英里处的一个村庄之后，喀布尔政府召集支尔格会议，否定了与英国签署的所有历史条约，并承认普什图尼斯坦为一个独立的国家。而在边界的另一边召开的一个部落集会，宣布伊皮（ipi）好战的修士米尔扎・阿里・汗为新政府的总统。1950 年和 1951 年，好战的阿富汗部落民越界援助叛乱，使得巴基斯坦断绝与阿富汗的外交联系几个月，并拒绝航运石油给阿富汗。

苏联急切地卷入冲突。1950 年，苏联与阿富汗签署了一个意义深远的贸易协定，同意以羊毛和棉花换石油，并允许阿富汗经过其领土转运货物，很快双边贸易额翻了一番。根据这个协定，苏联在阿富汗北部地区修建储油设备，并开始勘探石油和天然气。在喀布尔开办了一个永久的苏联贸易办事处。

阿富汗领导人私下里却关注着苏联力量的挺进欧洲、斯大林对中亚地区的镇压，以及第二次世界大战期间和之后，大量俄罗斯人向中亚地区的灾难性迁徙，和与之相应的当地穆斯林的外逃。20世纪40年代，苏联甚至还向阿富汗派遣奸细。这些人是被反共产主义的乌兹别克人、塔吉克人和土库曼人向阿富汗政府告发的。但在没有其他可供选择的对象的情况下，这些关注不足以阻止他们利用来自苏联的提议。

十二、达伍德第一次执政时期

120 1953年，在皇室内部的世系危机中，金·扎希尔的堂弟穆罕默德·达伍德·汗（1909－1978）取得权力并出任首相，这件事可能得到了扎希尔本人的支持及马哈茂德和其他长辈的默许。扎希尔和达伍德这两个年轻人都曾在西方接受教育。当他们的父辈们在20世纪20年代末期的混乱中被暗杀之后，他们与达伍德的弟弟，后来的外交部长穆罕默德·纳伊姆一起得到叔叔、首相哈希姆在政治和管理方面的辅导。而此时他们都已经40多岁了，扎希尔，特别是达伍德，希望承担他们与生俱来的作为统治者的权力。

达伍德有活力的十年执政，为阿富汗带来了重大的经济和社会变革，虽然政治改革从未提到他的首要日程，但他毫不犹豫地压制了认真的反对派。事实上，在1959年，他利用军队成功地镇压了帕克蒂亚省的部落间混战，至少向坎大哈地区的杜兰尼普什图人强制征收了一些土地税。

新政府还重组了对工程的管理，并于20世纪50年代中期修筑了两个大坝。全年不断地有灌溉水可资利用，使得农作物产量急剧增加。然而几年间，由于水资源分配和控制不当、缺乏排泄、盐碱化、管道堵塞以及无节制的野草丛生，使产量比之最初的大丰收减少一半。一些游牧民成功地在许多新村庄定居，尽管随着冲突的加剧，最初不同部落和民族人口混居的计划失败了。1961年，从美国土地开垦局来的专家开始援建工程，此时主要是在阿富汗人的领导下，很多问题被修正。

1954年末，获得美国武器的重新尝试失败了，其中的缘由至今还被讨论着。根据推测，阿富汗拒绝接受美国所提出的建立正式政治结盟的要求，比如与其穆斯林邻居伊朗和巴基斯坦一起加入“中央条约组织”（Central Treaty Organization）。此外，冲突理论还认为，阿富汗人可以加入到联盟当中，但唯一的交换条件是要美国明确地承诺应对苏联的军事行动，而美国在当时还并不准备将结盟的内容扩展到这一点。

随后，达伍德转向了以苏联为首的集团。首先于 1955 年从捷克斯 121
洛伐克购买了价值 300 万美元的武器，然后从苏联获得 3 250 万①美元的武器贷款，以购买 T－34 坦克、米格－17 和其他飞机。苏联开始在当地和苏联境内训练阿富汗军事人员。

1954 年开始，阿富汗还与苏联集团签署了种种贸易和发展协定，协定涵盖了石油管道、水泥加工厂以及其他基础建设投资项目。虽然其中一些计划以失败告终，但苏联通过修建喀布尔的街道，成功地进行了一次宣传，此前美国曾拒绝为这个修路计划提供资金支持。因此，苏联充分地利用了 1955 年阿富汗与巴基斯坦间爆发的新危机。就其国内原因而言，巴基斯坦决定将其所有省份合并成一个，这样就取消了西北边境省（这次行动随后被废除）。作为对此事件的回应，阿富汗人在几个城市进行了反巴基斯坦的骚乱和焚烧国旗的行动。而此时，阿富汗与苏联的经济联系再一次变得异常关键，两国重申了他们此前签署的物品交换和运输协定。（总而言之，1979 年之前的几十年间，苏联为阿富汗提供了多达 10 亿美元的军事援助以及 12.5 亿美元的经济援助，与之形成对比的是，美国提供的资金不到 5 亿美元。）

在争论最激烈的时候，苏联的领导人尼基塔·赫鲁晓夫和尼古拉·亚历山德罗维奇·布尔加宁（Nikolai Alexandrovich Bulganin）对印度进行成功访问之后，在返回的途中到访喀布尔，明确地公开支持阿富汗人的立场。他们还宣布将为阿富汗提供一家医院、一个汽车编队及价值 1 亿美元的长期贷款。这些钱被用于建设喀布尔北部贝格拉

① 此处原文为“a $ 32.5 arms loan”，怀疑漏掉一个单词“million”。但 1955 年以后，仅在 1956 年 7 月苏联给过阿富汗军事援助，提供包括 T－34 型坦克、米格－17 型战斗机、伊柳辛－28 型喷气式轰炸机和直升机在内的大批武器，但其数额为 2 500 万美元。——译者注

姆空军基地、水力发电厂以及一条通过萨朗山口的隧道，直通苏联边界的新公路。有了这些全新的贷款，1956 年，阿富汗按照苏联的经济集权模式发起了一个五年经济计划，由财政部长阿卜杜勒·马利克制定，他曾经在类似的经济集权统治者凯末尔·阿塔图尔克领导的土耳其学习过。

由于担心阿富汗正在加入苏联集团，美国在 1955 年以额外的援助作为回应。其中包括了一些军事培训、价值 2 500 万美元的武器，但主要集中在教育制度的改革和资助高等教育方面，这反过来刺激苏联为阿富汗建设了一所技术学院。美国还指导了连接阿富汗主要的城市至巴基斯坦和伊朗的公路修建工程，并帮助开通了国内航空线路“雅利安那”（Ariana），还在坎大哈修建了一个大型国际机场。所有这些交通运输水平的提升，推动了旅游业的快速增长。

122 最终，苏、美两个超级大国都学会忍受对方在阿富汗的存在，甚至在各种公路、能源、灌溉以及食物加工领域都有合作。总之，来自这两国的援助（来自苏联的援助要比来自美国的多）占据了阿富汗发展预算的 80%。1957 年，扎希尔王访问莫斯科；1959 年，艾森豪威尔总统访问喀布尔。达伍德首相的不结盟立场，在波斯语里称为“比塔拉菲”（bi-tarafi），意即“不偏不倚”，似乎被美、苏两大帝国接受。

达伍德罕见的真正改革运动之一，是 1959 年 8 月在庆祝阿富汗独立 40 周年的庆典上，他下令让皇室的后妃、公主以及其他显赫的人物不戴面纱出现在公众面前，这正好是在阿曼努拉进行类似尝试之后 30 年。但因时间的流逝以及达伍德更加强大的军事地位，两者的结果却截然不同。当很多毛拉对此表示抗议，却不能为达伍德提供关于面纱和深闺制度的明确伊斯兰法判例时，他们中的 50 人被当作异端打入牢狱。这些毛拉很快被释放，但唯一的条件是他们以后必须承认这样的政策，即每一个家庭有权利决定自己是否实行面纱和深闺制度。

在此前的几年里，政府在有世俗和伊斯兰教育背景的合法专家建议下，曾经让女性出任歌手和阿富汗无线广播职员、“雅利安那”航班的接待和服务员、陶器场和电话局的职工，甚至在 1958 年派遣一名女性为驻联合国代表。1961 年，女性有资格进入喀布尔大学的所有院系。至 20 世纪 70 年代，在政府部门和很多私人机构接受不戴面纱的女性为劳动力的一部分。

或许达伍德最大的成功之处，是借助来自国外的资金和技术扶持，发展扩大了阿富汗的教育体系。他在很多村庄建立了初级学校，在地方城市设置了高中，而且还在喀布尔修建寄宿制学校，以吸纳全国各地的学生。根据联合国的数据：1965 年，初级学校有 360 000 儿童（几乎都是男孩）入学，这比起 1951 年的数据扩大了整整 4 倍，1978 年共产主义政变的时候，这个数据进一步增长至 940 000 人；中级教育入学人数在 1951 年还不足 5 000 人，至 1965 年有 45 000 人，至 1978 年增至 100 000 人之多；高等教育入学人数从 1951 年的 461 人跃至 1965 年的 3 400 人，在 1978 年达到 20 000 多人。虽然这些数据可能被人为夸大，但也能够说明其引人瞩目的进步。对于只有 1 500 万左右人口的国家来说，这是一个让人印象深刻的成就。

十三、新巴基斯坦危机

尽管他在国内事务中已经非常成功，但达伍德无法接受阿富汗与 123
巴基斯坦边界的现状。这个问题也最终导致了他的垮台，他第一次掌权时期走向终结。

在 1960 年和 1961 年，达伍德派遣政府和部落联军越界干预巴基斯坦境内的地方斗争。第一次侵略被边境另一边的普什图部落民击退；由于巴基斯坦出动了空军和步兵协助，阿富汗第二次侵略遭受了惨重的伤亡。1961 年 8 月，有为的巴基斯坦新总统阿尤布·汗（他自己就是一个普什图人）关闭了巴基斯坦驻阿富汗领事馆。

作为报复，达伍德政府中断了与巴基斯坦的所有联系，并关闭了两国的边界口岸。因此有大约 20 万随季节迁徙的库奇人（游牧民）受阻，使他们不能跨越“杜兰德边界线”，沿着他们的传统路线正常迁徙。长达 18 个月（其中包括因一个突发事件而暂缓的 8 个星期）的关闭也导致阿富汗出现严重的经济混乱，包括巨大的贸易损失和至关重要的关税收入的急剧下降，尽管美国和苏联都努力开放作为替代的过境线路。伴随着发展计划项目超支的出现，这件事最终导致了阿富汗的物资短缺、通货膨胀，以及外汇储备耗竭。

此时，近些年来在领导阶层变得更加活跃的扎希尔王和皇室成员准备进行一次变革。他们对近来在伊拉克（1958）和也门（1962）爆发的流血共和政变心有余悸，也担心达伍德逐渐地依赖苏联。另外，从达伍德在教育、经济增长和妇女权利方面所取得的成就中获益的人们，也不再满意独裁统治。

在权力精英内部发生了持续时间很长的磋商，参加者包括显赫的非皇室成员顾问，甚至非普什图人的内阁部长。1963 年 3 月 9 日，扎希尔王接受了达伍德的辞呈，自此君主立宪时代开始了。

十四、新民主时期

扎希尔王任命有德国教育背景的物理学家穆罕默德·优素福为看守内阁首相。随后几天，穆罕默德·优素福在广播里演讲，承诺将会在政治和经济领域赋予更大的自由。5 月末，阿富汗新政府完全恢复了与巴基斯坦的贸易和外交关系。虽然没有达成任何正式的协定，但双方的边界纠纷问题不再升温至危险的“沸点状态”。

124 优素福首相很快确定了自己的改革方针。3 月 28 日，他任命了一个由 7 个人组成的委员会（其中包括著名的自由主义者穆罕默德·西迪克·法尔杭），以起草新的宪法。由于阿富汗警察（通常是未经训练的部队新兵）为了让犯人供认罪行通常会使用酷刑，3 月 31 日，他命令对这种原始的刑法制度展开调查。

最终，扎希尔有效的十年统治，尽管被公众称为“新民主时期”，却既没有结出稳定的、民主的政府这一硕果，也没有一直尊重言论、出版、政治组织等基本自由。然而，一种充满活力的政治生活的确出现了，大部分人都可以参与其中。但是，不成熟的体制无力解释新出现的自觉的社会、经济和意识形态团体间的冲突，这对阿富汗的未来是一个不祥之兆。

1964 年 9 月，为了研究新宪法草案而召集了一次大支尔格会议，尽管此前在阿富汗无线广播中也作了详细的说明。452 名大支尔格会议成员当中女性只占了 4 名，但在其他方面，代表们真实地代表了阿富汗的各个民族、宗教、社会和政治团体——包括大多数人是文盲这一事实。历时两周的磋商活动证明，这是一次认真、理智的辩论。其中很多不识字的代表在当地政务会和部落大支尔格会议进行雄辩的演说。

这次讨论主要是为其他有争议的议案争取支持者，如用“阿富汗人”一词统称所有的居民，而不仅是用“普什图人”。宗教界代表对世俗法的作用和独立的没有宗教背景的法官提出了异议，在宪法起草者指出在没有立法矛盾时伊斯兰教法将是默认的法律的规定之后，在代表们回忆起一些贫穷、无知的农村伊斯兰法官的突出的不公正和腐败行为之后，这一问题也得到了解决。一些代表还成功地增加一个条款，即禁止强行重新安置居民。他们还禁止皇室成员公开参与政治活动，这是一条防止达伍德东山再起的条款。

最后宪法被提交给两院或者说议会批准，包括议员全部由选举产生的下议院，和其 1/3 议员由国王任命、2/3 议员由各省选举的上议院。根据新宪法，将保障所有公民的基本权利，无论是男性还是女性，甚至是非穆斯林。但议会拥有大部分否决权，它可以拒绝国王任命部长大臣，可以抵制政府各部的法案。虽然宪法规定许可政党活动，但政党成立的立法程序一直没有被通过。

1965 年 8－9 月间，第一届议会选举产生，并于同年 10 月就职。125
事实上，这次选举只有一小部分人符合条件参与投票活动，特别是在农村地区。由于选举没有受到政府相关的干预，从而使产生的下议院充斥着许多独立的各地贵族和地主，以及比重相当大的自由分子、甚至激进分子，其中还有阿富汗新共产党——人民民主党（the People's Democratic Party of Afghanistan）的 4 个成员。当优素福设法组成其政府时，由于他们中的大部分过去担任过政府部长，因而他被议院内外的学生抗议者的叫嚷所打断，会议也被迫延期。当天的晚些时候，警察向优素福住宅外面的抗议者开枪，致使 3 人死亡，从而引发政治危机和优素福的辞职，教育部长穆罕默德·哈希姆·迈万德瓦尔被任命为首相，并很快平息了学生事端。迈万德瓦尔曾创建了温和的社会主义性质的进步民主党（Progressive Democratic Party），于 1967 年 10 月身患重病，而后前任外交官努尔·艾哈迈德·埃特马迪接替他担任首相。

十五、激进化

早在沙·马哈茂德改革时期，学生超强的政治作用就开始显现，这也预示着知识分子阶层成为国家政治生活中一支不断壮大的力量。1964 年，喀布尔大学的各个学院被统一到一个利用美国援助的资金修建的校园中，这个校园能为大约 1 200 名学生提供宿舍。较早的学生可以保证在政府和发展的官僚机构中找到工作，现在招收的数量大得多的大学生，大多数来自贫困家庭或中产阶层，不得不面对政府预算停滞不前的现实。

除此此外，这一时期，还有数以千计的学生从国外留学归来，其中大多留学于西方，大约 6 600 名从苏联学习归来。因此，仕途成为大学生和毕业生鲜有的就业出路之一。由于与父母那一代人的传统世界没有太多的联系，他们中的很多人转向比较激进的意识形态，无论是伊斯兰主义还是共产主义。借着回国工作或教书，一些大学毕业生向省会城市传布这些思想。

作为 10 年来的进展，学生的示威游行变得越来越频繁，有时候还支持工人罢工，特别是在 1968 年世界范围的革命时期及其以后。因一次偶然的惨死事件，左翼势力和好战的穆斯林（在 1970 年的选举中赢
126 得了学生的支持）之间爆发了冲突。随后学生开始罢课，并抗议政府的教育政策，在 1970 年大学被关闭了 6 个多月。

在知识分子阶层中不断壮大的左翼力量对乡村地区没有太多的影响。在 1969 年的选举中，保守的农村精英，不管有世俗的还是宗教的

背景，在议会中的席位增加，但大多数自由分子和激进分子都被投票否决了从政资格（尽管巴布拉克·卡尔迈勒和哈菲祖拉·阿明都保住了自己的席位）。一个穆斯林在报刊上发表了强烈反对女权运动和世俗化的言论，因而得到了广泛的支持。1970 年，据称在报纸上刊登了一首反宗教的诗歌，这种挑衅行为在喀布尔和各省引起了暴动和骚乱。政府随即通过拘捕、驱逐和出动军队的方式，才把这次动乱镇压下去。同一年，5 000 名妇女上街抗议用硫酸袭击不戴面纱的女性的事件，在此之后，政府把一些穆斯林激进分子监禁起来。

十六、共产主义和伊斯兰主义组织

1965 年 1 月，努尔·穆罕默德·塔拉基在经历长久的政府危机之后，在家中召集了各个马克思主义学习小组的约 30 名成员，创建了人民民主党。所有出席这次集会的人都是亲苏联的马克思列宁主义的支持者，而人民民主党是按照斯大林主义的原则组建的。其中两个该党的缔造者，塔拉基和巴布拉克·卡尔迈勒，在后来的 1978 年共产主义政变后，担任了阿富汗的总统。

几乎可以肯定的是，人民民主党在苏联的经济支持下，能够在学生当中吸引到支持者，在 1965 年的议会选举中，有 4 名该党成员赢得议席。当 1966 年法律允许更大的新闻出版自由的时候，塔拉基于当年 4 月创办了阿富汗第一份有明显左翼倾向的报纸《人民报》（The people），然而，该报在发行 6 期之后被政府查封。卡尔迈勒自己创办的报纸《旗帜报》（Banner）却比较成功，这份作风谨慎的报纸大概存在了一年（1968－1969）。

至 1967 年，人民民主党分裂为两大集团，分别由塔拉基和卡尔迈勒领导，而且他们中每一个都声称自己是真正的人民民主党。其中塔拉基的政党"人民派"，因出版《人民报》而得名，由于倡导一个教条的共产主义路线，并支持"普什图尼斯坦"事业，主要获得了来自乡下普什图人的支持。卡尔迈勒"旗帜派"的支持者大多是来自城市的中产阶层，而且在民族构成上更具多样性，他遵循一个比较务实的政策，即寻求与非马克思主义政党的联盟，并逐步过渡到共产主义。在1965年议会选举中获胜的4名人民民主党候选人都是卡尔迈勒的同
127 事，其中包括他的密友阿娜希塔·拉特布扎德（Anahita Ratebzad）。同时，还有从马克思主义政党中分裂出来，完全按照民族和地区路线组成的小派别，塔吉克人（Tajik）和潘杰希尔人（Panjshiri）。亲中国的政党“毛派”也开始形成，由马哈茂德家族成员领导。与其他马克思主义政党不同，后者实际上致力于组织喀布尔的工人运动，而且这些工人大多是哈扎拉人。该党在这一时期领导的工人罢工次数也是最多的。此时，走中间道路的政党也出现了，如迈万德瓦尔的社会民主党（social democratic group）。

1965年，一群教授和老师在喀布尔神学院院长古拉姆·穆罕默德·尼亚齐的领导下，建立了秘密的“哲玛提伊斯兰”（Jamiat-i-Islami），意即“伊斯兰促进会”。该党成员都曾在政府宗教学校和大学接受教育，而尼亚齐毕业于开罗古老的爱资哈尔大学。他们的终极目标是严格按照穆斯林法律的指导，建立一个现代的伊斯兰政府，以净化西方文化的侵蚀。他们对普什图民族主义毫无兴趣，也不使用未受过教育的受乡村阿富汗人传统主义束缚的乌理玛和毛拉，这种传统主义对严格坚持以穆斯林法为基础来说不是必需的。

伊斯兰促进会的主要影响通过对穆斯林青年组织（Organization of Muslim Youth）的赞助表现出来，该组织在几年内就控制了喀布尔大学的学生自治机构。和人民民主党一样，伊斯兰促进会也迅速地一分为二。其中塔吉克领导人布尔汉丁·拉巴尼和艾哈迈德·沙·马苏德反对任何形式的直接革命行动，主张让军队和官僚机构缓慢地转变为伊斯兰观点；而加兹尼普什图人古勒卜丁·希克马蒂亚尔则支持通过人民起义的方式夺取政权。

十七、经济困境与政治僵局

至20世纪70年代初期，由于来自主要强国的外援力度放缓，阿富汗政府面临不断增长的财政赤字。企业税和关税的征收与缓慢增长

的私有经济速度持平，但来自土地和家畜的税收垂直下降，这要部分地归因于各省的地主在议会中的权力。

虽然外援为阿富汗现代经济所需的重要基础设施奠定了基础，但维护这些工程需要技术和资金，而这些资源明显供应不足。由于接受教育的人口数量少得让人惭愧，阿富汗在教育和医疗卫生方面一直处于国际社会的底层。而且腐败问题似乎仍旧困扰着政府部门。

压倒扎希尔脆弱的改革实践的最后一根稻草，是 1969 — 1972 年爆发的大范围饥荒。由于国王的女婿兼首席顾问、将军阿卜杜勒·瓦利负责的赈灾工作的低效率和腐败，美国小麦在运输中浪费，可能导致了 100 000 人的死亡。在这场灾难中，羊群大量死亡，数以千计的农 128
民因借贷而失去土地。面对这样的形势，政府和议会似乎无法动员整个国家抗灾，这主要是因为扎希尔采纳了瓦利的建议，拒绝签署规范政党活动的法规，这一点在 1964 年的宪法中可以看出来。而且，宪法所要求的市政和地区选举从未举行过。

1972 年，扎希尔任命精力充沛的穆萨·沙菲克为首相，这位新首相设法使一些悬而未决问题有所进展。他甚至设法与伊朗就对赫尔曼德河水权利的争议达成了共识。然而，前首相达伍德已经在权力边缘徘徊了 10 年之久，认为此时是他恢复个人独裁统治的最佳时机。1973 年 7 月 17 日，当扎希尔访问欧洲期间，达伍德发动政变，并对外宣称进行共和革命，由自己担任阿富汗总统兼首相。至此，达伍德第二次执政时期开始。事实证明，这一次掌权比他头十年的执政更加动荡不定，更加具有悲剧色彩。

第六章　政变和革命（1973－1978）

129 在经历1973年几乎没有流血的政变之后，穆罕默德·达伍德·汗正式废除了君主制，宣告成立共和国，这在阿富汗的历史上是第一次。从传统的观点来看，这只不过是杜兰尼王朝内部一系列颠覆活动的最后一次，即一个野心勃勃的堂兄弟代替了另一个，很难说它是一场政治革命。但实际上，在达伍德的主持下，革命派系5年来在规模和影响方面都有惊人的增涨。无论这位出身皇家的总统是何种企图，这些革命派别是决心要变革阿富汗文化和社会的各个方面，而且他们很快就有机会大展宏图。

一、1973年政变

达伍德通过与中间和左翼两个敌对势力的合作，用了至少一年的时间策划政变。经苏联训练的年轻军官实际上完成了对权力的接管，并带领几百人的军队夺得了喀布尔市内的主要据点。很多阶层的公众欢迎新政权的到来，其中包括：军队领导人对达伍德创建强大军队，并在先前任期内赢得苏联的训练援助之事一直心存感激；普什图民族主义者期望民族主义的达伍德能够复兴普什图尼斯坦运动，或者能与巴基斯坦修改边界线；改良主义者对达伍德坚决支持戴面纱的可选择性一事记忆犹新；左翼分子曾经一段时间与这位新总统秘密地共谋大计。

卡尔迈勒（他的父亲是一位将军，与达伍德有着密切的关系）领导的人民民主党“旗帜派”，由于曾经在军队中赢得大量的支持者，在这次政变中可能发挥了一定作用。共产主义者曾被扎希尔拒绝承认为合法政党，故此他们从未停止过煽动反对扎希尔的活动。而此时，他们都指望在这次政变中能捞到较多的政治好处。在达伍德的新政府 130
中，少数“旗帜派”支持者被任命为高端领导层，而其他人更多地被安排在较低的职位。因此，“旗帜派”在政变后的头一个月开始大范围地招募新会员。

然而，达伍德并不像共产主义者所期待的那样对其言听计从。不久，达伍德躲开各地的“旗帜派”年轻官员，在军队的关键岗位安置了他自己的亲信。他还借口无效率把两名“左翼”部长从内阁中打发出去，并拒绝了“人民派”打算用其党内更有能力的骨干接替空缺位置的提议。著名的反共分子也逐渐被带进政府。

扎希尔的其他批判者也很快丧失了信心。9 月，前首相、中间派改革者穆罕默德·哈希姆·迈万德瓦尔（政变发生后自国外归来）被控告组织阴谋叛乱，一起受牵连被捕的还有其他 44 名政治家和军官，其中包括扎希尔最后一任改革派首相穆萨·沙菲克。10 月，迈万德瓦尔死于狱中，据说是被折磨致死的。与此同时，“旗帜派”仍旧掌管着内政部，使得外界认为受欢迎的领导之所以被蓄意消除，是因为他是人民民主党潜在的竞争对手的缘故。

二、个人独裁统治

1973 年 8 月 23 日，达伍德为了证明其发动政变的合法性，向阿富汗全国发表演说。他指出，在过去的 10 年间，阿富汗的经济发展停滞不前，如计划资本投资总额连年下滑。第二年 3 月，达伍德提出了一个由商务部牵头的贸易发展规划，以提高贸易额、促进工业发展、刺激民族产业的发展，以及稳定商品价格。

和其他发展中国家所盛行的方式一样，达伍德在重要的工业项目上，赞同中央领导的经济计划体制。如果按照以前的惯例，在经历几年的经济衰退之后，就有必要获得来自外国的援助，其中大部分援助来源于苏联，美国只起一定的辅助作用。但达伍德和20世纪30年代的纳迪尔·沙一样，都设法摆脱包围在阿富汗周围的两大强国。

1974年，阿富汗与伊朗达成了一个10年期限、价值20亿美元的援助协议（尽管只兑现了很少一点钱），而且还尽可能地寻求沙特阿拉伯、伊拉克和科威特的帮助。有大量的阿富汗人在这些阿拉伯国家工作，并把外汇收入寄回国内。尽管进行了一些适度的土地改革，但
131 农产品的产量远远赶不上人口的增长速度。贸易收入受到与苏联的越来越不利的贸易条款的损害。

图28 1963年，穆罕默德·达伍德（图右）被废除权力，1973年，他驱逐了从前驱逐他的人——他的堂兄弟穆罕默德·扎希尔（图左），重掌权力。这张照片拍于1961年。（阿富汗：《古老土地与现代途径》，阿富汗皇家政府规划部，1961年）

达伍德总统设法利用其膨胀的权力，为起初支持他的大多数政治团体指引独立的航向。而他自己在整个5年的统治时期，一直兼任首相。1976年，他组建“国民革命党”（National Revolutionary Party）

以动员更广泛的支持者。1977 年 1 月，他召集一次大支尔格会议以批准通过新宪法。新宪法规定了强权总统领导的一党制政府和混合所有制经济，在自然资源和基础工业领域实行国有。

随着独立报纸的出现和被接二连三的关闭，政治自由化的任何希望都破灭了。新一轮的阴谋、逮捕和死刑开始到来。为了报复达伍德支持普什图分裂主义分子，巴基斯坦资助了零星的伊斯兰主义者的叛乱，随后，这位阿富汗总统逮捕了伊斯兰主义者领袖穆罕默德·尼亚齐及其数百名同伙。他们中的大多数被处死，而那些躲过逮捕的人逃往巴基斯坦，开始组织新的抵抗运动，这些组织后来投入到抵抗共产
主义政权和苏联军队的战斗当中。如古勒卜丁·希克马蒂亚尔组建的 132
“伊斯兰党”（Hezb-i-Islami），布尔汉丁·拉巴尼领导的伊斯兰促进会（Jamiat-i-Islami）。

三、与苏联的疏远

苏联对达伍德的政变表示了欢迎，几乎可以肯定他们早就对此有所了解。苏联对扎希尔相对自由的政权，以及与美国发展友好关系都表现出不满。早在达伍德第一次出任首相时，双方在军队建设方面就有过紧密的合作关系，而且苏联对达伍德以武力对抗美国之盟友巴基斯坦表示支持，最为重要的是，他们想利用达伍德与卡尔迈勒及“旗帜派”的关系。

在 1974 年访问莫斯科期间，达伍德获得了延期偿还债务和价值 4.28 亿美元的新经济援助的承诺。但这比他曾经预想的要少得多，而且还背负着与“旗帜派”紧密合作的压力。

这次访问只是让达伍德对投入苏联怀抱的做法采取更加谨慎的态度。他很乐意让苏联停留在边缘或象征性的问题上。在他执政的五年期间，阿富汗在联合国一直与苏联支配的“不结盟运动”一致投票，而且在“以巴冲突”和其他问题上，支持俄罗斯人的外交利益。达伍德还同意，在沿阿姆河边界的苏联戒备森严的“铁幕”（其后是 40 英里的无人区）附近的阿富汗北部地区，禁止任何形式的西方经济活动。

但阿富汗总统从未间断地寻求美国或西方的支持，以平衡苏联的影响。不幸的是，以美国为首的西方世界在越南战争中大溃败之后，其影响力也步入低谷。与此同时，苏联的外交政策已由支持友好、进步的非共产主义政权转向尽可能地推广共产主义革命。达伍德不遗余力地镇压阿富汗境内的左翼力量，包括军队中由苏联培训的军官，正是对苏联强硬派有利的事情。

早在1974年，达伍德就求助于印度和埃及，希望能够为其军事培训提供帮助。然而，这两个国家和阿富汗一样，都依赖于苏联的武器装备和军事理论，并以支持苏联的外交政策为目标。但达伍德以穆斯林工作人员替换了很多苏联军事顾问，这让莫斯科政府如坐针毡。

达伍德在取得权力之后，不想在复兴“普什图尼斯坦”问题上浪费一点时间。他为来自巴基斯坦的俾路支和普什图叛乱分子提供避难
133 所，因此招致巴基斯坦对喀布尔和贾拉拉巴德的一阵空袭，并公开支持阿富汗伊斯兰主义者的叛乱。然而此时，伊朗和美国通过不间断的外交努力，再加上明显缺乏兴趣的巴基斯坦普什图人，化解了这次危机。1976年，达伍德和巴基斯坦总统佐勒菲克尔·阿里·布托（Zulfikar Ali Bhutto）进行了官方的相互访问。1978年3月，在达伍德访问伊斯兰堡期间，他同意停止支持叛乱团伙，并在今后停止驱逐巴基斯坦的武装人员。他还准备在巴基斯坦培训阿富汗军事人员。

1977年4月，达伍德第二次访问莫斯科，标志着他与苏联主席列昂尼德·勃列日涅夫的个人关系以及两国间关系的急剧恶化。据说，达伍德抱怨苏联重新联合人民民主党“旗帜派”和“人民派”的努力。而勃列日涅夫在一旁谴责达伍德政府“右倾”的趋势，并要求阿富汗驱逐北大西洋公约组织和联合国派驻在兴都库什山北部地区的工程专家。据说，达伍德愤怒地拒绝了这个要求，走出会议室。让事态进一步恶化的是，这位阿富汗总统宣布他计划于1978年春访问华盛顿。

对于苏联在1978年4月共产主义政变中扮演着怎样的角色问题，历史学家尚有争议。苏联政府及其驻喀布尔大使馆一直与人民

民主党的两个派别保持着密切的联系，并资助他们的活动数年。有数百名苏联顾问在阿富汗陆军和空军部队中任职，事实上，正是此类军队完成了政变，而并不是新政权所宣称的那样，进行了一次人民“革命”。

正如后来哈菲祖拉·阿明所断言的，如果政变计划预先已经准备充分的话，那么苏联驻阿大使馆对此肯定深知。然而，一些事件先于政变发生，如政府和人民民主党领导人间的行动与反行动，已经完全脱离了苏联的控制；而且，没有明显的证据表明苏联期望在这样一场政变企图中捞到好处，特别是因为政变的结果扑朔迷离、无法预料。最后事实证明，因政变而引发的这些突如其来的连续事件，对未来的苏联来说是灾难性的，甚至可能是致命的。

甚至由于苏联的支持，才导致了这次政变未能像从前达伍德成功实现的那样，在军队和公众中奠定支持的基础。但中间派改革者、普什图民族主义者、伊斯兰主义者都曾对他的行动感到失望。1977 年 3 月，达伍德提名了新内阁，其中内阁成员几乎完全被其亲友占据，甚至把温和的左翼力量排斥在外。在随后的 12 个月里，达伍德似乎对一 134
小撮保守派的或者右翼顾问的依赖性越来越大，而疏远了在政治上表现积极的人。结果，最终导致了 1978 年数量相对较少的共产主义行动主义分子能够获胜（正如达伍德 5 年前所做的那样），尽管大部分阿富汗人民所反对的内政、外交政策，很快又被共产主义者贯彻执行。

四、四月革命

1977 年 7 月，“人民派”和“旗帜派”鉴于苏联的持续压力，在伊朗和印度共产主义政党的积极干预下，两个政党派别一致决定重新联合。两派共同委任 15 个成员组成一个新的中央委员会。然而，在一些领域，特别是军队内部，两派很大程度上仍旧各自独立运行，而且将彼此视为“眼中钉”。

面对达伍德发起的大清洗和迫害运动，“人民派”和“旗帜派”两派别都设法保存和增强实力。当达伍德把很多有“旗帜派”背景的军官免职或者将他们调离喀布尔时，另一些人则躲开了监查，很多“旗帜派”的支持者被安置在文官序列。此外，“人民派”进一步弥补了“旗帜派”在军队中的空缺，这主要是由于哈菲祖拉·阿明领导的大范围征募新会员行动，他在此前成功地组织学生和教师进入人民民主党。把精力主要集中于普什图官员的阿明，后来宣称“人民派”早在 1976 年就开始策划一场政变。

征募新会员之所以成功，主要得益于几十年以来苏联向数以万计的阿富汗军政人员进行政治灌输，这些人都曾在苏联集团或苏联在阿富汗开办的军事和科技学院接受过培训。至 1978 年，受苏联培训的工作人员填充了政府官僚机构中的大部分职业和技术岗位，构成了军官队伍的 1/3 强，其中空军占一半以上。

另一方面，阿富汗共产主义政党中大多数意识形态的和政治的领导人都在西方国家和西方在阿富汗开办的学校受过教育。第一届共产主义内阁组建之初，仅有 3 名军官曾在苏联接受过培训，但在 16 名文职官员当中，就有 10 名在美国受过教育，两名有欧洲教育背景。他们都能说英语，但几乎都不会讲俄语。

135 1978 年 4 月 17 日，“旗帜派”的思想家米尔·阿克巴尔·希贝尔被两名持枪男子杀害，这件事成为促成共产主义者接管权力的导火索。人民民主党指责达伍德实施了这次暗杀，尽管后来还有人指责“人民派”。与此同时，公共舆论指向美国中央情报局，但人民民主党领导人真切地感受到他们的生命受到了来自达伍德的威胁。“旗帜派”和“人民派”在喀布尔组织的大约有 1 万—3 万人参加的葬礼行进队伍，最终演变成了反美、反政府的示威游行。努尔·穆罕默德·塔拉基和巴布拉克·卡尔迈勒都发表了具有煽动性的演讲。

4 月 25 日，惊慌失措的达伍德逮捕了这两个领导人及其几个同伙。塔拉基被逮捕对“人民派”来说是拉响了红色警报。对于达伍德来说不幸的是，他的警察由于疏忽，直到第二天才拘留了阿明。据阿明后来的解释，他按照早有预谋的精密计划，利用这个不幸的空挡向装甲部队、空军和广播站的同谋者传递信号。不管怎么样，一旦人民民主党领导人被捕，“人民派”官员别无其他选择。

4 月 27 日，第四装甲部队的几百人、50 辆坦克袭击了总统府，当时还正在召开一个内阁会议。这次袭击对其他“人民派”骨干来说是个信号，他们随即接管了军械库，并下令从各个方向向首都中心聚集。还有其他的坦克部队占领了军用和民用机场。2 000 名皇家警卫（显然认为自己在与伊斯兰主义者的政变战斗）和两个步兵师遭遇，起初他们都设法保持克制，但最终火拼起来。

军队本来是被命令举行仪式纪念人民民主党首领的被捕，但军队的全面混乱从某种程度上帮助了叛乱分子。很多非人民民主党官员还不清楚军队也被卷了进来，但也没有支持达伍德的充分理由，结果相安无事。4 月 28 日，当达伍德在总统官邸被拘捕时，他和 30 名内阁成员及其家属都被杀死。可能还有 1 000 人死于这场战斗。

4 月 27 日的晚上，当达伍德仍在抵抗的时候，领导第四军的“人民派”成员马约尔·阿斯拉姆·瓦坦贾尔（Major Aslam Watanjar，他在 1973 年还参加过达伍德的政变）和空军司令官“旗帜派”成员阿卜杜勒·卡迪尔（Abdul Qadir，是一位非普什图人什叶派穆斯林）一起宣布政府接管广播电台。他们分别用普什图语和达里语宣布说，一个临时军事委员会掌握了权力，并会按照伊斯兰教精神进行统治，以造福于阿富汗人民。塔拉基由于担心向右翼官员泄露这次政变的实质，因而回避了自己亲自去宣读政府公告。这个临时军事委员会只存在了两天时间，至 4 月 30 日，被阿富汗人民民主共和国革命委员会（Revolutionary Council of the People's Democracy Republic of Afghanistan） 136
代替。这个新委员会实质上就是人民民主党中央委员会增加几个军官而成。

第二天，委员会任命了一个由 60 岁的塔拉基出任总统兼首相的内阁，卡尔迈勒、阿明和瓦坦贾尔出任副首相。一个月之后，委员会为政治局所代替，至此，阿富汗开始被重塑成一个共产主义政权。

努尔·穆罕默德·塔拉基

1978—1979年间，这张亲切的脸从各个角落的海报和宣传画中凝视着阿富汗人。塔拉基是一个半游牧的加兹尼普什图人牲畜商的儿子，1917年出生在加兹尼省的一个小村庄，但他家经常会旅行至英属印度的西北边境省的奎达地区。虽然塔拉基的思想和价值观更倾向于脱离传统部落、靠近城市左翼知识分子，但他的阶级和民族背景使其成为新的共产主义政权的合适象征。

塔拉基的教育背景相对比较普通，包括省立初级和高级学校。这足以使他在著名的坎大哈水果出口公司胜任一份工作，1932年该公司指定他前往孟买工作5年。在孟买，他通过读夜校学会了英语，并在与印度的共产主义者进行接触之后，开始走上激进的政治道路。

塔拉基一回国，就进入一所公共管理学院学习，并最终获得了一系列政府部门的岗位，包括其在喀布尔广播电台（Radio Kabul）和巴赫塔尔通讯社（Bakhtar News Agency）的职位。在20世纪40年代末的政治解冻时期，他积极地参与了政治活动，并于1949年出版发行了一份改革派的半月刊报纸。

塔拉基还是自由主义的觉醒青年（Wikh-i-Zalmayan）运动的普通成员，在自由化动摇时辞职，而后在阿富汗驻华盛顿大使馆担任新闻随员。被召回喀布尔时，他公开批评达伍德的新政府。因美国拒绝了他的避难请求，塔拉基撤回言论并回国，最终得到了达伍德的原谅。

五、“人民派”的胜利

虽然有苏联共产党作调停人，但人民民主党两大派别的激烈权力斗争还是发生了，不久“人民派”力量获胜。6月27日，阿明被任命

为政治局总书记，同时，塔拉基在党内的文献中开始标榜自己为“伟 137
大领袖”和“伟大导师”。很快，他的肖像不可避免地被到处安放，甚至在组织大规模示威游行时，也被举到最高处。

20 世纪 40 年代，塔拉基发表了一些现实主义短篇小说。1957 年，他发表了普什图语长篇小说《Journey of Bang》，主要用马克思主义的术语来描述普什图部落世界。紧接着又发表了两部长篇小说和一篇论文，但这位作家从未能在文坛立足，大家只知道他是共产主义战线的一位忠实支持者，而不是一个独立的思想家。

图 29 努尔·穆罕默德·塔拉基，革命委员会主席，共产主义政权第一任总统。这张图片是为纪念“四月革命”胜利一周年而做的一张宣传画。（沙伊斯塔·瓦哈卜提供）

20 世纪 60 年代，塔拉基访问了苏联。由于那些年他没有利用任何明显的手段来获取支持（只有他的翻译机构比较成功），致使很多局外人认为他已经被苏联人收买。他的办公室成为激进主义分子的活动中心。1965 年，他组建了阿富汗人民民主党，并担任党的领导人，1967 年人民党分裂后，又成为“人民派”的领袖，直到 1978 年该党夺得政权。

人民民主党内部两派系的权力斗争暗含着政策上的分歧。政治局明确地否决了卡尔迈勒的长期目标，即与非共产主义政党组成一个联合阵线进行统治，而不是由人民民主党为政府制定所有的政策。并为各省任命党的书记，其权威在各自的省长之上，区和地区级的党的负责人框架也最终得以确立。“人民派”积极分子被指派去发动农民、妇女和青年人的运动。

至 7 月，阿明是唯一的副首相，并兼任新的秘密警察部门阿富汗

利益保护机构（普什图语 Da Afghanistan De Gato De Satalo Adara，AG-
138 SA）的领导，从而使他成为阿富汗举足轻重的人物。此时，政治局有力地清除了卡尔迈勒及他的9位高层支持者，其中包括后来的总统穆罕默德·纳吉布拉（1947－1996），并派遣他们出任驻各国首都的大使，在那里他们不得不向兼任外交部长的阿明汇报工作。卡尔迈勒在离开阿富汗赴任的前一天，显然试图组织一次反政变。由于卡尔迈勒的计划被告发，阿明在8月及其随后的几个月里，开始大规模逮捕党和政府内重要的“旗帜派”成员，其中很多人被拷打致死。卡尔迈勒和纳吉布拉流亡至布拉格和莫斯科，长时间等待着另一次掌权的机会。“人民派”政府在随后的几个月里总共处死了大约500名“旗帜派”成员。

喀布尔的大多数阿富汗人，更不用说其他省份，第一次不确定该如何回应人民民主党的政变。他们也没有一点理由去设想，与以前的政府变革相比，不管和平的还是暴力的，这次会给他们的生活带来更大的转变。除了供养官僚机构的少数人能够从诸如教育和城际道路这些有用的服务中获益外，数以百万的阿富汗人仍旧过着他们游牧或者村居的日子，村庄在很大程度上是自治的中心。

穆萨希班家族统治的最后50年，在农村地区主持了一次相对快速的现代化进程，但没有完全满足知识分子阶层的需求，所以这段时间阿富汗人几乎没有忧伤。塔拉基总统出生和成长于一个乡下的加兹尼普什图人家庭，而后接受了中产阶级的教育和生活方式，也正因为如此，他被阿富汗几个有权势的支持者所认可。塔拉基有着其他人民民主党领导人从未有过的文雅，他最初成功地使一群部落长老相信，反对杜兰尼暴政革命的唯一目标就是要确保人民的基本需求。他也在淡化社会主义意识形态和对苏联的40年附庸。

至秋季，激进的“人民派”力量全面战胜了渐进主义者的“旗帜派”，阿明的冷酷无情压倒了塔拉基的亲切和蔼，致使公众的任何幻想都化为泡影。1978年6月，阿富汗政府感觉到完全可以安全地把黑、红和绿三色的国旗换成苏联风格的红旗了。

此时，阿富汗政府迅速地给这个尚未准备好的国家实施了一项激进的改革计划。虽然最初的措施实际上与经典的社会主义相差甚远，但他们的贯彻方式几乎可以肯定会激起反抗。如在第四号政令文件（1978年5月15日）中，他们省去了经典的开场语句“奉真主之名”，由此引发了反抗活动。

阿富汗的国旗 139

在20世纪，阿富汗比其他任何国家都频繁地更换国旗。这些设计花样百出的国旗及其象征意义是对阿富汗政治历史的一个极大蔑视。

19世纪末期，埃米尔阿卜杜·拉赫曼扬起一面黑旗（穆斯林传统军旗），中心是一个白色的皇家盾形纹章，顶上是一座清真寺，其周围环绕着象征杜兰尼人的麦束。这面旗帜被阿卜杜·拉赫曼的继任者延用至1919年，但仅限于皇宫、军事基地及其海关办事处。

1919年，伴随着阿富汗新到来的独立，改革主义者阿曼努拉对外宣布了第一面国旗。这面旗帜只是参照土耳其人军旗的模式，清真寺图案周围环绕着太阳光线。阿曼努拉在1928年著名的欧洲之旅归来后，正式宣布参照欧洲（和苏联）模式，制订出一面新国旗。这面国旗由3条垂直的条带组成：黑色条带代表过去（与英国抗争），红色条带代表着国家捍卫者的血液，绿色条带代表了希望与和平。红色条带上有盾形纹章，金色阳光照射在积雪覆盖的山上，顶上是一个五角星，所有这些图案四周被象征着杜兰尼人的麦束包围着——这也类似于苏联人的肖像画法。

甚至在短暂的“巴恰·伊·沙考”（Bacha-i-Saqao）政权空

白期也有自己的旗帜：红、黑和白色相间的条纹，这与13世纪极具破坏力的蒙古侵略者所使用的旗帜相似。纳迪尔·沙恢复了阿曼努拉的三色条带旗，但改革后的象征符号被阿卜杜·拉赫曼时比较传统的盾形纹章所代替，聚集在一个清真寺图案的周围，还在旗帜上增加了1929年的穆斯林纪日，在这一年他登上王位。这面旗帜经过较小的改动一直在军队里使用直至1974年。

达伍德总统就任时，他的共和国需要一面新旗帜。达伍德保留了原有的黑、红和绿色，但皇家盾形纹章被一只鹰所代替，鹰象征了传说中雅利安人的第一个君王，而顶部的旭日象征着新的共和国。他还把旗帜上的日期更改为1973年。一个微小的清真寺图案仍然可见，勉强地嵌在鹰的胸脯里。

共产主义时期，阿富汗的国旗几经更改。1978年1月后，激进的"人民派"力量阶段，国旗被设计成经典的共产主义风格：通常是红色旗面，左上角有一个金色徽章。而阿富汗国旗徽章由"人民"一词（指人民民主党内处于领导地位的派别）、一颗星和麦束组成。

苏联入侵之后，恢复了旧的3种颜色，一个由书和花环组成的新徽章，阳光上有一颗红星，位于中心的徽章，是绿底旗面嵌着一个不起眼的白色清真寺风格的图案，这反映出新政权试图安抚穆斯林的信仰。其中书和星星于1987年被弃之不用。

1992—1996年间，阿富汗伊斯兰国虔诚地把红色条带换成白色，并用阿拉伯语字体写上"萨哈达"（shahadat，即除安拉外再没有主宰，穆罕默德是他的使者。）和"泰克比勒"（takbir，即：真主是最伟大的）。而且还恢复了用了一个世纪之久的清真寺-盾形纹章-麦束图形。1996年，塔利班政权采用纯白色旗面，上面用大的黑体书写"萨哈达"和"泰克比勒"，其中这两句话的面积就占据了整面旗帜的2/3宽。

2002 年之后，重新恢复的阿富汗伊斯兰共和国的旗帜与 1931—1973 年间的旗帜很相似。而旗帜上的日期被改为 1919 年，即现代阿富汗的独立之年。

六、政令变革

“人民派”领导人一开始就明白，即使有军队和警察帮助，在 140
一个保守的、以农业为基础的国家里，教条的马克思主义政权的生存面临着很多问题。为了反击不可避免的敌对势力，这个政权通过发布一系列的革命性政令，试图使受迫害的村民能够脱离他们传统的首领，并想通过这种方式尽可能快地争取到广大的农村群众。

几乎是在“人民派”刚一占上风的时候，就用“乌托邦”的形式宣布了改革计划。改革，如果是谨慎规划和循序渐进实施的，可能为这个政权奠定良好的农村支持基础。但 1978 年秋以非常危险的速度强制推行的改革，反而起到了相反的作用。据几位西方观察家推测，改革最初的主要目的是为了摧毁旧制度，以便稍后以一个纯粹的集体农业制度代替它。

第六号政令文件（1978 年 7 月 12 日）强制取消了少量物品的抵押和其他借贷制度，并废除了高利贷。致使农村地区信贷制度被冻结，诸如地主、游牧民和当地的“汗”这些传统的贷款方拒绝预付任何的借款。

而在这条政令被有效实施的地方（也就是说，军队和警察能够强
制执行的地方），穷苦的农民没有任何来源获得下一季庄稼所需的种 141
子和肥料。第八号政令（1978 年 11 月 28 日）强制没收除 14 英亩土地以外的所有财产，以分配给佃户、无地民，或者中农。结果导致大多数当地的世俗和宗教领袖联合起来，和几乎所有的地主共同和政府作对。土地登记简单粗糙，有时候会把集体所有的土地列入部落首领的名下。在某些地区，无地的宗族或移民在损害统治部落的利益下，

才被给予小块土地。政府派往各省以实施这条法令的一些代表，被地主和政府反对者殴打或杀害。农民互助规划，因有些人担心是集体农场的一个前奏，纷纷把大片土地划分成小块土地而停滞不前。

在地方一级，政令通常为革命的城市青年贯彻执行，他们对农村社会的现实和部落忠诚并不熟悉。更糟糕的是，没有足够的时间来设立必须的官僚机构，以代替传统的协商制度，来管理诸如灌溉设施的维护和水资源的分配等事务。结果，只有一小部分农民支持这个计划，农产品的产量也直线下滑。不到两年的时间，小麦减产 30%，而经济作物，如棉花的产量下滑 30%。

甚至扫盲运动也被证明是一场政治灾难。政府组织招募并向全国下令派遣了成千上万的志愿者，要在一年内教会全国居民读书写字。在此之前，教育部门规划让村民参与建设校舍，并利用当地的教师学习。而这些新来的志愿者教师大多都是喀布尔和其他城市的学生，他们经常被视为傲慢的人，并无法忍受村里长者的气指颐使，而这些村民被强迫坐在教室里，也极其不舒服。在混合的教室里，年轻男老师教成年妇女，这种强行的男女同校是对当地价值体系的又一次震撼。

由于一开始就疏远他们的新老师，这些前现代的成年文盲没有任何理由相信哪怕是自然科学和世界历史这样的实证课程，更不用说课文中随处可见的马克思主义标语了。由于要学习俄语，这门欧洲帝国主义异教徒的语言，让扫盲工程并不怎么受欢迎。

第七号政令（1978 年 10 月 17 日）主要涉及的是女性权利和婚姻，这是一次对现代欧洲原则的照搬应用，而没有考虑阿富汗传统的
142 社会结构，而这种社会结构恰好为女性提供了特有的脆弱保护。从理论上讲，限制“新娘价格”或嫁妆，是对女性尊严和平等的一次打击；而从现实意义上说，万一夫妻双方离婚，取消嫁妆是对女性经济安全的一种威胁。而且还破坏了女性的社会地位：在旧的制度体系里，即使一个贫穷的丈夫以高昂的代价“买”了他的妻子，这也体现出她对两个家庭的价值。鉴于女方家庭失去了一个重要的经济来源，男方

必须有所付出以弥补他们的部分损失。此外，高昂的嫁妆可以阻止所有的男子（除最富有的外）履行穆斯林可以娶四妻的权利。

相类似，新娘和新郎的自由选择破坏了家庭互为联盟的谨慎的制度，这种制度可以保护共有财产和社会和平，通常大多是通过与表亲联姻实现的。规定女孩 16 岁、男孩 18 岁这种新的最低结婚年龄，妨碍了一些父母预先确保他们的孩子和家庭未来的经济和社会状况。无
论如何，几乎没有哪个已订婚者欢迎给予他们这个新自由，而虔诚的 143
穆斯林和普什图传统主义者对此感到恐惧。

婚　　俗

绝大多数阿富汗年轻人在结婚之前没有男女约会。他们甚至常常没有相互见过面，结婚对象一般是由父母安排的。

在城市中，受过教育的阿富汗年轻人通常是自己选择对象，但在部落地区，婚姻仍作为加强两家族联系的一种纽带。一般情况下，男方家庭会向女方家庭提亲。如果完全不同意，未来配偶的每一方的任何异议必须在一开始就提出来。如果双方父母在原则上同意，两家庭的协商活动就开始。他们必须共同确定女孩嫁妆（达里语称 jahiz）数量的多少，商讨订婚（shirin-i-khori）和婚礼（arusi）的细节。

在双方家庭达成一致性意见之后，下一步就是“抓糖”（shirin-i-geriftan）。新娘家中的女性成员准备一盘糖果，赠送给母亲、阿姨，或新郎家中的其他女性成员。这次访问标志着双方婚姻关系正式确立。几天之后，新郎家的女性成员归还已经装满了钱的盘子。

然后，亲友们被邀请去“吃糖”（shirin-i-khori），即新娘家安排并支付费用。新郎家开始精心准备婚礼庆典，一般是在几个月之后举行，并连续庆祝三天。在婚礼上，双方的婚约，或称“尼卡哈–纳玛哈”（nikah-namah）在几个见证人的面前签署。

七、压迫和反抗

“人民派”紧接着发起了一场逮捕和处死潜在对手的运动，毫无疑问这是为了排除其改革计划的反对势力。这场运动最开始牵连到城市中的皇室成员、自由主义分子或“毛派”知识分子、对人民民主党派别有异议者、高级教士，以及苏菲教团的领袖，如肖尔·巴扎尔（Shor Bazaar），受人尊敬的哈兹拉特（Hazrat），他家有70名男性成员于1979年初被杀害。教授、商人，以及在扎希尔或达伍德手下任职的政府官员都立即被列入嫌疑，其中大多数不久也成为受害者。那些将才智借贷给政权的人被新手所取代，这些新手唯一的资格就是“人民派”的成员，很多有技术的人背井离乡。同时，宵禁和严格的出行限制也迫使许多联合国和其他国家的职员离境。

1978年镇压浪潮的初期，阿富汗精英阶层中有多达10万左右的人逃离家园，但他们的麻烦才刚刚开始。24年的逮捕和杀害活动（不仅是在敌对的共产主义派系之间），大量人员出逃国外，抵抗苏联入侵及内战，以及大部分喀布尔市的毁坏，最终使这个社会阶层减少至革命前数量的零头。

1975年达伍德逮捕的200名伊斯兰主义青年武装人员，在1979年6月，一夜之间都被处死。在乡村，类似的杀害活动几乎没有记录保留下来。1980年2月，苏联侵略者扶植的新共产主义政府宣称，一年间有数千人被处死，其中一半死于“人民派”发起的恐怖活动中，反共产主义的阿富汗人占了50 000－100 000人。

喀布尔郊外著名的普里·查尔希（Pul-e Charkhi）监狱，至今尚不完备并缺乏基本的卫生设施，成为酷刑拷打和执行死刑的中心。那些被逮捕或消失人员的家属日以继夜地在监狱墙外等待。执行恐怖活动的主要机构是阿富汗利益保护机构，它是自愿或被迫的情报人员网络的中枢机构。1979年中期，据国际特赦组织估计，自革命进行以来，大概有12 000人不经审判被监禁起来。

图 30 塔利班政权在普里·查尔希多角区树立的标牌，这里是臭名昭著的监狱附近的死刑场，并欢迎所有的穆斯林战斗者。此张照片拍摄于 1997 年。（布鲁斯·理查德森提供）

由于在各个省份农村地区自发掀起了反抗运动，特别是 1978 年秋 144
末农忙季节结束的时候，死亡人数又迅速攀升。装备精良的阿富汗人在部落长老的领导下，以沉重的伤亡袭击了政府哨所，并处死了所有他们能找到的武装人员。虽然政府控制了军队中的高层，但招募的 90 000新兵有一半左右临阵脱逃或倒戈加入到反叛活动中。当春季来临的时候，和此前发生的内外战事一样，战斗仍未平息下来。

随着抵抗活动的蔓延，一些地区从中央政府的控制中脱离，如哈扎拉贾特（Hazarajat）、巴达克尚（Badakhshan）和努里斯坦，其中后者在 1978 年起事，并于 1979 年 3 月宣告成立自由努里斯坦。随后几十年，这些少数民族地区一直保持着有效的自治，成为当前阿富汗统一的挑战之一。

1979 年 3 月，在赫拉特地区爆发了一次大规模暴动，与此同时，赫拉特的伊斯梅尔·汗（Ismail khan）率军变节叛乱，其他地方军队也随之分崩离析。随后，阿富汗政府从坎大哈和喀布尔调集部队，并派遣 IL-28 战斗机前往镇压暴动，致使成千上万的人被杀，其中包括
145 几百名杀害俄国顾问及其家属的凶手，他们的头颅被用矛挑起，在城市里游街示众。伊斯梅尔·汗出逃并成为穆斯林游击队（Mujahideen）的主要领导人之一。作为回应，阿明自己接管首相之职，并发起了更多的政府清洗运动。

1978—1992 年间阿富汗的秘密警察机构

阿富汗利益保护机构“Da Afghanistan De Gato De Satalo Adara”，AGSA 大约成立于 1978 年 7 月。在民主德国国家安全部（the East German State Security Department）间谍的帮助下，阿富汗利益保护机构建立起了一支强大的情报员网络，他们受鼓励向政府汇报当前敌人的家庭成员、朋友、同事、同学及其老师的情况。

1979 年 9 月，首相哈菲祖拉·阿明企图重振旗鼓，做最后的殊死挣扎，他把阿富汗利益保护机构改名为（“工人情报协会” Kargari Astekhabari Mussassah），或简称 KAM，并保证对它的控制。事实上，这个新命名的机构由阿明的侄子阿萨杜拉（Asadul-lah）领导，发挥着和以前一样的功能。

1979 年 9 月，苏联入侵之后，巴布拉克·卡尔迈勒用国家情报机构（Khedamati Ittlaati-e Dawlat，或简称 KHAD）替换了工人情报协会，这个新机构获得了苏联情报机构克格勃（苏联国家安全委员会，即 KGB）的培训。他的亲密同事纳吉布拉负责这个新成立的部门，并因其残酷而获得了“公牛纳吉布”的诨名。这个职位为纳吉布拉于 1986 年亲自掌权奠定了基础。在国家情报机构运作的 13 年间，拥有 30 000 名雇员以及约 100 000 名情报人员。1984 年，国际特赦组织报告称：在喀布尔和其他各处的国家情报机构中心，肉体和精神上的折磨已经被制度化。

1979 年 6 月在喀布尔，因劳工武装而闻名的哈扎拉工人发起了一场暴力示威游行，以反抗现政权。地下的反政府新闻公告（被称为“Shab-Namah”，意即“夜信”）在首都喀布尔随处可见。这次大规模示威游行于 6 月被血腥镇压。同年 8 月，一支武装力量夺取了巴拉·希萨尔城堡后也被镇压。

某些吉尔查伊人地区仍对“人民派”保持着忠诚，这是因为“人民派”领导人毕竟是阿富汗历史上第一位吉尔查伊人统治者，而在此之前他们对杜兰尼人卑躬屈膝。政府还在民族混合地区赢得了追随者，在那里有一些地位低下、无土地的群体从改革中受益，同时，政府还 146
在城市官僚机构的中下层当中受到欢迎。

八、国际反响

阿富汗的权力斗争很快便引起了国际力量的介入。1978 年末，部落领导人率领约 8 000 名阿富汗人进入巴基斯坦，而巴基斯坦被围攻的总统齐亚·哈克（Zia ul-Hhaq）很乐意接受他们的理由，并给予他们资金支持和鼓励。随后，8 个游击队训练营在西北边省建立起来。从那时候起，温和的以及更极端的伊斯兰主义者纷纷向巴基斯坦和其他国外根源寻求支持。

苏联此前很快就表示欢迎“四月革命”，并承认这个新政权。1978 年 5 月，阿明出访莫斯科，以兄弟般的共产主义领导人的身份受到欢迎。阿、苏两国签署了一份涉及 30 个新援助项目的协定，同年 6 147
月，苏联还提供了价值 2.5 亿美元的军事援助。

1978 年 12 月，阿明和塔拉基与苏联签署了一份新的《友好合作条约》（Treaty of Friendship and Cooperation）。除了阿富汗军队已有的数千名顾问外（他们中的一些人自己组成统一的编队），如果阿方要求，苏联还可以为其提供直接的军事援助。次年，苏联人遵守了他们的承诺，向阿富汗派送了几百辆额外的坦克和更多的其他装备，而且飞行员还开始驾驶战斗机参与打击叛乱的军事任务。阿明坚持把苏联军队置于阿富汗人控制之下的条款，并认为决定苏联军队撤退的权力只属

哈菲祖拉·阿明

哈菲祖拉·阿明于1921年生于喀布尔附近的帕格曼（Paghman），其父是一名二流的文职人员。他在喀布尔大学获得了数学和物理学学士学位之后，成为一名教师，并出任一所寄宿制高中男校的校长。1957年，他留学美国，并在享有声望的哥伦比亚大学师范学院攻读文学硕士学位。1962年，他再次回到美国，在哥伦比亚深造哲学博士学位，同时还在威斯康星州立大学学习过。显然，他是在美国学术圈和学生积极分子当中学到马克思主义的。

在美国，他还是阿富汗留学生联合会的领袖人物，因其左翼观点于1965年被召回阿富汗，出任一所高中女校的老师，并很快成为人民民主党的奠基人之一。1969年，阿明是唯一一个赢得议会席位的“人民派”成员。

作为老师和校长，他辛勤工作以争取学生对其激进思想的支持，并最终在男生和女生当中赢得了很多追随者。其中他招募的很多农村普什图男孩都在军事学院继续他们的学业。在1973年穆罕默德·达伍德政变之后，人民民主党“人民派”指派他负责在以前的学生和军官当中招募新成员，在此期间，他以精力充沛和超强的组织能力在党内赢得了很多支持者。而正是这些人让人民民主党在1978年的“革命”中掌握了实际的权力。

于阿富汗方面，即属于他自己。这样，他显示出早先对俄国人的独立倾向，也预示着在一年后双方关系的最终破裂。

各种援助计划都必须伴有数以万计的苏联顾问的参与，从而使得他们中的大多数越来越多地参与到阿富汗政府和军队的运行当中。随着时间的推移，苏联领导人直接地意识到阿富汗会逐步土崩瓦解。

1979 年 4 月，苏联派遣瓦西里·萨夫龙丘克（Vasily Safronchuk）为新顾问，试图说服塔拉基把“旗帜派”成员和非共产主义者吸纳到政府里。但这个建议遭到了拒绝，据说是由于阿明的反对。3 月，阿明就已经从塔拉基的手里接管了首相的权力，而后者只不过是一个有名无实的人物。据流传最广的说法，塔拉基后来死于酒精中毒。基于意识形态、威望和权力政治，特别是此前反叛者开始从国外接受支持的形势，让苏联更加迫切地感受到必须做点什么，才能使革命充满活力。萨夫龙丘克成功地说服阿富汗领导人发起了一场公开拜访清真寺的活动，并于 1979 年 7 月暂时搁置土地改革的计划。

而美国一开始就对“四月革命”持谨慎的态度，吉米·卡特（Jimmy Carter）总统显然想对自己的选择留有余地，避免两国关系的破裂。阿明一方也努力使两国的双边关系没有瑕疵，这或许是为了从苏联那里保持些许的独立性。可以确定他确实与美国大使阿道夫·达布斯（Adolf Dubs）有过一次正式的会面。随后，在 1979 年 2 月，达布斯被现政权的左翼反对者绑架，对方要求政府从“人民派”监狱里释放其同志。美国方面要求阿富汗政府不要试图以武力营救达布斯，因为这样可能会使他没有存活的机会。而阿富汗政府对这个要求不予理睬，派遣了一支武装打击绑架者，最终达布斯在双方交火中被打死。

发动这次危险营救行动的决定普遍地被归咎于塔拉基和苏联顾问，148 而不是阿明自己。这最终导致了美国与阿富汗政府关系的进一步疏远，也切断了阿明曾经寻求美国方面支持的渠道。卡特总统削减了援助计划，并把外交使馆降低为临时代办，其他几个西方国家也纷纷效仿。夏季，美国向叛乱者运送了第一批武装，少量的旧英国造来福枪。与此同时，美国中央情报局开始与乱党发展关系。

如果说在苏联武力干预下签署的《友好合作条约》中暗含着威胁，即胁迫巴基斯坦不要资助阿富汗现政权的敌人，那么这是不可能做到的。1979 年 1 月，齐亚允许希克马蒂亚尔的伊斯兰党（Hezb-i-Islami）率领 5 000 名反叛者越界进入阿富汗库纳尔省（Konar），并袭击了省会城市，而当地的卫戍军队在前“人民派”成员阿卜杜勒·拉乌夫（Abdur Rauf）的领导下，平定了叛乱。同年4月，苏联的武装直升机被用来镇压加德兹（Gardez）和贾拉拉巴德（Jalalabad）地区巴基斯坦支持的叛乱活动。在这次行动中，阿富汗军队整装待发，并在克拉拉镇（Kerala）报复性屠杀了一千多平民（Ewans 2002，195）。作为对反抗者的威慑，这件事还被拍成照片，但这些受害者，据说是由于拒绝吟唱革命口号而被射杀，很快获得为反抗事业而牺牲的殉教者的身份。

至晚在1973年中期前，也就是达伍德发动政变之前，阿富汗几乎是一个以农村为主导、高度传统的国家。近一个世纪以来，伴随着一些较小的干扰，阿富汗迎来了国内政治相对稳定、国际社会相对和平的局面。1978年末至今，阿富汗所有的社会、经济和政府关系几乎都被颠倒，和平与法律的基础受到侵蚀。为22年来残酷的、极具破坏力的、无止境的战争创造了条件。

第七章　苏联占领下的阿富汗（1979－1989）

沙俄的帝国主义者曾经在很长一段时间内梦想把南部边界延伸到兴都库什山，不然的话就扩张至阿拉伯海，但至19世纪末，他们已经把抱负转向中亚地区，并接受独立的阿富汗为一个缓冲国家。他们的继承者苏联延续了这个现实的政策。 149

俄国和苏联曾为控制生活在其统治区的数百万穆斯林而受到极大的困扰，因而没有吞并阿富汗。此外，至20世纪70年代，苏联已经在盟国实现了印度洋暖水海港的长期梦想，如索马里和亚丁湾，从而替代英国成为南亚次大陆最有影响力的帝国。因此他们不需要把阿富汗作为其实现这些目标的途经。从列宁到勃列日涅夫，苏联领导人仅满足于和杜兰尼王室，如阿曼努拉国王和达伍德总统，培植相互间的利益需求。

1978年“四月革命”之后，这个选择就烟消云散了。苏联只好扶持人民民主党领导人以代替杜兰尼王室，但阿富汗领导人的灾难性错误不仅威胁到了本国，而且还威胁到了整个地区的稳定。因为可能替代人民民主党统治的潜在力量将不再是达伍德这样友好的邻国当权者，而是一个怀有敌意的伊斯兰国家。此外，一旦共产主义的统治得到确立，如果反革命得以成功，那对世界范围内的革命事业将是一次沉重的打击。

除了这些方面的考虑，苏联在所有选择当中考虑面对这些危险也绝非凑巧之事。结果是，他们最终下决心复兴沙皇俄国在一个世纪之前的实践，即派遣军队入侵，并设置一个忠实的地方长官。他们于1979 年 12 月作出了这个历史性的决定。

一、权力之争

150 在 1979 年中期阿明拒绝接受苏联的指导之后，苏联方面开始物色可以替换他的人选。可能在此之前的春季，依然存活的“旗帜派”成员上演了一场接管权力的阴谋，同时根据记载，这件事在夏季触动了美国大使馆。苏联曾试图就建立非共产主义政府与埃特马迪（Etemadi）兄弟谈判，他们曾在扎希尔手下担任首相之职。但苏联最终把“宝”压在了塔拉基的身上，这个被阿明设法抛在一边的“伟大领袖”。

1979 年整整一年，这两个阿富汗领导人都受困于一场政治冲突，即争夺内阁和军队中的要职。7 月 28 日，阿明成功地在政治局召集了一次“集体领导”会议，这对塔拉基来说是一次打击，尽管塔拉基支持者的中坚力量仍然存在，但阿明开始在最重要的职位上安插忠于自己的人和亲戚。

9 月 2 日，塔拉基在参加哈瓦那不结盟国家首脑会议归国的途中，在莫斯科作了逗留，并与勃列日涅夫会面，或者还与卡尔迈勒见了面。塔拉基在回家的途中返回莫斯科，可能是由于喀布尔的支持者发出警告：阿明准备谋杀他。而惊慌失措的苏联显然同意对阿明进行一次先发制人的袭击。作为回报，塔拉基答应接纳非“人民派”和非共产主义力量以扩大政权的基础。当塔拉基的支持者阿萨杜拉·萨尔瓦里（Asadullah Sarwari）领导的谋杀阿明的尝试失败之后，这些计划都成为问题之一。这次行动唯一成功的地方就是让这个独裁者（阿明）更加地警觉和偏执。萨尔瓦里是最血腥和最声名狼藉的“人民派”领导人，他一度还是阿明的支持者之一。

9月14日，塔拉基召唤阿明来自己的办公室。长期担任苏联大使的亚历山大·普扎诺夫（Alexander Puzanov）也力劝这个多疑的领导人前往。阿明便带着武装警卫队前往，其中包括他的高级侍从武官赛义德·达伍德·塔伦（Syed Daoud Tarun）。在紧接着的枪战中，塔伦被杀。随后阿明以更大的火力回应，逮捕了塔拉基，而包括萨尔瓦里在内的其他支持者窜逃至苏联大使馆，并由此被偷带到苏联。9月16日，阿明接管了他前任同僚的总统和党内领导的职位，并宣布这位阿富汗领导人因身体欠佳而辞职。根据9月23日的公告，塔拉基的病情进一步恶化，这个通告为塔拉基10月9日的死做好了铺垫。大多数观察家认为，他是在那一天被谋杀的，是被安全部门的人窒息而死的，尽管有一些人认为塔拉基早已在9月14日的火拼中死去。

阿明试图让普扎诺夫撤回莫斯科，但倘若那样会没好日子过。阿明还担心，最好的结局可能是苏联撤离其军事顾问，让他自生 151
自灭；或出现最糟糕的状况是继续图谋杀死他。因此他打算背水一战，这位“人民派”领导人在其最后的3个月里垂死挣扎以获取广泛的支持。他把一些穆斯林教士纳入新的宪法委员会，并强行控制这些毛拉，从而可以号召打击叛乱的圣战。他还谴责了阿富汗利益保护机构的极端暴行（在此他略述了一些细节），但把责任全归咎于塔拉基。他重新命名了这个机构，并着重强调以合法性代替其已故对手的“个人崇拜”。特别革命法庭还下令释放了一些政治犯。12月初，阿明建立了一个旨在保护革命成果的各政党联合的国家组织。

前线战事进展得不是很顺利。部落领导人拒绝了阿明寻求支持的请求，10月，一支阿苏联合军队进攻帕克蒂亚地区，但付出沉重的代价，也没有能驱逐叛乱分子。至此之后，有二十多万阿富汗人逃往巴基斯坦，在此他们公然地为反抗运动接受训练。阿明屡次寻求与巴基斯坦总统齐亚·哈克召开首脑会议，后者最终同意在12月会面——这个时间太晚以至于没有给阿明带来丝毫益处。在喀布尔，暗杀行动使领导层岌岌可危，而且在10月还动用武力镇压了一次军队的哗变。同

152 时，士兵开小差也削弱了政府军 1/3 的力量。此时，军队由依附于人民民主党的上校和少校领导，政变之后这些人几乎替换了所有有战斗经验的将军。

图 31　达鲁尔·阿曼宫殿，1922 年阿曼努拉建于喀布尔郊外，是由一位法国建筑师根据 18 世纪欧洲宫殿风格设计的。当 1979 年 12 月 27 日苏联入侵阿富汗时，哈菲祖拉·阿明被杀死在这个宫殿里。（布鲁斯·理查德森提供）

12 月，至少有两次企图暗杀阿明的行动发生，其中一次他明显负伤。据传说，苏联也曾试图通过阿明的厨师给这位总统服用镇静剂并实施绑架，从而迫使他辞职或与卡尔迈勒组建联盟。阿明和小分队武装撤退到喀布尔郊外国王阿曼努拉所建的达鲁尔·阿曼宫殿。

二、苏联国内的争论

1979 年春季起，苏联开始承认直接对阿富汗进行干涉的可能性。当他们正在研究复杂的军事和政治的牵涉时，阿富汗的局势进一步恶化，争论的天平则明显向主战一方倾斜。

苏联统治者从来没有认真考虑过回避这个问题。1979 年 2 月，主要的思想家米恰尔·苏斯洛夫（Michael Suslov）曾说过，阿富汗是刚刚从前殖民国家崛起的“东方社会主义国家”之一，进一步证实社会主义是全世界不可避免的历史潮流。随后苏联媒体和国际舆论都继续着这个主题。3月，苏联外交部长安德烈·葛罗米柯（Andrei Gromyko）告诫政治局，“在任何情况下，我们都不能失去阿富汗”。根据紧接入侵捷克斯洛伐克之后10年明确提出的“勃列日涅夫主义”，任何社会主义国家都有权利用武力干涉社会主义事业受阻的任何地方。

此外，苏联开始担心一旦阿富汗被“丢失”，和年初他们的代理人——伊朗国王倒台一样，美国会设法把阿富汗变成其新的地区基地。2月杀死美国大使达布斯之前，阿明（身为外交部长）与其建立了亲密的关系，他们在一个月里会面两次。苏联国家安全委员会主席尤里·安德罗波夫（Yuri Andropov）甚至怀疑曾在美国留学的阿明是一名中央情报局的间谍，这种指控曾在苏联资助的地下通讯中被广泛散布。秋季，这位阿富汗领导人试图把触角伸向巴基斯坦，而美国则被视为这次推进的批准者。

1978年，一些苏联人认为美国中央情报局插手了在阿富汗各地爆发的起义。而阿富汗人认为这种部落叛乱在历史上经常发生，不需要外界力量的煽动，然而一旦叛乱分子沉溺于战场，他们事实上就会得 153
到来自巴基斯坦和沙特阿拉伯这两个美国盟国的支持（至今是最低限度的），以及一些直接来自美国的小规模援助。当苏联入侵阿富汗之后，勃列日涅夫告诉普拉夫达（Pravda），真正的威胁是阿富汗成为“我们国家南部边界上的帝国主义的军事桥头堡”。鉴于美国与中国关系的不断增进，俄国的死对头，未来南部的另一个敌人（与中国接壤）足以让人胆怯。

然而苏联领导人认为，美国会设法通过间谍、外交和当地的叛乱来赢得阿富汗，他们确信美国不会武力抵抗苏联的全面侵略。因为美国在越南的战败才过去几年，军队的士气和实力都处于低谷——吉米·卡特总统甚至向全世界广播说美国“身体不适”。1979年11月，伊朗德黑兰的武装学生绑架美国外交官为人质，这个偶然的事件不经意间转移了美国的注意力，从而使其不能动苏联一根毫毛。

苏联统治者还考虑到，阿富汗伊斯兰主义者的胜利将会对其直接统治区内上千万的穆斯林产生影响。而后者已经准备以阿亚图拉·霍梅尼（Ayatollah Khomeini）建立的新伊朗伊斯兰政权为奋斗目标，所以一个激进的穆斯林阿富汗国会成为一个更大的威胁，加之20世纪初苏联的宗教和民族迫害，使得大量的塔吉克、乌兹别克和吉尔吉斯人进入阿富汗，他们中的大多数有着跨界亲属和宗族。

尽管有了以上考虑，3月17—19日，苏联政治局决定不在那个时候进行侵略。在这次会议上，安德罗波夫认为，阿富汗前现代的社会不具备形成真正社会主义的条件，可以通过“我们的刺刀”实施影响，但这不符合苏联更为广阔的利益。苏联领导人在塔拉基访问莫斯科的那个月份转达了他们的决定，当塔拉基寻求更大的军事援助时，他们只是鼓励他设法取代阿明。在5月的另一次政治局会议上，苏联领导人重复了他们的决定，这次会议可能还拒绝了塔拉基和阿明提出的直升机编队、伞兵部队和两个应急分队的要求。然而至7月，他们同意派遣一支伪装的伞兵部队和克格勃特工以保护苏联驻阿富汗大使馆，同时增派特遣部队以确保贝格拉姆空军基地的安全。

尽管有了苏联的援助和建议，但阿富汗的武装力量不断衰弱，9月塔拉基被杀害，随后阿明企图将触角延伸到巴基斯坦，而美国迅速地作出重新估计。克格勃驻喀布尔的首席代表亚历山大·莫罗佐夫
154 （Alexander Morozov）开始建议侵略阿富汗，10月29日，苏联政治局阿富汗问题特别委员会赞同这个建议。勃列日涅夫也表示同意，12月12日，他下达了进军指令。

苏联共产党中央委员会在同一个月的内部公告里随后解释说，武力干涉是为了支持巴布拉克·卡尔迈勒实现“拯救祖国和革命”的目标。报告称，苏联派遣军队是对早先阿富汗提出“额外军事援助”要求的回应，这也是“按照1978年阿苏协定的条款”。

三、侵略

1979 年 4 月，苏联武装部队中央政治部（GLAVPUR）的阿列克谢·叶皮谢夫（Aleksey Yepishev）将军访问阿富汗，其首要使命是评估阿富汗军队的士气和作战能力，据说他带回了一个带有悲观色彩的报告。观察家注意到叶皮谢夫在 1968 年华沙条约组织侵略捷克斯洛伐克之前也执行过类似的调查任务。与捷克的经历进一步地类似，曾经策划并指导过 1968 年侵略的伊万·帕夫洛夫斯基（Ivan G. Pavlovsky）将军携大量专家于 8 月抵达喀布尔。他们在阿富汗各地秘密地旅行了两个月，大概侦查出了侵略路线。

早在年初，预备役军人就被派到苏联控制的中亚地区集结待命，有两个师的兵力已经向阿富汗边界逼近。而这些最初的准备工作并不一定是侵略的信号，它们也可以被理解为向阿明施加压力，或者是支持由其国内对手或流放者如卡尔迈勒策划的政变。但至 11 月事态变得越来越明晰：造桥装备被带往阿姆河边界；马尔沙·谢尔盖·索克洛夫（Marshal Sergei L. Sokolov）在阿姆河的铁尔梅兹（Termez）设置了司令部；欧洲的华沙条约国的军队也准备就绪。

11 月 28 日，排解这次危机的最后一次努力失败。内务部第一副部长维克托·帕普京（Viktor S. Paputin）将军抵达喀布尔，试图说服阿明辞职以支持卡尔迈勒，这个目标失败之后，他可能布置了随后的一次暗杀袭击。12 月 17 日，秘密警察部门长官阿萨杜拉·阿明在一次这样的暗杀袭击中身负重伤（或中毒），随后苏联以在莫斯科有过短暂流亡的萨尔瓦里替换了他。

从 11 月末起，苏联军队开始向阿富汗挺进。一支由 2 500 人组成的重装备空降师逐渐从塔吉克苏维埃社会主义共和国飞往贝格拉姆空
军基地，同时，苏联步兵和武装部队向喀布尔机场挺进。12 月 20 日， 155
为了保护喀布尔与阿姆河边界间重要的领土，另一支武装部队占领了萨朗隧道。

虽然阿富汗武装部队几乎都由共产主义者领导，但军队中的苏联

顾问利用各种骗术以蒙蔽那些“兄弟般的”阿富汗军官，从而达到阻止他们抵抗的目的。弹药、大炮和燃料都以检查和置换为借口，从武器装备上被取下来，苏联军队的行动还被描述成军事演习。12 月 24 日，苏联通讯部长尼古拉·弗拉迪米罗维奇·塔雷津（Nikolai Vladimirovich Talyzin）以阿富汗政府官方客人的身份被邀请到喀布尔，他继续为中断喀布尔和其他省会城市的通讯做着准备。

这些精心的准备确保了侵略行动顺利且没有伤亡地进行。12 月 25 日，4 个摩托化师横穿土库曼斯坦和乌兹别克斯坦，随后沿着两条主干道向南挺进。其中一支纵队于第二天到达喀布尔，“钳形攻势”的臂腕很快在坎大哈收拢。与此同时，空军部队分别在赫拉特、坎大哈和贾拉拉巴德附近着陆。至 27 日，阿富汗境内已有 50 000 名苏联士兵，其中喀布尔就有 5 000 名，并且他们已进入重要设施附近的位置。其中一些军队还携带着肩扛式的防空导弹，显然是为了应对阿富汗空军的袭击。

27 日，苏联军队瘫痪了喀布尔电话设施，并夺取了广播电台站。另一支军队包围了阿明躲藏的达鲁尔·阿曼宫，并特派用阿富汗制服装扮起来的间谍混入这座建筑。在近战中，一些高级别的俄国人被打死，其中包括帕普京将军（尽管有人说他是在早些时候因未完成使命而自杀），阿明本人也被打死。因而，阿明在阿富汗民族主义者的眼里挽回了一点自己的名声。而在战斗中活下来的那 1 800 名阿富汗警卫，虽然其中有几个试图逃跑，据说都被杀人灭口了。

四、新政权

12 月 27 日下午 8 点 45 分，卡尔迈勒在喀布尔的广播里宣称，他通过废除这个“无赖”，完全终结了“哈菲祖拉·阿明这个过度暴力和痛苦的血腥机器”。事实上，这次讲话是从苏联边界的铁尔梅兹转播过来的。

巴布拉克·卡尔迈勒

巴布拉克·卡尔迈勒于1929年出生于阿富汗社会的最高阶层，这与其人民民主党同僚努尔·穆罕默德·塔拉基形成鲜明的对比，这个事实也可能是他们相互激烈敌对的部分原因。卡尔迈勒的父亲，穆罕默德·侯赛因·汗将军是帕克蒂亚省的长官。

卡尔迈勒家族与阿富汗皇室及商界精英有着密切的关系，这就是为什么“旗帜派”领导人后来成功地赢得了穆罕默德·达伍德的信任。他们还与卡尔迈勒的政治立场相一致，即总是赞成与非马克思主义政党及其他社会分子联合。与塔拉基的内敛相比，卡尔迈勒善于与人交往和自信的个性，为他赢得了很多来自中产阶层和城市知识分子的追随者。

1951年，卡尔迈勒以学生领袖和觉醒青年运动积极分子的身份初露锋芒。在3年监狱服刑期间，他与那些积极分子接触，显然成为一名受苏联支配的共产主义者。也正是在此期间，他为自己起了普什图语名字巴布拉克·卡尔迈勒（巴布拉克，意为“小老虎”；卡尔迈勒，意为“工人之友”）。1956年被释放之后，他开始在军队服役并获得法律学位，与此同时，他在扎希尔和达伍德政府能容忍的程度内继续着他的政治活动。1965年，卡尔迈勒所领导的一个马克思主义学习小组并入新的人民民主党。同年，卡尔迈勒被选举参加支尔格会议，他组织的学生示威游行使会议开幕式被迫中断（这使国王扎希尔确信应该延缓进一步的自由化）。在随后的几年里，他是国家议院里主要的演说者。

卡尔迈勒的民族成分有时候可能会引起争议。他的父系家族曾从克什米尔地区迁往喀布尔附近的一个塔吉克村庄，因此通常被认为是塔吉克人；而他的母亲是一名吉尔查伊普什图人，这是他在各种时间和场合对外宣称的身份，尽管据说他操的是达里语。在人民民主党内，他领导的“旗帜派”吸纳的塔吉克和其他非普什图族成员要比努尔·穆罕默德·塔拉基和哈菲祖拉·阿明所领导的“人民派”多得多。复杂的都市人或薄弱的民族背景也使他的圈子更受欢迎。自1980年成为总统后，他面对来自敌对的个人及政权的流言蜚语，说他事实上是一个克什米尔印度人，他的印度特征的容貌也进一步肯定了这个猜测。

156 卡尔迈勒以《古兰经》中的祷文作为其掌权的开始，并暗示权
力的接管属于阿富汗内部事务，是对“四月革命”的一次继续。他
157 号召人民中的各个阶层来参加“民族民主政府”。他解释说，社会主义的到来应有个过程，但只有在社会经历逐步的改革之后才能实现。卡尔迈勒发布了一次特赦令，承诺释放关押在普里·查尔希监狱的犯人；而且还邀请难民回国，归还他们的财产。他还通知说，一个新的临时宪法已经准备充分，通过设置一个伊斯兰事务部给予伊斯兰教高贵的地位（后来他设法通过这个部门控制教士、清真寺和慈善资金）。

进一步的广播，这次是从喀布尔电台播送的，称卡尔迈勒为总统、首相及人民民主党总书记，而阿明则以反人民罪被“处死”。28日的早晨，广播宣称，新政府为了应对“外国敌人”的挑衅行为，曾在1978年与苏联签署友好条约，并向其寻求帮助，其中就包括军事援助。而卡尔迈勒本人于1980年1月1日才出现在阿富汗。

从那时候起，大多数阿富汗人认为卡尔迈勒已成为苏联的傀儡。的确，一旦苏联决定侵略，并设置一个新政权，他们就别无选择。12月27日，塔雷津邀请阿富汗主要的权贵参加喀布尔洲际宾馆的招待会，庆祝结束后，这些人全部被逮捕。

由于控制了军队中的所有职位，苏联领导人很快就粉碎了阿富汗人曾经长期斗争并最终在1919年赢得的独立。60年之后，阿富汗的国际关系再一次落入外国人之手。1月4日在莫斯科，苏联外交部长

葛罗米柯对新任的阿富汗外交部长沙·穆罕默德·多斯特（Shah Muhammad Dost）说明了新政府的外交政策路线的大方向。

在国内事务方面，安德罗波夫在2月初就访问了喀布尔，就他期望阿富汗领导人实施的计划做了概述。其中包括统一人民民主党内的“人民派”和“旗帜派”，努力改善与部落和宗教领袖的关系，恢复正常的经济秩序，提升军队的战斗力。2月7日，安德罗波夫回国向政治局述职，在政治局会议上还讨论了苏联撤军的问题，一位乐观主义者希望将在一年或一年半之后撤军。

五、国内反抗

苏联的入侵刺激了早在“四月革命”后就涌现出来的叛乱，使之成为一个真正的有广泛基础的民族抵抗运动。同时，也使对美国、巴基斯坦及其他穆斯林国家加大对穆斯林游击队军事援助的限制不复存在了。

苏联侵略军的迅速成功，确保了各城市和主要的城际道路的安全， 158
但这是一个具有欺骗性的成就。在1939年第一次英阿战争的开始阶段，英国军队也曾记录下同样迅速的成功，但面对难以忍受的、折磨人的抵抗运动，只是在3年以后就不得不面对最终的失败。由于有先进的现代交通和通讯手段的应用，苏联人能够把这个进程拖延至9年，而且和他们的阿富汗敌人同样付出了惨重的代价，但最终的结局都是一样的。

六、国际社会的反应

苏联入侵阿富汗的消息震惊了世界，大多数国家领导人对此都感到震惊。美国总统吉米·卡特号召攻击这种“对世界和平的极端威胁”及“违反联合国宪章的行为。”他称勃列日涅夫在他们私人通话中的解释“完全不充分且让人费解”。

卡特还警告苏联要为其侵略行为“付出代价”。然而，他所实施的对策给美国带来的伤害要比给苏联造成的伤害还要多，而且此时的美国人正专心于伊朗人质危机，因此美国人对此表现出了冷漠。政府部门搁置了《（限制战略武器谈判 SALT）2 号导弹协议》，尽管此前参议院对批准这项法案犹豫再三。更为重要的是，美国政府还把向苏联运输粮食的合同由 2 500 万吨削减到了 800 万吨，从而引起了美国农民对巨大收入损失的抗议，与此同时阿根廷和其他国家以低廉的价格弥补了苏联粮食进口的缺口。

同样，苏联通过向欧洲和其他国家大量购买货物，能绕开美国禁止向其销售高科技产品的限令。禁止苏联在美国水域捕鱼，可能产生了一些小小的影响。但美国于 1980 年牵头抵制莫斯科奥运会（有 45 个国家缺席），只是让苏联有机会夺得最多的奖牌，这与苏联在 1976 年抵制智利奥运会的结果相类似，历史再一次重演。最后，美国延期在纽约开放一个新领事馆，对基辅方面是一次沉重的打击。

经过快速分析之后，卡特政府公开接受了这样一个战略理论，即认为苏联侵略阿富汗只是其为以后向暖洋和波斯湾石油区挺进而迈出的一步。因此，美国总统宣布了新的“卡特主义”，即美国将以武力
159 回应对波斯湾的袭击，他开始建立一支“快速反应部队”以便派往波斯湾。其实苏联一旦陷入阿富汗的泥潭，其武装力量很难再向前逼近。然而，正是由于这样的担心影响了美国对苏联的政策达 10 年之久，结果是，美国的这种高压政策可能加速了苏联在 1989 年的解体。

而苏联以良好的状态应对了这种形势。1 月 14 日在联合国，苏联人利用他们的否决权处理了安理会紧急的不结盟决议，但却不能阻止在联大的惨败。联大以 104 票赞成、18 票反对、18 票弃权的结果通过了“外国军队”完全从阿富汗撤出的决议，其中印度作为个别标榜不结盟的国家之一，投了弃权票。这样的投票年复一年地进行着，至 1987 年，票数差额更是一边倒：123 票赞成对 19 票反对、11 票弃权。在此之前的 1980 年，不结盟运动组织和伊斯兰会议组织也通过了类似的决议。

几十年以来，尽管苏联以“铁拳”统治着帝国内广大亚洲地区，但他逃脱了新兴的独立亚非拉国家的指责。随着时间的流逝，苏联可

能会因各种原因最终失去这种“特权地位”，但其对阿富汗的侵略使这个“特权地位”一夜消失。

终于，有很多国家，其中包括苏联的前盟友和支持者，都加入到阿富汗的反苏战线中。美国国家安全顾问兹比格涅夫·布热津斯基（Zbigniew Brzezinski）随后肯定地说，美国中央情报局早在1979年就开始为反抗者提供帮助，但在苏联入侵阿富汗之后，他建议实施一个
更广泛的计划，鼓励穆斯林国家加大舆论宣传，并进行暗中援助。最 160
终，美国从其他几个国家，如埃及、沙特阿拉伯和印度手里获得苏联武器（这和阿富汗的方式类似）。

图32　1986年在沙格海（Shaghai）营地，穆斯林游击队使用苏联重机枪进行射击训练。

欧共体也作出回应，开始召集和平会谈以解决阿富汗内部的冲突，同时为阿富汗的中立提供保证。除此之外，大多数欧洲政府认为美国有点夸大其词，而且阿富汗的战略位置相对不怎么重要，在那里也没有任何人可以搞出什么事情来，这些都是众所周知的事实。欧洲方面还假想苏联将会在春季的进攻中，彻底消灭抵抗活动。

七、新政权的影响

随着塔拉基和阿明的去世，苏联全力支持的卡尔迈勒才有机会实施自人民民主党成立之初就提出的联合阵线道路。

或许，如果阿富汗共产主义革命从一开始就向非共产主义者扩展，那么1978年4月实施的激进措施不仅可以避免，且卡尔迈勒的策略也许能为维护政权控制力赢得时间。然而，直至1980年1月在苏联军队

的帮助下，他才走马上任，而此时大多数阿富汗人已经坚定地站在了反对者的阵营。当阿富汗的各个城市都被无神论的国外强权军队占领时，呼吁民众以伊斯兰教和民族统一为基础听起来是那么的不合时宜。

卡尔迈勒通过一些措施努力扩大政权的统治基础：释放囚犯，吸纳非人民民主党人物进入政府，创建一个“民族祖国阵线”（National Fatherland Front）以动员人民中的非共产主义者，放缓不受欢迎的改革，实施大规模的再教育工程，从口头上和经济上对伊斯兰教让步，照顾少数民族。还有象征性的措施，如谴责阿明政权的暴力行为，恢复“三色”国旗。

1. 特赦

1980 年 1 月 8 日，新政权宣布了一次普遍的特赦。很快就有 8 000 名囚犯被释放，但反对者声称：真实的数字大概只有 3 000 至 4 000 人，其中大部分是“旗帜派”成员。其他成千上万的人继续被关押着，而且这个队伍还在不断壮大。1 月 11 日，当只有 120 名囚犯被放出来时，聚集在普里·查尔希监狱外的犯人家属冲进监狱，几乎没有
161 人看见他们的亲戚活着出来。作为特赦的一部分，卡尔迈勒承诺归还回国的流亡者的财产，或将之交付给他们的近亲。而实际上，在苏联统治时期，阿富汗人向巴基斯坦和伊朗迁徙的速度在急剧增加。

2. 民族统一

卡尔迈勒的第一届“民族联合”政府里有 3 名非人民民主党部长（总共有 28 位部长）及一些“人民派”成员，但“旗帜派”对政府的控制是压倒性的。一个由 7 人组成的政治局也被正式宣布，其中有卡尔迈勒及其情妇阿娜希塔·拉特布扎德（Anahita Ratebzad），还有 3 名“旗帜派”成员和残忍的萨尔瓦里，外加一名“人民派”成员。至 5 月，非人民民主党成员大约占有 200 个政府最重要职位的 40%。

实际上，除了最高领导层之外，政府官员和部队官员的政治派别成为完全无关紧要的事情，但苏联顾问被安插进外交部、秘密警察、武装部队和大多数的部门。随着战事的逐步升级和经济生活的崩溃，

那些仍被政府控制的地区（几乎都是城市）开始依赖于苏联，最具代表性的是，甚至连食物和燃料这样最基本的需求都无法自给。

1981 年 1 月 2 日，卡尔迈勒宣布组建“民族祖国阵线”，并于同年 6 月 15 日，举办创立代表大会。该组织大约有 15 个分支机构，据称有几十万会员。该阵线包括与苏联相类似的一整套民众组织——工会会员（据称最终有 20 万会员）、25 000 人的青年团、少年先锋队(85 000 男孩和女孩)，以及女性、教士、部落长老、部落支尔格、大学生、农民和其他一系列民众组织。“民族祖国阵线”及其多数分支机构都没有达到预期的激进程度。

3. 撤销改革措施

苏联曾一直对阿富汗的激进改革持怀疑态度。卡尔迈勒自己对此更愿意表现出必要的接受。早在 1980 年，政府就宣布对愿意维持和平的部落的习俗和传统采取不干涉政策，特别是巴基斯坦边界附近的敏感区域。历史上为部落及其首领提供津贴的制度也得到了恢复。

1981 年夏季，卡尔迈勒宣布废除土地改革政策。军官、支持政府的部落长老以及机械化大农场主的财产不再被没收充公。那些自愿把 162
儿子送到军队服役的农民会优先予以重新划分土地。这个政策在政府控制下的一些农村地区受到了欢迎。

4. 教育

在侵略战争的几个月内，苏联以武力终结了前政权。人民民主党几乎已经完全失去了公众的支持，也缺乏资源和技术手段以在近期内寻求更多的支持。这也是俄国共产主义者面临的老问题，于是他们开始用传统方法解决这个问题——即用苏联式的信仰和价值观对阿富汗年轻的一代进行再教育。

他们为 10 岁儿童设立了少年先锋队，截至 1982 年已经招收了 40 000名儿童，他们被训练成班级和家庭中的间谍。鼓励 15 岁的少年参加“民主青年组织”（Democratic Youth Organization）的基层单位，他们被分配从事监督、守卫和宣传工作。并从中选拔一些青年人加入到人民民主党。1987 年，纳吉布拉宣称，有 30% 的青年人是民主青年组织或人民民主党的成员。

很多战争遗孤与从乡村抓来的儿童一起，被安置在由国家情报机构管理的“祖国训练中心”（Fatherland Training Centers ），他们中的一些被派去渗透进反抗组织。数千名学生被送往苏联学习，仅 1984 年一年，就包括大约 4 000 名年龄稍大的学生，以及 2 000 名 7－10 岁的学生。

学校各个年级的课程都被重写，学生被要求参与政治课，学习俄语。大学招生数量减少到仅是侵略前的 15 000 人的 1/3，清除了各院系的非马克思主义指导员，并以政治活跃分子而非有学术资格的人替换他们。

媒体也由苏联产品和苏联顾问控制着。电影屏幕上经常谴责阿富汗的过去，并展现出一个理想化的苏联。

八、伊斯兰教服务于政府

卡尔迈勒身为领导人在其最早的声明中，就大量地利用宗教语词，他甚至还宣称苏联的武力干预是“真主的意志”。1980 年 4 月起，穆斯林传统的祈祷词“奉普慈特慈的真主之名”在缺失近一年之后，再一次出现在政府文件的开头。宪法条款也正式承认了伊斯兰教的崇高地位。

163 阿富汗政府在努力营造一个苏联风格的官方伊斯兰教，从而使宗教功德服务于政府。在阿富汗历史上第一次，伊斯兰事务局在中央政府的资助下建立起来，其目的明显是为了选派和控制教士。该事务局随后被改为事务部，控制了所有清真寺义捐和私有财产，并负责发布宗教法令。还划拨资金以翻修全国 500 多座清真寺，修建新清真寺，其中仅喀布尔一处就修建了 34 座。宗教教士成为政府雇员，并被鼓励参加宗教学者和教士委员会——民族祖国阵线的重要组成部分。

新政权还利用经济刺激手段，最终包括为毛拉和乌理玛①提供特殊补贴和定额优惠券。甚至还资助每年去麦加朝觐的人，在经济条件恶化的情况下，为清真寺供应柴火。卡尔迈勒在1985年的演说中称，政府已经分发了数千本《古兰经》。

政府还经常组织教士会议以交流其见解，但只有做大量的工作才能把现有的教士拉拢过来。毕竟，不能期待曾经谴责塔拉基相对温和的改革违背了神圣传统的毛拉们会相信苏联的傀儡——这是他们对政府的看法，即使政府披上了伊斯兰教的外衣。而且，阿富汗的宗教权威和政治权威一样纷繁复杂，因此反抗中央任何形式之统治的行为也就多了起来。除了个别声称自己是先知穆罕默德后裔的显赫宗教世袭者，绝大多数教士只拥有当地的追随者。由于前者曾被“人民派”残忍地处死，因而活下来的人也难消仇恨地与现政权为敌。与之形成鲜明对比的是，从中亚到阿富汗北部的广大地区，有势力的“汗王”曾长期供养着强大的教士阶层，苏联只需唆使一些“红色毛拉”便可以获取公众一定程度的允诺。

相反，卡尔迈勒政权及其苏联顾问只关注于培养新一代的屈从的教士。一个更加“平静的”伊斯兰教在宗教学校教授着，宗教研究也被安排在了普通学校和喀布尔大学神学院。对于一般的公众来说，苏联时期阿拉伯语——这门穆斯林经典和祈祷用的语言——的学习大大衰减。

尽管有了卡尔迈勒所有的努力，但穆斯林反抗强权的品质只会被扩大化。在苏联入侵的几个月内，一个被称为“安拉胡艾克拜尔”（意即“真主是最伟大的”）的民族运动对国内的抵抗组织做了协调，还散布了秘密文件，唆使宗教团体高喊反政府的口号。1980年2月， 164
喀布尔市出现成千上万的抗议者，其他城市的穆斯林每晚都爬上他们

① 乌理玛，穆斯林国家有名望的神学家和宗教学者的统称。

的屋顶高喊唤礼辞[1]，扰乱政府的宵禁。据观察者估计，大部分城市居民都参加了这次行动。

九、民族政策

1978 年 5 月“四月革命”第四号政令曾声明乌兹别克、土库曼、俾路支及努里斯坦族的民族语言与普什图语和达里语处于平等地位。这个法令唯一的实际意义就是使少数民族文化在媒体上第一次被大量曝光。

在卡尔迈勒及其主要以非普什图人组成的“旗帜派”统治时，根据苏联几十年来实施斯大林民族政策的经验，阿富汗的民族政策进一步展开。北部地区的省立学校开始用各自的民族语言代替了先前所有阿富汗学校的教学用语——达里语。相应的，苏联民族共和国发行的书刊杂志也开始在阿富汗散布，两国政府舆论也高度强调疆界两边民族的共性。

在苏联统治下的中亚地区，政府很大程度上基于苏联领土内易于控制的民族认同成功地替换了危险的泛伊斯兰认同。而在阿富汗，新出台的政策呼吁人民反对已有 250 年之久的普什图优越论，相反，这很难得到普什图人的欢迎，特别是“人民派”中的民族主义者。不管怎么样，阿富汗北部地区的很多乌兹别克人和土库曼人都是反苏抵抗战士的子女或孙子女。对他们来说，与北部苏维埃社会主义共和国的整合，不管是经济方面还是文化领域，都是强行推销的“产品”。显而易见，没有任何相应的尝试以发展哈扎拉少数民族文化，这个少数民族尽管使用达里语方言，但长期受到迫害。这或许是由于阿富汗政府担心会让伊朗霍梅尼政权在这些什叶派居民中找到可乘之机。

具有讽刺意味的是，历史证明阿富汗民族问题是苏联占领军的重

---

① 穆斯林在开始礼拜之前以特有韵律呼唤人来参加礼拜的特定言辞，一般包括“真主是最伟大的”、“我作证除安拉外再没有主宰”、“我作证穆罕默德是真主的使者”、“快来礼拜”、“快来获取成功”等阿拉伯语句子，统称为唤礼辞。——译者注

要难题之一。由于故意安排，侵略部队中的很多人是来自苏联伊斯兰加盟共和国的预备役军人。这些人通常是冲锋在前的，而且有人认为他们的出现有利于战胜阿富汗人，特别是那些来自北部地区的人。至少像苏联顾问所希望的那样，穆斯林的背景可以使得苏联红军的反帝口号更为可信。

或许这些措施有利于北部地区作战，但南部地区的普什图人已 165
经习惯了他们在阿富汗的主导地位，而且还知道其与布哈拉和撒马尔罕可汗在历史上的敌对关系。因此，数以万计的这种部队突然入侵到普什图人的腹地，对他们来说，或许，这是比苏联的公然武力干预更大的挑衅，更糟糕的是，侵略阿富汗揭示并加剧了苏联军队内部严重的民族分裂。穆斯林军人会经常感觉到被割裂的忠诚，甚至在更真实的情况下，他们会利用服役作为试探自己民族和宗教身份认同的机会。自然地，斯拉夫军人对陌生语言环境下的任何友善逐渐产生怀疑。随着双方牺牲者数量的增加，苏联军队内部的暴力事件也逐步升级。至 1980 年 3 月，苏联开始用斯拉夫人替换中亚地区的人。

十、党派之争再次爆发

无论阿富汗政府的形势多么危急，“人民派”和“旗帜派”之间的激烈斗争几乎没有停止过。而且这两大派别内部也围绕核心人物结合成小的派系。与此同时，据说苏联间谍致力于创建自己的人民民主党派别，并寄希望于诉诸武力来实现党的统一。

卡尔迈勒设法在高层巩固权力。6 月，在苏联的帮助下，他清除了“人民派”的关键领导人萨尔瓦里。这可能由于萨尔瓦里此前曾提出让苏联撤军的建议，并开始与其他“人民派”领导人聚拢。这个月里有 13 人被处死，其中包括 3 名部长。

宗派主义继续困扰着人民民主党，尽管其成员的数量确实得到增加——虽然和所有的共产主义国家一样，成员数量的增加是发展的标志。1982 年中期，卡尔迈勒声称人民民主党有 70 000 名会员，但据观察家估计，真实的数字应该在 20 000 名，其中至少 2/3 是旗帜派。派系斗争偶尔也会变成流血冲突。1982 年 3 月的党代会期间，卡尔迈勒试图通过操纵选举步骤从而控制整个会议，最终导致 5 名党员被杀。同时，苏维埃大学的“人民派”和“旗帜派”学生发生火拼。

武装部队的队伍（至 1980 年末仅剩 30 000 名士兵没有开小差）仍旧主要是“人民派”的禁地。1980 年 4 月，在“四月革命”的第二个周年纪念日庆典阅兵式上，有军官挂起红旗，拒绝恢复三色旗，公然发出他们对卡尔迈勒不满的信号。他们抵制来自卡尔迈勒及其“旗
166 帜派”国防部长的各种命令，并拒绝接受政府派遣“旗帜派”官员替换“人民派”成员，从而将后者调任到次要的岗位。

同时，他们还拒绝充当“旗帜派”或苏联的炮灰，当被迫这么做时，他们会倒戈相向，变成反抗者。有时由于反抗者故意散布错误信息，数百名其他士兵因被怀疑不忠而被逮捕。

由于国防部掌握在“旗帜派”的手中，“人民派”内政部长赛义德·古拉布祖伊（Syed Gulabzoi）建立了一个由“人民派”控制的武装警察部队，这支力量最终变得比正规军还强大。这支武装警察部队下属有一个步兵单位（Sarandoy），有时会与“旗帜派”成员穆罕默德·纳吉布拉严密控制的国家情报机构发生激战。国家情报机构拥有自己完整的独立师，同时还有庞大的间谍网路。

这样，本来可以被用来从事打击叛乱的武装部队却充斥着纷争和偏执。而且在苏联控制的地区，因人力资源匮乏而导致征兵数量萎缩，也成为一个常有的难题。为了缓解这个问题，政府设法建立各种民兵组织。政府工作人员被要求在晚上负责守卫工作，而其他平民组织则负责看护农田和工厂。按照古老的阿富汗传统，一些部落民兵组织实际上是通过向部落长老支付大量报酬而征募来的。

十一、政治隐退

卡尔迈勒的新政策对战争敌对方的命运没有产生丝毫的影响。这些措施甚至都没有触及占人口大多数的乡村和山区，至 20 世纪 80

年代中期，有数百万居民——据估计占总人口的1/3——居住在勇猛的反苏穆斯林游击队领导人控制下的巴基斯坦和伊朗的难民营。

这场战争持续在政治和军事上榨干苏联，且看不到结束的希望。尽管苏联改进了策略，并实行残忍的焦土政策，但至20世纪80年代，反抗组织在人数、军事训练，特别是武器装备方面，都得到了改善。除了给苏联经济增加了沉重的负担外，占领也使苏联的声望在全世界一落千丈，特别是在穆斯林国家当中。一次迅速且成功的侵略可能很快就被谅解，甚至可能会增加苏联在该地区的影响力，但长期且徒劳地与阿富汗人民的斗争，会成为一个纯粹的负担。

然而，苏联没有任何战略撤退的意图，年老的苏联领导人被几乎整个时期内连续不断的危机所吞噬。党的首脑列昂尼德·勃列日
涅夫经过至少一年的身体不适之后，于1982年11月死去，同时， 167
他的两位年迈的继任者，尤里·安德罗波夫和康斯坦丁·契尔年科在其短暂的任期内一直与病魔抗争。1985年春季，米哈伊尔·戈尔巴乔夫在接任为党的首脑之后，决定改善与美国和中国的关系，但即使他想从阿富汗抽身，在苏联领导层中也缺少对他这种作法的足够的支持。

据说，戈尔巴乔夫给苏军一年的时间粉碎抵抗运动，并向卡尔迈勒施加压力，敦促他进一步远离革命性的语言和政策。1985年4月，卡尔迈勒召集了一次大支尔格会议，据称有1 800名与会者，代表了整个国家（而实际参加者约600人）。随后，又在“边境部落”中召集了一次更大规模的支尔格会议，参加者有来自巴基斯坦边境地区的数百名代表。大概在1985年8月还举行了全民大选，在喀布尔甚至几乎没有人来参加投票。以上这些积极行动都没有为阿富汗领导人赢得新的支持者。

随后的1985年，卡尔迈勒再一次把非共产主义者纳入到政府当中。第二年，他委托一个新的民族和解委员会，其中包括商人
和宗教人物，起草了一部新宪法。他还鼓励半独立的个人组织公 168
开活动。

图 33　阿富汗战争让苏联付出了惨重代价。穆斯林游击队利用从美国和其他国家得来的先进武器，击落了苏联飞机。这张图片于 1991 年拍摄于霍斯特。（布鲁斯·理查德森提供）

然而，此时苏联认为卡尔迈勒缺乏才干，而且确定这个政权已经接近于失败。1986 年 5 月 4 日，在苏联的支持下，粗暴但有才干的国家情报机构领导人穆罕默德·纳吉布拉，“旗帜派”的忠实成员但却是一名普什图人，掌握了人民民主党的领导权，并在随后的几个月里不断巩固自己的权力。而卡尔迈勒于同年 11 月被流放到莫斯科，10 年之后因肝病死于他乡。

1987 年初，纳吉布拉宣布单方面停火 6 个月，随后他又延长停火期 6 个月。民族和解委员会的委员被遣往全国各地与抵抗组织、流亡者和难民取得联系。纳吉布拉声称有几千名反对派代表参加了委员会，地方联合政府已经在好几个地方建立起来。

1987 年 11 月，纳吉布拉召集大支尔格会议，会议批准通过新宪 169
法，为多党民主制做准备。这次会议还任命纳吉布拉为新的阿富汗共和国的总统，放弃了国名中东德式的“民主”一词。第二年，纳吉布

穆罕默德·纳吉布拉·艾哈迈德扎伊

穆罕默德·纳吉布拉于1947年8月出生在帕克蒂亚省吉尔查伊普什图部落的支系艾哈迈德扎伊小部落里一个非常富有的家庭。他的父亲在20世纪60年代担任阿富汗驻白沙瓦领事。

纳吉布拉曾在享有盛名的喀布尔哈比比亚高中上学，并于1975年在喀布尔大学获得医学学士学位。1965年，当他只有十多岁的时候，就参加了人民民主党的创建大会。当该党分裂后，中上阶层的纳吉布拉是加入卡尔迈勒“旗帜派”的少数普什图人之一。由于身材魁梧，他在1973年以前一直担任卡尔迈勒的保镖。

纳吉布拉领导着大学里的“旗帜派”成员，并经常在大学为参加示威活动的学生演讲。他是一个热情洋溢的演说家，可以用普什图语、达里语、乌尔都语和英语4种语言演讲。他因积极活动而先后两次入狱，但当1977年人民民主党再次统一时，他被安排在中央委员会工作。1978年末他跟随导师卡尔迈勒流亡国外，并于1980年一起回国进入最高领导层，之后纳吉布拉的好运开始到来。至1986年苏联对卡尔迈勒失去信心，安排纳吉布拉为第四任，也是最后一任阿富汗共产主义统治者之后，他们二人才彻底分道扬镳。

拉开始发起选举。此时，苏联开始期待最好的结果，但同时也开始准备从阿富汗撤军。

十二、苏联撤军

1985年，苏联领导人戈尔巴乔夫开始寻找其军队从阿富汗解脱的方法，但撤军队伍拖得太长，以至撤退花费的时间比苏联计划并实施侵略的时间还长。这次撤军被看成完全战败在美国和巴基斯坦手里，而不是简单的单方面撤退。苏联开始转向美国，开启耗时的外交程序。

早在1980年初，联大决议连续一边倒之后，美国就曾向苏联提出撤军。由于苏联方面对此没有作出明确的回应，联合国秘书长库尔特·瓦尔德海姆（Kurt Waldheim），于1982年2月任命副秘书长哈维尔·佩雷斯·德奎利亚尔（Javier Perez de Cuellar）为其个人代表前往阿富汗。佩雷斯·德奎利亚尔几次前往该地区，并与阿富汗及巴基斯坦政府代表会面。当1982年他成为联合国秘书长时，这次经历被证明是非常有益的。

从1982年起，在副秘书长迭戈·科多韦斯（Diego Cordovez）的指导下，联合国秘书处的官员开始设计撤军计划。然而，即使苏联早在这个时候打算离开，也是不可能的，联合国的计划因喀布尔的政权，阿富汗民主共和国（DRA）的外交孤立而变得纷繁复杂。巴基斯坦拒绝承认阿富汗政府，并设法阻止代表参加任何形式的会谈。最终，科多韦斯扩大了包括苏联和美国代表在内的和谈。苏联领导人安德罗波夫似乎不愿意达成任何一致性协议，他的死让谈判变得复杂化，而他的继任者契尔年科更是一位死不妥协的人。后来，戈尔巴乔夫的掌权被视为恢复外交活动的信号。

1986年7月，戈尔巴乔夫宣布象征性地撤退8 000士兵，作为其打算政治解决的诚恳态度。到年末，他在莫斯科召见了纳吉布拉，并告诉他最终的决定。给予这位阿富汗领导人足够的时间来稳定国内的
170 支持者，并设法得到了巴基斯坦不干扰的保证。随后人民民主党和巴基斯坦就撤军时间表问题断断续续和谈了一年多时间，直至1988年2月，苏联领导人对外宣布从5月15日起的10个月内撤出所有军队。在这个消息的刺激下，国内外的和谈进程加速。不久各方一致同意，即使阿富汗国内没有政治解决方案（这似乎是高不可攀的），撤军也照旧进行。美苏也达成共识，双方继续为他们各自的盟国提供武器。1988年4月14日，阿富汗和巴基斯坦根据互不干扰和互不干涉的原则，签署了一份双边协议。

在下一个月，日内瓦协定签署，确认了阿富汗的自主权，苏联军队在1989年2月15日前全部撤出，以及所有阿富汗难民的体面返回。

阿富汗和巴基斯坦的联合国调停代表团（UNGOMAP）通过其在边境点哈伊拉坦（Hayratan）、托尔格洪迪（Torghundi）和信丹德（Sindand）空军基地的永久前哨监控了苏联陆军和空军的撤退过程。最后，苏联按照预定时间表完成了撤退，把纳吉布拉政府留在了喀布尔。又经过 3 年的战斗和谈判，在穆斯林游击队的支持下，纳吉布拉总统下台，新的阿富汗伊斯兰共和国成立。

第八章　抗战时期的阿富汗（1978－1992）

171　从 1978 年 4 月的“四月革命”到 1979 年 12 月苏联入侵阿富汗的 20 个月里，阿富汗大部分省份都爆发了反对新共产主义政府及其革命计划的暴力活动。从 1980 年起，武装斗争呈现出全民抵抗的特点。

全国有数千名毛拉发出进行圣战的号召。在阿富汗这样具有私人拥有枪支的长期传统的国家里，会有数万，甚至数十万的人应召加入进来。甚至一支家传的土造步枪也可以损害苏军的士气，更不用说 AK-47 和其他从全国各地政府军前哨那里抢来的苏联武器了。那些响应神圣号召的人被称为“穆贾希丁”，即“从事圣战的人”。[①]

“四月革命”在阿富汗各个省份激起了大规模的部落暴动。这个战术在过去成功地以武力改变了喀布尔的政权。一旦有成千上万配备重型武器的苏军驻扎在阿富汗全国，快速改变政权似乎是非常不可能的事了。反抗者习惯于游击战术，目标是削弱占领者的实力，并剥夺卡尔迈勒政权在国内和国际社会的合法性。通常以 10 到 30 名战斗人员为一组，发起连续不断的狙击手袭击、埋伏和暗杀活动，由于其人数过少，无法构成苏军空袭或出动部队进行打击的目标。苏军被困在

① Mujahideen，本书意译为“穆斯林游击队”。

城市周围和飞机场的营地里。据称，阿富汗境内组织起来备战的穆斯林游击队队员总共约有15万人，但他们中大多数只是兼职的士兵，在战争间歇期或者家人需要他们的时候，大多数会返回巴基斯坦和伊朗的难民营。

随着时间的推移，抵抗运动逐渐制度化。只有少数人口，据各种推测占总人口的10%或20%，仍处于政府的控制之下。而绝大多数阿 172
富汗人居住在自治的被苏联陆军和空军不断袭击的农村地区，或大量生活在巴基斯坦和伊朗贫穷的难民营。他们经历了阿富汗的一个非常时期，这段时期内冲突不断，充斥着地毯式的轰炸、大量迁徙，以及对农业、贸易和历史悠久的社会等级和习惯的破坏。

各地军阀或民兵组织与伊斯兰政治运动相联合，强行在村级之外和难民营内树立各种权威。诸如这样的地方主义和派系斗争削弱了反政府力量，也使得苏联撤军后的数年里阿富汗政治生活复杂化。

一、穆斯林游击队的崛起

和以前的英属印度一样，巴基斯坦是阿富汗政治流亡者的天然家园，是他们疗养创伤并积蓄力量谋求权力的地方。从达伍德政权到苏联入侵阿富汗期间，有一大批小的政党在白沙瓦地区设立办事处。

1979年夏季第一次激战后的难民的涓涓细流，在第二年年初千百倍地增长，发展为难民的洪流，一时间整个村落和宗族都纷纷越过“杜兰德边界线”。面对如此庞大且难以控制的难民的涌入，为了确立起一定的秩序，尤其是为了分发救济品，巴基斯坦政府转而求助于白沙瓦地区的政治组织。

1980年，巴基斯坦政府正式承认了总部设在白沙瓦的7个政党，所有个人或团体必须至此7个政党中的一个进行登记以接受援助。这些政党同时也都发展军事组织，最终，来自巴基斯坦、美国、沙特阿拉伯以及其他相关的外国政党的军事和经济援助，大部分都被注入这7个政党，尽管还有一些小的派系继续为得到这样的援助而竞争。这些团体的成员流动性很强，在抗战年代里，他们之间的联合也是时断时续。仍然还有其他独立的团体在国内的基地展开战斗。

1980 年 5 月，在白沙瓦，通过支尔格会议统一各主要团体的努力很快失败了。大多数战斗人员和难民赞成扎希尔领导的联合阵线，但他们无法胜过古勒卜丁·希克马蒂亚尔的猛烈反抗及其激进的伊斯兰党（Hezb-i-Islami）。而且，根据一些观察家分析，巴基斯坦政府并不
173 是真的希望在其西北边境省境内出现一支强大且统一的阿富汗人武装，其成员经常以难以驾驭的普什图人为主。

阿富汗的秘密警察部门国家情报机构（KHAD）也努力在抵抗组织内部散布不和谐，并获得了很大的成功。除了通过假情报和有目的之暴行煽动抵抗组织内部互相残杀的大量间谍外，国家情报机构还向阿富汗境内派遣了许多“虚假小分队”，他们以穆斯林游击队的名义设立起来，然后开始在后方攻击真正的反抗组织。至 1982 年 10 月，已有 84 个这样的小分队在阿富汗各个角落活动。“国家情报机构”内还设置了一个“外国情报理事会”（Foreign Intelligence Directorate），该部门不但成功地向伊朗和巴基斯坦境内的穆斯林游击队进行渗透，而且还用苏联提供的资金收买了边界两侧的部落。

与阿富汗和巴基斯坦的主要居民一样，基地设在巴基斯坦的抵抗组织也大都属于逊尼派穆斯林。阿富汗境内的什叶派抵抗组织主要集中在中西部地区，他们从伊朗什叶派政府获得支持。

白沙瓦穆斯林游击队组织中有 3 个被认为有“传统主义”倾向。他们的目标只是简单地把异教徒从阿富汗驱逐，并推翻反穆斯林的政权。他们没有自己的政治纲领，接受杜兰尼君主国的复辟。

而基地设在巴基斯坦的其他 4 个穆斯林游击队组织被认为是“伊斯兰主义者”。他们支持用穆斯林的原则和价值观建立政府、改造社会。从而就排除了达伍德或世袭君主国曾尝试的西方风格的议会共和制，他们认为这种制度违背了纯正的伊斯兰教。尽管他们中大多数是普什图人，但他们反对普什图民族主义，并谴责那些按照普什图地方主义和其他传统而不是穆斯林法统治的毛拉和乌理玛。

二、总部在巴基斯坦的抵抗组织

最为激进的伊斯兰主义组织当属来自阿富汗北部的吉尔查伊普什图人希克马蒂亚尔领导的伊斯兰党。由于对希克马蒂亚尔果敢的决断力和组织能力印象深刻，巴基斯坦高层的文职和军职权威人士——许多是普什图人——在美国中央情报局和沙特阿拉伯第一次分发武器和资金的时候，就开始支持希克马蒂亚尔。据说希克马蒂亚尔获得了中央情报局提供给反抗组织所有援助的1/3，他的组织也在第一批就获得了大量防空导弹。

古勒卜丁·希克马蒂亚尔

希克马蒂亚尔生于1950年，他早在学生时代就以激进的伊斯 174
兰主义者身份暂露头角，当时正值扎希尔统治时期，他主张通过全民暴动促成一次直接的伊斯兰革命。

希克马蒂亚尔最初在军事学院学习，随后就读于喀布尔大学工程学院，但他从未完成过自己的学业。1972年，他因谋杀一名学生而被逮捕，并受到监禁。次年，他逃往巴基斯坦，创建了伊斯兰党。早在1979年1月，希克马蒂亚尔带领几千名反抗者越界进入库纳尔省，在倒戈士兵的帮助下，夺得了当地政府的一个要塞。

总计有大约3 000名反抗者在希克马蒂亚尔的领导下战斗。和大多数穆斯林游击队武装不同，伊斯兰党没有在任何地区设立根据地。随同各种地方同盟者，该组织活动于喀布尔北部和南部普什图地区。

在1992年纳吉布拉倒台之后，希克马蒂亚尔被任命为临时伊斯兰共和国的首相。为了完全掌握大权，他对喀布尔发起了不间断的火箭袭击，导致数千名平民死亡及大规模的破坏。1996年，塔利班政权迫使他逃往伊朗。然而，与大多经验丰富的穆斯林游击队领导人不同，他对美国于2001年武力推翻塔利班，并建立哈米德·卡尔扎伊政府持反对意见。晚至2004年大选时，伊斯兰党的一些士兵还与塔利班和基地组织并肩作战，抗击阿富汗政府。

普什图人支配的伊斯兰党紧密地组织在严格的等级制度下。该党在巴基斯坦设立学校和训练营，并在喀布尔东部的楠格哈尔省、巴格兰省及昆都士北部地区有强大的军事存在。然而，无论该组织还是其领导人，都从未发展实践的技能，也对实际的管理不感兴趣，这些活动可能会调节他们极端的观点。

对运动的热情，如果不是狂热，既可能是一种缺点，也可能是一
种财富。伊斯兰党 1990 年对喀布尔的正面袭击成为一场灾难，使其大
部分精力被浪费在与其他穆斯林游击队的战斗中。最终，伊斯兰党大
量卷入鸦片的生产和销售中。由于希克马蒂亚尔的伊斯兰纯洁主义排
175 斥很多普什图人传统，特别是部落的自治，该党的支持者也是有限的。
他及其追随者都是来自北部飞地的“脱离部落的”普什图人，那里的
很多吉尔查伊普什图人曾经在 19 世纪末被埃米尔阿卜杜·拉赫曼
放逐。

大毛拉·尤尼斯·哈里斯也利用“伊斯兰党”这个名称命名一个分离派别。这位胡加尼普什图人（Khugiani Pashtun）毛拉于 1919 年出生在贾拉拉巴德附近的楠格哈尔省。他还是一位激进的伊斯兰学者、前政府官员，与希克马蒂亚尔于 1979 年分道扬镳。他赢得了阿富汗东南部的很多传统乌理玛的广泛支持，还在坎大哈周围有一批追随者。他的支持者有阿卜杜勒·哈克，指挥着喀布尔内外的抵抗组织；穆罕默德·奥马尔，未来塔利班政权的领导人，早期在哈里斯的组织接受训练，而哈里斯后来与塔利班和基地组织建立了联盟。

富有经验的伊斯兰主义知识分子、政治领导人布尔汗努丁·拉巴尼于 1940 年生于巴达克尚，他领导了另一支伊斯兰主义的穆斯林游击队，并起了一个常见的名字“哲玛提伊斯兰”（伊斯兰促进会）。该组织的主要支持者是与拉巴尼志同道合的塔吉克人和其他非普什图人，并表现出温和的伊斯兰观点。该组织在坎大哈附近活动，但其主要武装力量集中在北部地区，为自治的地方司令官领导。

伊斯兰促进会中最显赫的斗争者是艾哈迈德·马苏德。他从离喀布尔不远的潘杰希尔山谷的强大基地出发，对苏联关键的补给线造成

了持续的威胁。他的塔吉克军队还击退了苏联的多次猛烈进攻。年轻的马苏德生于 1953 年，是有着超凡魅力的领导人和发言人，同时也是一位才华横溢的战略家，多年中，正是他让政府失去了平衡。2001 年 9 月 9 日，他被基地组织的间谍暗杀，恰好在使美国军队卷入冲突的恐怖分子对纽约和华盛顿发动袭击之前。

该党中其他的杰出司令官还有巴尔赫省的扎比乌拉和赫拉特省的伊斯梅尔·汗。扎比乌拉于 1984 年被一颗地雷炸死，伊斯兰促进会成员怀疑是希克马蒂亚尔的手下制造了这次事件。由于地理的因素，伊斯兰促进会得到巴基斯坦的支持比其他一些抵抗组织要少，或许该组织与伊朗的友好关系部分地补偿了这个损失。

第四个伊斯兰主义组织是“解放阿富汗伊斯兰联盟”（Islamic Union for the Liberation of Afghanistan）。前教授阿卜杜勒·拉苏尔·萨亚夫于 1980 年开始担任该党领袖。萨亚夫于 1946 年出生在一个哈鲁提普什图人（Kharruti Pashtun）家庭，曾在喀布尔大学神学院学习，在那里他被指控向不戴面纱的妇女脸部泼硫酸，随后在开罗的爱资哈 176
尔大学，他与穆斯林兄弟会确立了联系。他曾被达伍德监禁至 1979 年。他的大多数支持者是来自沙特阿拉伯的瓦哈比耶（逊尼派原教旨主义运动的支持者），他的政党也招募了很多阿拉伯志愿者。这个组织没有过多地卷入到战斗当中。

富有的商人、喀布尔精英阶层成员赛义德·艾哈迈德·盖兰尼领导的“伊斯兰民族阵线”（National Islamic Front）属于传统主义组织。声称自己是先知穆罕默德后裔的盖兰尼，是有权势的卡迪利亚苏菲教团（Qadiriya Sufi）的领袖。他的政党采取相对自由的民族主义路线，在坎大哈周围和阿富汗南部地区的普什图人，沿西北边界的土库曼人当中吸引了大批追随者。他对扎希尔的支持疏远了很多伊斯兰主义者，他在巴基斯坦或阿拉伯好战者当中几乎没有支持者。尽管盖兰尼奉行温和的策略，但他没有从美国手里得到太多的援助。

领导“民族解放阵线”（National Liberation Front）的是温和派学者西卜加图拉·穆贾迪迪（Sebghatullah Mujadidi），出自一个领导

图 34　赛义德·艾哈迈德·盖兰尼，“伊斯兰民族阵线”的领导人，该组织是一个温和派伊斯兰抵抗组织，其主要目的是抗击苏联对阿富汗的占领。盖兰尼在第一届的后共产主义政府中担任外交部长。（沙伊斯塔·瓦哈卜提供）

“纳克什班迪教团”（Naqshbandi）——阿富汗另一个重要的苏菲派组
177 织——的杰出的伊斯兰大家族。

穆贾迪迪在达伍德执政时期流亡丹麦，这使他躲过了 1979 年“人民派”对其家族的大规模屠杀。作为一个传统主义者，他能够吸引扎希尔残余的支持者拥护自己。和盖兰尼的政党一样，“民族解放阵线”并没有获得太多巴基斯坦或阿拉伯国家的支持，同时该党的战斗人员效率低下。

1992 年阿富汗民主共和国垮台之后，穆贾迪迪的世系为其赢得了为期两个月短暂的阿富汗总统职位。随后在 2003 年 12 月，宪法大支尔格会议代表选举他为会议主席。

另一个传统主义组织是“伊斯兰革命运动”（Islamic Revolution Movement），该组织领导人是出生于 1921 年的毛拉兼教师毛尔维·纳比·穆罕默德。其追随者主要是苏菲教团成员，同时也获得了喀布尔南部的洛加尔省、赫尔曼德省和北部各地游击队的支持。随着时间的推移，该组织因腐败和卷入倒卖毒品而名声扫地，最终衰落。

三、其他抵抗组织

正如巴基斯坦在阿富汗逊尼派民族当中资助各种抵抗组织一样，伊朗为什叶派穆斯林游击队（主要来自哈扎拉族）提供资金、武器和训练。在 1979 年暴动之初，传统的哈扎拉精英阶层就联合组成了哈扎拉贾特（Hazarajat）的议会，试图在苏联几乎转让给反叛者的山区规定无论哪一种的政府职能。但哈扎拉人长期被排除在国家政治生活之外，缺乏管理资源。随后他们分解成许多竞争派系。地方可汗、传统什叶派宗教领袖、霍梅尼特色的伊斯兰极端主义者及左翼工人阶级相互激烈地斗争。8 个哈扎拉政党中最有势力的是激进的“伊斯兰胜利”（Islamic Nasr），即“阿富汗胜利组织”（Victory Organization for Afghanistan）的简称，为米尔·侯赛因·萨迪基领导。

可能这些组织间的斗争所带来的伤亡和破坏比苏军的袭击还要大。苏军撤出阿富汗之后，大部分组织被拉入伊朗所资助的“阿富汗人民伊斯兰联盟党”（Islamic Unity Party of the People of Afghanistan）。该政党领导人阿卜杜勒·阿里·马扎里后来被塔利班政权杀害。他的继任者乌斯塔德·哈吉·穆罕默德·穆哈基克 2004 年以哈扎拉人领袖的身份参加了总统大选。

较小的什叶派穆斯林游击队组织中，“革命卫士”（Guardians of 178
the Revolution）与“伊朗革命党”（Iranian Pasdaran Party）有着密切联系。还有一个是赛义德·贝赫什提领导的“伊斯兰革命统一协会”（Association of Islamic Revolutionary Unity ）。

四、巴基斯坦的角色

1977 年 7 月，巴基斯坦的穆罕默德·齐亚·哈克将军夺取权力，并取代了民选总理佐勒菲卡尔·阿里·布托，而后者曾在此前任命齐亚为军队的参谋长。齐亚把恢复公众秩序的承诺抛之脑后，在随后的两年时间加紧对武装部队的控制，并推动巴基斯坦走向更伊斯兰化的道路。1979 年 4 月，齐亚下令绞死布托，这引起了国际社会一片批评之声。

首先，苏联接管阿富汗加重了齐亚在国际社会的孤立。巴基斯坦境内只有人烟稀少的俾路支斯坦沙漠位于装备精良的苏军和俄国人一直寻求的暖水海港之间。而且巴基斯坦的另一个邻居、宿敌印度，是国际社会没有谴责苏联入侵的少数国家之一。齐亚的国内政策引起了其西方盟友国内民众的对抗，而且他继续研究核武器技术成为其传统盟友美国的一个重要痛处。

可是最后，齐亚能够把苏联的威胁变成一次机会。根据普什图人将军阿赫塔尔·阿卜杜勒·拉赫曼领导的“巴基斯坦军情处”（Pakistan’s Inter-Services Intelligence）的建议，齐亚决定以其国家资源支持阿富汗抵抗组织，这样就承担起捍卫伊斯兰教的任务，同时也是全球抗击共产主义的前线协调员。只要齐亚扮演着满足美国和阿拉伯石油国当权者的角色，他就可以指望得到对其不民主统治的实际默认。

齐亚并没有公开承认向穆斯林游击队提供武器装备。无论如何，民兵最初使用的大部分武器是从阿富汗军队逃亡者手里收买而来，或者是从政府哨所抢夺来的。剩下的一些来自其他国家，通过美国中介机构安排，由海湾国家付款，最后从迂回路线走私过来。所有的援助都通过“巴基斯坦军情处”的渠道，据说这个部门直接受控于齐亚，并由军方和外交部门独立运营。另一方面，巴基斯坦训练穆斯林游击
179 队的角色很难被隐瞒起来。仅 1984－1987 年间，就有 80 000 名穆斯林游击队队员通过“巴基斯坦军情处”操作的训练营获得培训。靠近边境的巴基斯坦医院还医治过数千名伤员。

至 20 世纪 80 年代中期，有几千名外国穆斯林志愿者应召加入圣战，他们都认得去往巴基斯坦各个训练营的路。事实上还有一些加入到了阿富汗境内的战斗。他们中大部分是阿拉伯人，有很多是来自沙特阿拉伯的逊尼派武装人员，但他们都是从巴尔干、高加索和东南亚地区招募来的。

五、美国的角色

美国总统吉米·卡特直言不讳地反对苏联的侵略行为，并宣称支持阿富汗和巴基斯坦的独立。然而，他不愿意或不能够提供太多具体的援助。

在越南的战败使得美国公众小心谨慎，从而对任何新的卷入亚洲的事务都表现出慎重。毕竟，美国耗资巨大地参加越战，最开始也是各种低水平的慎重援助，如今相同的事情正发生在阿富汗身上。美国此时已经陷入相邻的伊朗的人质事件当中，就更没有进一步卷入到该地区事务的愿望。最后，卡特的豪言壮语在 1980 年被归结为价值3 000万美元的武器装备，通过第三方谨慎的伪装，运送给抵抗组织。美国为巴基斯坦提供的一份价值 4 亿美元的援助被齐亚轻蔑为“太少”。

1980 年 11 月，民选总统罗纳德·里根上台后，为了重振美国的威望和影响力，愿意在阿富汗问题上“下赌注”。虽然他的顾问怀疑穆斯林游击队的作战能力，但里根还是指示中央情报局尽可能去做。在他第一个任期里，直接援助一直保持在适中的水平，至 1984 年上升为 25 000 万美元。随后，美国决定忽略其与齐亚的分歧，加重砝码支持巴基斯坦。1981 年 9 月，里根批准向巴基斯坦提供一项为期 6 年、总计价值 32 亿美元的军事援助，并承诺向巴基斯坦出售 40 架 F-16 喷气式战斗机。

这笔交易足够巨大从而使巴基斯坦军方兴奋起来，进而保证了齐亚继续掌握权力。同时还使齐亚更容易地抵抗苏联-印度联盟。或许最为重要的是，一个全新的美国-巴基斯坦联盟使苏联轰炸或炮轰巴基斯坦境内的穆斯林游击队基地成为不可能，这可能也缓解了他们越过边境的部队所面临的压力。

比尔·凯西领导的中央情报局当然能够弄到坚固的苏联武器及弹 180
药来武装抵抗组织，美国不准备给抵抗组织提供美国制造的武器，那样的话，武器的来源可能就变成众所周知的事情了。作为苏联从前的客户和美国现在的客户，像埃及这样的国家，其仓库里有大量的苏联武器，曾在对抗埃及和叙利亚的战争中获胜的以色列也是如此。如果这还不够，这些代理国会通过“巴基斯坦军情处”与其他国家签署合约，以加工制造复制品。埃及和美国的工厂最终也加入到这条补给链上来。据称至少有一大批步枪来自苏联的盟国印度。部分资金通过渴望帮助阿富汗圣战者的沙特的中介机构筹备，而武器分发主要由“巴基斯坦军情处”控制，在拉瓦尔品第附近的奥杰赫利（Ojhri）基地进行。

很多购买来的武器被证明是破损的或过时的，军火商和腐败的中间人携巨款潜逃。然而，抵抗组织从来没有严重地缺乏武器弹药。

1984 年，里根以重振自信为竞选主题（“美国的黎明”），一边倒地再次被当选为美国总统。此时，美国两院和媒体都关注阿富汗抵抗运动，并开始向政府施加压力使之参与此事。作为回应，里根总统发布了一个国家安全方针，号召动员“所有尽可能的手段”帮助阿富汗抵抗运动。仅 1985 年一年，美国就为穆斯林游击队提供了 5 亿多美元的资金援助，这比之前所有援助加起来还要多。1987 年，总额上升至 6.7 亿美元。

这种“现金注入”在 1985－1986 年冬季明显见到实效。苏联实行焦土政策并迁徙大部分农村居民，从而切断了抵抗者的食物和其他基本供给，但由于美国的资金援助，这个问题被很容易地解决。稳定连续的定量配给，如毛毯、靴子、无线电广播、双筒望远镜及帮助他们找到跨界路线的地图，肩扛式对地导弹和重型钻孔器、远程火箭，使每一座城市和苏联基地都在抵抗者的袭击范围之内。

或许最为重要的是，1986 年夏季，美国决定为穆斯林游击队提供肩扛式导弹，热导毒刺防空导弹（和英国喷气式导弹）。在 1985 年，穆斯林游击队曾击落一架阿富汗民航飞机，明显是利用了从黑市购买的萨姆-7 型俄制防空武器，这表明战斗人员的作战技术和此类武器的
181 巨大潜能都改变着战争的进程。美国和巴基斯坦都曾拒绝这种想法，因为担心武器可能会落入苏联手里。更糟糕的是，他们可能会偷偷地

转交给中东的恐怖主义组织，后者已经开始炸毁、击落或劫持西方的民航飞机。最终，扭转战局对抗衰落中的苏联的诱惑是无法抗拒的。

六、战争的进程

很可能，苏联从未打算进行太多的战事。他们希望通过动用武力来威慑阿富汗大部分地区，最后让阿富汗武装力量解决部落的反抗。具有讽刺意味的是，苏联的武力干涉极大地消弱了阿富汗军队的作战能力。“四月革命”后出现的大规模逃兵在苏联入侵后不断加剧，与此同时，苏联支持的“旗帜派”政权对“人民派”所控制的军队展开大清洗，用政治任命者替代训练有素的指挥官。当阿富汗军队不能胜任作战任务的事实越来越清晰时，苏联很快发现他们重武装的、为中国或北欧平原局部战争训练的军队，不适合在阿富汗复杂的地形上与当地的民兵展开战斗。

图 35　1987 年在钱卡尼（Chankani），一辆俄制 T-54 型坦克被 PRG-7 型反坦克榴弹发射器击毁。

1980 年，第一次较大的战斗在阿富汗东部，喀布尔与巴基斯坦边 182

界之间的地区打响。苏联第201摩托化步枪师（Motorized Rifle Division）在库纳尔山谷发起攻势。他们的坦克面对山区的反抗分子无计可施。根据穆斯林游击队的说法，苏联军队对山谷的平民展开报复，杀死了1 800名村民和无数家畜。作为报复，苏联第201师于同年6月在帕克蒂亚被全歼。苏联人从来没能压服吉尔查伊普什图人的部落地区，后者很容易越界获得增援和补给。

1980年在阿富汗东北地区，苏联军队向潘杰希尔山谷发起了最初的两次进攻，此前潘杰希尔的游击队袭扰了重要的萨朗山口补给线和贝格拉姆空军基地。苏联的进攻很成功但没有维持多久，苏联撤退后不久，穆斯林游击队再一次夺取了山谷，并重新部署在更高的山上。

在全国各地，阿富汗军队驻扎在哨所，这些哨所沿最重要的交通路线设防并被延伸到抵抗者迫击炮最大射程之外的雷区包围着。在那里他们很安全但没多大实际用处。在整个战争期间，主要的陆地线路仍控制在苏联人的手中（尽管所有的出行都需要护送），但抵抗者经常炸毁桥梁——结果使军队交通运输拥挤不前，成为伏击的理想目标。抵抗者还成为道路埋雷的老手，有时还利用未爆炸的苏联炮弹的炸药。在城市，第一年示威游行和罢工活动非常普遍，并伴随着有针对性的袭击，但这些活动在战争结束前的很长一段时间里逐渐消失。

苏联曾经帮助制定了现代游击战争的规则，而如今，他们不得不重新组织并改写其作战计划，以应对他们曾在过去支持过的全民性农村抵抗运动。苏联人的直升机打击力量由1980年的50架扩充到次年的300架，其中包括运输机和武装直升机，并增加随机战斗人员130人。米-24武装直升机，配备四挺重机枪和64枚火箭，每一件武器都能对抵抗者造成伤害。重型轰炸机被调集到土库曼斯坦前线附近，在那里他们可以抵达深山里的抵抗者基地。苏联坦克被改造成可以高角度开火（向高山开火），步兵和装甲车都配备了高速且精确的武器。

然而，苏联部队从未超过115 000人，几乎近一半兵力被部署在
183 喀布尔周围和东南各省份。这场战争让苏联每年耗资70亿到120亿美元，再加上向已经到位的部队提供给养和补给的大规模后勤工作。除

此之外，至1983年，在战时阿富汗的原始条件下，苏联军队因恶劣的医疗卫生条件而遭受疾病的困扰，共计死亡6 000人，伤残10 000人。很多士气受挫的士兵很快明白他们在这个国家是不受欢迎的，开始酗酒或吸毒，而这些东西在阿富汗，比在得到严密控制的苏联的任何地方都更容易获得。

1981年，苏联人重返他们此前一年的目标，向潘杰希尔山谷发起了两次更无效的进攻，消灭了通往贾拉拉巴德道路附近的抵抗组织基地。在法拉和赫拉特周围的另一次进攻中把战争引向阿富汗西部地区。

尽管有苏联空军力量的威慑，抵抗者还是于1982年携带自己升级改造的强大武器重返战场。RPG-7火箭式榴弹发射器可以粉碎苏联的装甲，AK-47卡拉什尼科夫突击步枪、半自动步枪几乎成为极平常的武器，陆地和防空重机枪也被广泛地使用。

1982年，新到来的苏联部队，许多是通过新建的阿姆河上的“友谊桥”进入的，重走其前辈毁灭的老路。当苏联人试图镇压赫拉特的长期骚乱时，数以千计的平民被杀，据称有数百名政府官员生还。但随后苏联又向潘杰希尔山谷发起了最大规模的进攻，这是由于此前马苏德袭击了贝格拉姆空军基地。

同年5月，突击队员沿着山坡空降之后，伴随着持续一周的轰炸，有系统的袭击开始。阿富汗政府军充当地面进攻的先头部队。他们被放进山谷，但紧跟其后的苏联人被地雷爆炸引起的山崩泥石阻塞。阿富汗军队投降或成为抵抗分子，而抵抗者在此过程中还缴获了几辆坦克。最后苏联人从两端小心翼翼地进入山谷，搜集曾被击退下山的突击队员，撤退时有几百名苏联人被打死。他们直至8月末才从山谷撤离，继续在低地展开具有破坏力的系统作战，夷平村庄、根绝农田、破坏灌溉系统。

在经过3年的作战之后，双方都于1983年期间进行自我修整，甚至马苏德还同意在潘杰希尔停火。美国和巴基斯坦此时都开始厌倦这样的冲突，这让他们无法看到此前希望的明显胜利。没有了苏联的进 184
攻，穆斯林游击队经常互相争斗或沦为匪帮。美国和阿拉伯国家的资金和武器装备大量流入巴基斯坦，为包括“巴基斯坦军情处”在内的腐败官员提供了一块肥肉。1984 年，齐亚试图再次加强穆斯林游击队各派别的统一运作，但没有取得太大成功。

卡尔迈勒政府曾设法保存、甚至实施其中一些规划：大多女性获得崭新的工作机会，教育系统得到改善。卡尔迈勒在纳吉布拉领导的秘密警察部门“国家情报机构”的帮助下，在一些地区广泛散布嫌恶以应对穆斯林游击队通常的残酷策略和明争暗斗。

政府军队也逐渐变得更有效率，其中一个原因可能是此时穆斯林游击队开始例行公事地杀害落入他们手里的政府士兵——接纳变节者的大门已经被关闭。很多“国家情报机构”的间谍此时也照常搜集有用的情报。尽管在城市中进行招募活动，但直至战争结束前，政府军力量仍没超过 40 000 人。甚至在苏联主力军撤退之后，没有了大量苏联顾问，阿富汗军队便无所作为。

居住在穆斯林游击队影响的广大地区的阿富汗人，此时正忍受着苏联人残酷的接近种族灭绝的减少居民行动。村庄在武装直升机的袭击下破败不堪，牧群被消灭，庄稼被汽油弹燃烧殆尽，农田埋设地雷以阻止他们使用。几十万枚蝶形地雷被丢下，目的是使人致残而不是死亡，其中一些还被伪装成玩具。

截至 1984 年中期，有 500 万阿富汗人被驱出国门，其中大多数前往巴基斯坦，剩下的停留在伊朗。在随后的几年时间里，又有上百万人加入到这个行列。有一百多万的农村居民被迫前往喀布尔寻求安身之所，一时间喀布尔的穷困难民数量膨胀，还有成千上万的阿富汗人涌入到其他城市中。

苏联人犯下了滔天罪行，由于士气受挫的苏联军队袭击平民，造成许多独立的暴力事件，这些事件在世界媒体的聚光灯背后频繁发生。媒体只会制造出一些谴责美国在越战中如何固执的声音，但他们消磨了穆斯林世界任何对苏联的同情，而且这种氛围的确在穆斯林世界弥漫。法国的“无国界医生”（Doctors without Borders）援助组织担心其危险的处境会引起政府的批评，只是报告他们的医院被炸毁。

图 36　阿富汗是世界上受地雷危害严重的国家之一。在苏联占领时期，冲突中各方，尤其是苏联军队，不分青红皂白地在全国大部分地区埋设了地雷。据估计，1999 年每天有 10 到 12 个人被地雷炸死。此后，排雷部门取得了重大的成就。2002 年，阿富汗签署了《国际禁雷条约》。（布鲁斯・理查德森提供）

1985 年 3 月，美国人权委员会（UNCHR）报告阿富汗存在“严 185
重且普遍的”虐待。“外国军队”曾处心积虑地轰炸村庄，屠杀平民并处死俘虏。该委员会报告说，政府曾监禁了 50 000 名政敌。随后的报告还宣称，拷打变成了例行公事；地雷被伪装成玩具丢放在全国各地。

七、战争的拖延

在老练的不妥协者康斯坦丁・契尔年科 1984 年 2 月到 1985 年 3 月短暂的统治时期，苏联人不止一次地试图通过大规模部署军队以收到良好的结果。其中包括高空地毯式轰炸，散布数量庞大的空投式地雷和几次重大的地面攻势。

1984 年 4 月，当马苏德拒绝延长此前一年的停火时，苏联发起了

“第七次潘杰希尔” 攻势（其后还有好几次），这次战斗共计投入 186 15 000名苏联士兵和5 000 名阿富汗人。苏联突击队员被沿山坡空投以堵截出逃通道。他们遭遇了阿富汗最训练有素、装备精良、领导有方的穆斯林游击队，其人数大约有 5 000 人，但经过数周的战斗之后，苏联人感觉取得了成功，随后撤离山谷，并第一次在此驻防。类似的大规模攻势还在古老的库纳尔山谷、帕克蒂亚省战场（在此苏联的轰炸机袭击了巴基斯坦一边的目标）及赫拉特周围的地区进行。

由于苏联司令官试图利用新任总理米哈伊尔·戈尔巴乔夫一年的宽限期压出一个胜利来，极其类似的战斗模式在整个 1985 年继续进行。第二年年初，他们取得一些胜利并得到了表彰。1986 年春季，一支苏阿联合部队夺取了巴基斯坦边界内扎瓦尔（Zhawar）的一个较大的穆斯林游击队基地。他们还不受损害地利用了巴基斯坦的领空。同年夏季，马苏德最终被驱出潘杰希尔，随后他在阿富汗东北部的巴达克尚重新部署，并在后来的 15 年里以此作为自己的基地。

图 37　1987 年，在美国、巴基斯坦等国运送的导弹的帮助下，有 270 架苏联飞机被摧毁。（布鲁斯·理查德森提供）

但防空导弹和地对地火箭被大量地运送到抵抗组织的手里，这就意味着穆斯林游击队能够继续杀伤他们的敌人，不管他们被驱赶到多 187
高的山里。根据“巴基斯坦军情处”长官优素福将军的说法，苏联在扎瓦尔的胜利是致命的一击，最终美国和巴基斯坦被迫向穆斯林游击队提供毒刺导弹。在随后一年的时间里，共有270架苏联飞机被击落。由于严重缺乏低飞的战斗人员和轰炸机及武装直升机，喀布尔政府根本没法镇压抵抗运动。此时，穆斯林游击队的士气高涨，而苏联军队士气低落。

1986年末，遵照戈尔巴乔夫的决定，苏联红军不久将被撤离，军事行动的速度也在放缓。然而，苏联领导人仍然希望给纳吉布拉政府留下一个更安全的秩序，因此在同年11月和12月，在帕克蒂亚省附近的霍斯特发起了一次大规模的进攻。

1988年春季开始，苏联军队在10个月的时间里按部就班地撤离。如果需要，他们还会打后卫战役。苏联撤退期间，穆斯林游击队洗劫了阿富汗北部重镇昆都士。之后，一支苏阿联军重新夺回该镇，并杀害了许多抵抗者。基本上来说，穆斯林游击队许可了这次有组织的撤退。1988－1989年冬天，喀布尔的食物和燃料供给基本被切断，但一次重要的合作成就，尤其是通过空军力量，是在1月清除了补给线上的障碍。阿富汗军队从许多重占领的据点撤回，被重新部署在主要城市附近。

经过9年的战争，苏联方面统计，大约死亡15 000人，伤残37 000人，尽管大多数观察家认为真实的数据比这个还要高。同时，还有数千名穆斯林游击队员和政府军士兵战死，但比起平民可能有100万的伤亡，这些数据则相形见绌。1986年美国人权委员会的报告，在描述了一些苏军暴行后，认为“这种情形接近于种族灭绝”。

1989年2月，苏联终于从其陷入9年的阿富汗泥潭中撤出，但对于阿富汗来说，噩梦远未结束。纳吉布拉政权还能再维持3年。在这3年及之后4年的分裂统治、5年的塔利班政权期间，阿富汗国内小规模的战斗仍在进行。从“四月革命”到2001年塔利班政权倒台，阿富汗被长达24年之久的战乱困扰。

八、人民民主党政权走向终结

巴基斯坦、美国、穆斯林游击队，或许喀布尔政府自己都希望苏
188 联撤军之后，现政权能够迅速地垮台。大概也因为这个原因，反政府势力对纳吉布拉提出的和谈组建联合政府没有表现出多大兴趣。不管怎么样，他们不信任这位残酷的前人民民主党领袖。如果联合政府得以组建，各派别的内讧可能会被最小化。

1989年2月，巴基斯坦人召集所有在白沙瓦设立基地的反政府派别，召开了一次协商会议。该会议声明其宗旨是建立一个具有广泛基础的流亡政府。尽管经过了大量会谈，但“巴基斯坦军情处”最终确定，新阿富汗临时政府（AIG）由来自巴基斯坦一直承认的7个逊尼派政党中的熟悉面孔控制。长期受到轻视的哈扎拉人，在喀布尔共产主义政府和自治的哈扎拉贾特，其经济和政治地位都得到提高，而在这次会议中却被冷落。但以白沙瓦为基地的7个政党一如既往地处于分裂状态。

同年3月，抵抗政府下令由来自7个穆斯林游击队组织的大约15 000人组成的联军向贾拉拉巴德发起进攻。之所以这么做，据说是因为一个以阿富汗领土为根据地的政府可以吸引更多的国内和国际支持。不管怎么样，巴基斯坦急切地希望抵抗部队可以离开其领土。每一个人都设想，贾拉拉巴德会成为攻击喀布尔的一个好的起点。

自从苏联撤军之后，阿富汗政府军放弃了很多不设防的前线哨所，因此穆斯林游击队期待着毫不费力的胜利。穆斯林游击队很快包围了城市，并且拿下飞机场，但让每个人吃惊的是，贾拉拉巴德的卫戍部队仍在坚守。哈里斯的“伊斯兰党”民兵杀死了70名被俘军官，以劝阻来自交战区的任何守卫者。为准备攻击，政府调集2 000名非普什图部队进入该地区并修筑了城市的防御工事。喀布尔的陆空增援被调集来之前，来自贾拉拉巴德守军的频繁的地面出击使缺乏配合的穆

斯林游击队顾此失彼。飞毛腿-B导弹的4个发射台被重新部署在喀布尔，2 000磅的火箭瞄准抵抗者的位置，持续处于战备状态。空军喷气式飞机在平地和广阔的地形中极易击中目标。

穆斯林游击队武装的脆弱一面很快显露出来。抵抗武装虽然装备精良，但他们没有空军力量或重型装甲，这些装备可以帮助他们把处于重防工事中的敌人驱逐出来。而且穆斯林游击队各组织在战场上没能精诚合作。另一方面，喀布尔政府此前接受了新的米格-27战斗机，并很快吸收了苏联军队留下的大量装备，军队规模也增加至60 000人，空军此时可以出动200多架喷气式战斗机和直升机。189
阿富汗政府还兴奋地与当地的和地区自治的民兵组织建立了联盟，并经常向穆斯林游击队相关部落的传统敌对部落和宗族提供资金支持。

至同年夏，阿富汗政府军粉碎了抵抗者对贾拉拉巴德的进攻，这是阿富汗战争史上最大规模的一次战役，清除了通向巴基斯坦边界的所有道路障碍。抵抗者遭受死亡1 000人、伤残2 000人的损失。同年秋季，政府军击败了另一次大规模的进攻，但此次是向帕克蒂亚省的霍斯特发起的进攻。这两场战役改变了阿富汗人对现政府的人心向背。

由于没有了苏联人，随着阿富汗政府激进言辞的进一步温和，抵抗组织再也别指望组建民族联合战线以进攻喀布尔。抵抗分子此时开始代表的是外国势力的干预，以及普什图人的宗教极端主义。少数民族和世俗中产阶级左翼有理由重整政府。那些摆脱苏联或政府统治的宗族和部落恢复了传统的地方主义倾向。由于纳吉布拉很乐意接受地方自治，很多人愿意与他合作。

事实上，纳吉布拉总统深谋远虑地鼓励拥护政府的军阀建立军中“人民派”军官控制之外的地方民兵组织。其中最为著名的是乌兹别克人阿卜杜勒·拉希德·多斯提姆（Abdul Rashid Dostum）将军（生于1954年）。他于1991年靠政府装备的由各民族组成的一支40 000人军队统治着北部中心地区。多斯提姆曾长期支持阿富汗民主共和国，领导一支20 000人的民兵部队对抗穆斯林游击队。甚至在苏联撤军之后，一些穆斯林游击队领导人也适应了这种模式，他们不想把战争引入城市，因为他们的很多亲友此时以难民身份居住在那里。

抵抗组织联合阵线也很快流产。马苏德的7个伊斯兰促进会指挥官和其他23个战斗人员被希克马蒂亚尔伊斯兰党的追随者伏击杀害之后，这两大派别成为血仇。随后希克马蒂亚尔正式离开阿富汗临时政府。对希克马蒂亚尔来说，马苏德通过协商会议和北部塔卢坎（Taloqan）专署控制着他的领土。那些仍想继续战斗的穆斯林游击队队员重新回到他们起初“打了就跑”的游击队策略，并向城市中发射火箭弹。

在随后的两年里，苏联对喀布尔政府的援助继续保持在平均每年30亿—40亿美元。这些钱足以让其购买超过军队所需的坦克、大炮及其他武器。同时还足以为庞大的部落领导人，甚至穆斯林游击队指挥官提供薪水，这是一个被用来构建支持者的历史悠久的阿富汗式手段。

190 另一方面，由于美国的主要目标早已完成，此时并没有表现出太大的热情。新上任的乔治·布什政府逐渐对阿富汗和其他各处的
191 伊斯兰武装提高了警惕，尤其是与伊拉克战争结束后，伊朗在阿富汗的作用日益凸显，美国更担心中东地区的恐怖主义会向其他地区蔓延。1989年，齐亚·哈克总统去世的前一年，美国中央情报局开始对贝娜齐尔·布托领导的新巴基斯坦政府施加压力，使之同意美国向单独的穆斯林游击队组织直接发放援助。美国此时只为阿富汗境内的地方联合武装提供援助，而切断了希克马蒂亚尔和瓦哈比耶支持的“解放阿富汗伊斯兰联盟”领导人萨亚夫的补给。中央情报局开始越来越关心“阿富汗人”，他们曾经装备、训练和灌输思想的阿拉伯恐怖分子此时要么与希克马蒂亚尔和萨亚夫的组织并肩作战，要么成为沙特阿拉伯的奥萨马·本·拉登基地组织的组成部分。

奥萨马·本·拉登

奥萨马·本·拉登于1957年生于沙特阿拉伯，其母是一名叙利亚阿拉维派教徒[①]，父亲是一位也门籍男子，并拥有一家较大的建筑公司。1968年，本·拉登在其父亲死后，继承了约8 000万美元的财产，当他1979年以土木工程师身份毕业于沙特大学时，其资产已迅速增加到25 000万美元或更多。1980年，本·拉登被沙特情报部门招募，首次进入阿富汗。至1982年，他利用自己的建筑背景在巴基斯坦修建了一座穆斯林游击队基地综合楼。大约与此同时，他加入到其大学导师阿卜杜拉·阿扎姆（Abdullah Azzam）博士组建中的“服务局”（Service Bureau），以鼓励和支持阿拉伯战士加入到穆斯林游击队中。“服务局”利用本·拉登的政治和经济关系帮助招募、支持和训练非阿富汗穆斯林上战场。以其支持者为例，本·拉登每月向志愿战斗者的家属支付300美金。这些早期的活跃分子都得到巴基斯坦军情处和美国中央情报局的认可和支持。

利用其家族重型建筑设备，本·拉登在贾拉拉巴德南部和霍斯特周围修建了一个防御工事良好的洞穴式堡垒网络，并以此作为其恐怖基地。他的第一个大本营，被称之为“阿尔·安萨尔”（al-Ansar），于1987年4月在一次俄罗斯人的袭击后被遗弃，但阿拉伯媒体广泛报道战争的光荣胜利，帮助本·拉登塑造了形象。

1989年，本·拉登脱离“服务局”，成为基地组织的缔造者之一。这个新组织把曾参加过抗苏圣战的35 000名战士中的大多数引向其他世界各地的伊斯兰斗争。1989年苏联撤军之后，本·拉登返回沙特阿拉伯，全身心投入基地组织的创建。

① 阿拉维派，伊斯兰教什叶派的支派。

> 谴责完沙特政府让美国军队驻扎在其神圣的领土之后，本·拉登于1992年被迫再次迁移。随后4年时间里，他一直呆在苏丹，并在此策划了多起反美的恐怖袭击。直到1995年，苏丹政府迫于美国的压力，才把他驱逐出境。第二年，塔利班在阿富汗的胜利，被他看成建立基地组织的一个理想场所。

九、穆斯林游击队的胜利

通过军队有效地利用苏联援助和纳吉布拉耐心努力的和解，喀布尔政府成功地争取了时间。但人民民主党政权一开始的“毒瘤”——国内政治纷争再次被激起，此时与“旗帜派”的纳吉布拉为敌的还是其宿敌“人民派”力量。

1989年12月，大量军官被控阴谋政变而在喀布尔被捕。随后在1990年3月的法庭审讯中，“人民派”的国防部部长沙·纳瓦兹·塔奈将军被牵连，后者迅速行动起来夺取政权。根据一些报道，塔奈下令轰炸总统府，并命令驻防在喀布尔南部的军队躲开，让希克马蒂亚尔的部队进城。这些报道还称，他们提议组建一个“人民派-伊斯兰党联合政府”，激进的共产主义者和激进的伊斯兰主义者合作，连结他们的唯一纽带是，他们都属于吉尔查伊普什图人。这个计划很快得到了沙特阿拉伯和“巴基斯坦军情处”的公开支持。然而这次政变最后失败，其中部分原因是美国怂恿其他穆斯林游击队停止对他们的支持。塔奈逃往巴基斯坦，并在那里全面负责希克马蒂亚尔的军队。随后在1990年，希克马蒂亚尔在“巴基斯坦军情处”的支持下，再一次发起大规模攻势，试图夺取喀布尔。纳吉布拉果断地击退了这次进攻。

“塔奈事件”标志着美国与巴基斯坦军队及“各军种情报部门”（ISI）间的分歧日益加剧。二者间的隔阂在1991年海湾战争期间进一步加大，当巴军方与希克马蒂亚尔、萨亚夫一起支持萨达姆·侯赛因，而其他大多数穆斯林游击队和巴基斯坦文职政府支持美国-沙特阿拉伯联盟，反对伊拉克入侵科威特时，实际上有一小部分传统主义的穆斯

林游击队武装在联盟内进行争斗。然而，第二年 3 月，当一支穆斯林 192
游击队联军夺取了帕克蒂亚省霍斯特的政府要塞时，双方再一次组建联盟。而当敌军开始劫掠霍斯特时，这个联盟很快就土崩瓦解了。

纳吉布拉仍继续着他的温和路线。1990 年，他重新命名人民民主党为“祖国党”（Homeland Party），并设法使现政权跟上民族主义和伊斯兰的行情。同年 11 月，他还前往日内瓦与穆斯林游击队代表会面。

海湾战争结束之后，致力于阿富汗和平的外交努力重新开始。1991 年 5 月，联合国秘书长哈维尔·佩雷斯·德奎利亚尔提出一个和平计划，呼吁各方停火，停止运输武器及由过渡政府引导大选。喀布尔政府签署认可了这份计划，随后巴基斯坦、伊朗、美国、苏联和穆斯林游击队传统主义者也都表示认可。然而，希克马蒂亚尔和萨亚夫再一次起到了破坏作用（和一些什叶派政党一起），阻止阿富汗临时政府接受提议。不过在 9 月，美国和苏联一致同意从 1992 年 1 月起切断所有军事援助。但当苏联于 10 月不复存在，中亚地区共和国相继独立，阿富汗问题也从莫斯科首要日程中彻底消除的时候，这个议题也就无多大实际意义了。

1992 年初，俄罗斯停止向喀布尔派送食物和燃料。巴基斯坦也切断了对穆斯林游击队的所有援助，但伊斯兰主义者仍然可以从沙特那里得到资金支持。在北方地区，多斯提姆背叛喀布尔政府，投向马苏德的军队。他们一起于 2 月夺取了马扎里沙里夫。3 月 18 日，纳吉布
拉按照俄罗斯人的建议，同意辞去总统职务。在向国民的演讲里，他 193
呼吁阿富汗各个派别“积极地加入到政治进程当中，并以和平方式解决阿富汗人的问题，有效地实现联合国的和平方案”。

4 月 10 日，联合国特使贝农·塞万（Benon Sevan）宣称，他在上月末代表一个不隶属于任何政治人物的临时委员会从纳吉布拉手里接管了权力。但这样临时的安排已经太晚了。纳吉布拉在塞万的帮助下，试图于 4 月 15 日逃离阿富汗，但被机场保安阻挡。随后他躲入联合国驻喀布尔的机构中避难，自此消失在公众的视线里。纳吉布拉辞

职之后，人民民主党最后一位领袖雅各比将军自杀。不久喀布尔被攻陷。

两大武装力量匆忙进入阿富汗填补权力真空。马苏德、多斯提姆、萨亚夫和其他较小的同盟者（包括变节的政府军）组成一个拙劣的联军，于 4 月抵达北部市郊。在进入喀布尔之前，马苏德呼吁阿富汗临时政府要以“伊斯兰圣战委员会”（Islamic Jihad Council）为基础，为后纳吉布拉时代的阿富汗提供政治框架。在这个委员会产生之前，希克马蒂亚尔及其追随者携大部队从南部抵达，并开始向喀布尔渗透。经过三天的战斗，马苏德由于精心的策划和组织协调，最后一举获胜。而希克马蒂亚尔和什叶派的“阿富汗人民伊斯兰联盟”仍控制着向首都南部和西部不规则蔓延的区域。

击败数量庞大且受到良好资助的普什图人和什叶派抵抗组织之后，马苏德和多斯提姆在喀布尔有效地确立了塔吉克-乌兹别克人的统治地位，并不久获得了控制赫拉特西部的塔吉克人军阀伊斯梅尔·汗（生于 1942 年）的支持。这种形势让大多数普什图人无法接受，在经历了几百年的普什图人统治之后，他们认为这几乎是对自然秩序的一次颠覆。

面对正在被排除于新政权的形势，基地设在巴基斯坦的各个组织决定按照巴基斯坦新任总理纳瓦兹·谢里夫的提议，接受一个权力分享的政府。1992 年 4 月 24 日，伊斯兰圣战委员会签署了《白沙瓦协议》。温和的穆贾迪迪被任命为临时总统。4 月 28 日，他和委员会的 30 名代表正式接受了来自纳吉布拉政府的官方投降书，随即他们对外宣布阿富汗伊斯兰共和国（Islamic Republic of Afghanistan）成立。两个月之后，拉巴尼被内定接管总统权力，并额外增加 4 个月的过渡时期，之后委员会开始准备大选。马苏德被任命为临时国防部长，盖兰尼出任外交部长，萨亚夫为内政部长。总理的职位一直为希克马蒂亚
194 尔预留。但他以各种理由拒绝加入政府，这可能是由于不甘心为塔吉克人的拉巴尼做二把手。

在阿富汗的其他大部分地区，军队指挥官和地方长官匆忙把权力

转交给穆斯林游击队领导人或当地知名人士。一般情况下，以前的对手合作组建联合委员会以管理地方事务。委员会持续发挥职能好几年。国家层面上类似的安排可能使随后10年的阿富汗人免于战争。

新政府得到了大多数白沙瓦抵抗组织的正式支持，这些组织曾代表了反对世俗的力量。新政府还获得了美国和大多数国家的承认。

阿富汗的共产主义时代显然结束了，然而，是什么将取代它，在1992年4月，也并不比3年前苏联撤军以来的任何时间里显得更清楚。13年的战火使这个国家支离破碎，而新政府没有力量或资源把它整合起来。

第九章　穆斯林游击队的统治（1992－1996）

195 穆斯林游击队的顽固抵抗曾拖垮了苏联，推翻了他们留下的政权，消灭了其亲信人民民主党。13 年的共产主义统治和大规模移民还消除了曾存在于喀布尔和其他城市表面之下的、短暂政治自由时期出现的独立的政治和社会生活。阿富汗政府军因被剥夺了合法性和财政支持，不再作为国家实体存在。

于是到 1992 年，穆斯林游击队曾几乎垄断了政治合法性、外交承认、军事力量和来自国外的资金支持。他们，尤其是巴基斯坦（和美国）指派接受援助的 7 个反对党，显然以纳吉布拉政权的继任者自居。而且，他们中的一些人曾在地方政府中积累了大量经验，在有技巧的谈判代表的带领下，能够确保联盟跨越地区和民族界限。最后，这些组织至少分享了一些共同的政治原则：他们都拒绝先前时代的改革，如女权，他们都支持伊斯兰政府的理念，尽管用各自不同的方式阐释这样一个理想。

然而，不久，事实清楚地证明，存在宿怨的穆斯林游击队政党和民兵组织很难联合起来。在阿富汗，对中央权威的尊敬曾一直是脆弱的本能，但此时已经完全消失。地方军阀自己成为法律的代言，长期受苦的阿富汗人民遭受着随意的暴行和不公正。苏联炸弹、地雷、汽油弹和炸药曾被当作废物随意丢弃在乡间，而此时这些东西周转到了城市。喀布尔在不同穆斯林游击队武装的战斗中大部分变成废墟。有

些难民从国外返回，特别是那些居住在伊朗的，但城市里的冲突造成 196
了一次巨大的、牵动国内外的新移民浪潮。

整个国家，甚至首都，被实际掌权者划分成小片，而且经济生活仍萧条不前。鸦片贸易成为阿富汗的主要工业，为犯罪团伙和军阀带来了丰厚的利润，而对很多农民来说，是穷途末路时维持生计的微薄收入。经历4年这样的痛苦不堪和毫无希望，这个国家已经准备好接受任何可以结束无止境战争的政权。

一、千疮百孔的国家

1992年4月瓜分喀布尔的穆斯林游击队指挥官，开始着手塑造一个已被阿富汗人和国际观察家所周知的民族政府。希克马蒂亚尔、多斯提姆和马苏德分别指挥着上万的忠诚且强硬的士兵，及数以千计的政治追随者。他们各自都有一个根据地，也可以向其他地区凸显其力量和影响。

图38　在穆斯林游击队统治期间，从1992—1996年，喀布尔有超过70%的建筑被毁坏。这张塔杰贝布（Tajbeb）宫殿的照片摄于1997年。（布鲁斯·理查德森提供）

虽然如此，那些有权势的军阀及其穆斯林游击队政治运动都只是整个图景的一部分。还有许多小的、地方化的民兵组织，他们中大多曾接受过纳吉布拉的扶植，也开始扮演着重要的角色。他们的忠诚随着环境的变化而变化，或者可以说容易被出最高价格的人以资金和武器收买。他们严重地阻碍了国家团结或经济复苏的道路。

比如，哈扎拉贾特东部什叶派伊斯玛仪支派的强有力领导人赛义德·曼苏尔·纳迪里（Sayyid Mansur Naderi）和儿子加法尔一起，在
巴格兰省至少指挥了一支13 000人的民兵组织。年长的纳迪里，以其 197

显赫家族的位于巴格兰省的要塞的名字，被称为“卡扬的赛义德”（Sayyid-i-Kayan），此前在扎希尔手下担任过议会副主席。当第一次宣告发动圣战，伊斯兰促进会和伊斯兰党开始在他的地盘招兵买马的时候，纳迪里组织了他自己的政治团体，部分是为了自卫。

伊斯玛仪派

伊斯玛仪派是世界上第二大什叶派分支。他们在关于伊玛目世系的合法继承问题上，与占伊朗和伊拉克人口多数的伊玛目什叶派有所不同。当所有什叶派人都等待着最后一位“隐遁”的伊玛目[①]重现时，伊斯玛仪派则认为前几任领导人死后，可用新的伊玛目替换之（尽管几个竞争的世系已出现了几个世纪）。[②] 大多数伊斯玛仪派人承认卡里姆·阿迦·汗四世王子（Prince Karim Aga Khan IV）为他们第49任伊玛目。他们的外部仪式与其他正统穆斯林相类似，然而在私下他们吸收了很多古代世界的中东和东方宗教思想，最终形成一个多种信仰的融合体。

阿富汗的伊斯玛仪派，通常秘密地进行祈祷，被逊尼派和主流的什叶派认为是异端者，甚至被指责为魔鬼的崇拜者，这可能是由于他们用孔雀象征隐循伊玛目的缘故。在穆斯林世界的民间画像里，孔雀通常是魔鬼的化身。无论居住在阿富汗何地的伊斯玛仪派都处于社会经济的低层。他们中大部分是哈扎拉人，在巴达克尚的一个分支包括大量的塔吉克人。和他们的哈扎拉人伙伴一样，伊斯玛仪派人在塔利班时期被处以死刑，他们在哈扎拉贾特东部的大部分财产被毁坏。

---

① 什叶派第十二任，也就是最后的伊玛目于公元878年失踪。什叶派人认为他不是死去，而是被真主隐藏起来，将来某一天会以“救世主”的身份重现，以铲奸除恶，伸张正义。因此该伊玛目被称为“隐遁”的伊玛目。——译者注

② 伊斯玛仪派在十二伊玛目中的第六任之后，改变指定的继承世系，与其他什叶派分裂，另立伊斯玛仪为第七任伊玛目。因出现两个第七任伊玛目，此后也就存在不同的继承世系。——译者注

阿富汗东北部地区居住着数量很少的伊斯玛仪派人，但他们恰好都高度集中在萨朗隧道北部，这是苏联运送援助物资的重要通道，因此这些伊斯玛仪派人对共产主义政权有着很高的利用价值，特别是看守这条通道的苏联军队撤出之后。1989 年，年方 24 岁的加法尔（曾在英国和美国接受过部分教育）成为巴格兰的长官兼阿富汗政府军第 80 师将军，第 80 师是纳吉布拉根据伊斯玛仪派民兵组织改编建番而成。加法尔获得了苏联武器，他把其中的一些分发给该地区其他支持政府的武装力量，他还被指派加入喀布尔的革命委员会。

纳迪里家族与有权势的军阀阿卜杜勒·拉希德·多斯提姆有着密切的往来，他们的势力范围与多斯提姆在北部交界。和多斯提姆不同，当纳吉布拉感兴趣与穆斯林游击队和谈时，他们作为调停者，在其政 198
治团体之外博得了大量尊敬。当 1992 年初穆斯林游击队放弃纳吉布拉政府，纳迪里家族与其先前的盟友马苏德敌对之后，他转而跟随多斯提姆的领导。纳迪里家族在卡扬（Kayan）奢华的宫殿内，把巴格兰南部地区统治成为一个名副其实的封地，直至 1999 年被塔利班驱逐。和绝大多数军阀一样，塔利班政权倒台之后，他们又返回阿富汗，但他们再也不能重振他们在穆斯林游击队时期的影响力。然而，老纳迪里在 2005 年 9 月的议会选举中，当选为人民院议员。

居住在坎大哈和巴基斯坦边界上的杰曼（Chaman）之间的阿查克扎伊普什图人（Achakzai Pashtuns）也发挥着类似的作用，他们的民兵武装独立控制着一条战略要道。1979 年，伊斯马图拉·穆斯林（Ismatulla Musilim），一名苏联培训的阿富汗军队少校，带领这支民兵组织反叛。在当时混乱的条件下，他的边境部落主要从事走私、抢劫和收取“过路费”的活动。5 年以来，伊斯马图拉·穆斯林是巴基斯坦情报机构一个有用的盟友，然而，当他拒绝加入任何白沙瓦官方的穆斯林游击队政党时，便失去了巴基斯坦方面的支持。

1984 年，伊斯马图拉·穆斯林投靠阿富汗政府，为其在革命委员会赢得了一个席位。他在自己的喀布尔官邸，将其走私获得的大部分利润花费在著名的在野党身上，在那里他免费发放酒。苏联撤军后，当嗅到战败的消息时，他试图再一次逃跑，但为时已晚。1991 年，伊斯马图拉·穆斯林的民兵被忠于巴基斯坦情报机构的武装在斯平布尔达克（Spin Boldak）击溃。南部边境地区没有了阿查克扎伊普什图人稳定的军事存在，将是一个可怕的后果，为 1994 年塔利班的第一次发迹扫清了障碍。

二、哈扎拉贾特和西部地区

和伊斯玛仪派人一样，大部分哈扎拉人团体在历史上因其宗教信仰（什叶派教义）和种族（蒙古血统）而屡遭迫害和鄙视，还与伊斯玛仪派人一样，哈扎拉人能够利用战争改善他们相对的社会和政治地位。

从“四月革命”到 1999 年他们最终被塔利班压服的 20 年以来，哈扎拉人在其偏远的家乡兴都库什山，享有着曾在 19 世纪末丧失给埃米尔阿
199 卜杜·拉赫曼的独立自主。由于远离外界的干预，哈扎拉人把他们的资源浪费在激烈的派系斗争中，直到苏联撤军的时候，在来自伊朗资助者的强大压力下，他们最终才联合组建“阿富汗人民伊斯兰联盟党”。

在喀布尔，贫穷的哈扎拉手工业者和家仆因战争避难而数量剧增，在共产主义者照顾少数民族的政策下，他们获益匪浅。如卡尔迈勒的盟友及 1981 — 1988 年出任阿富汗首相的苏丹·阿里·基什特曼德（Sultan Ali Keshtmand）便是一名哈扎拉人。其他喀布尔哈扎拉人进入了正在消失的传统中产阶级所遗弃的商业圈子。哈扎拉人还被阿富汗民主共和国全副武装成一支旨在打击阴谋破坏或抢劫活动的地方民兵组织。纳吉布拉倒台之后，喀布尔的哈扎拉人为“阿富汗人民伊斯兰联盟党”在首都提供了一个现成的力量基础。在整个穆斯林游击队时期，“阿富汗人民伊斯兰联盟党”通常与希克马蒂亚尔合作，控制着喀布尔大部分地区。

在哈扎拉人的西部地区，另一位有权势的民兵组织领袖伊斯梅尔·汗此时正向高层军阀迈进，在那里他几经兴衰成败。直到 2005 年哈米德·卡尔扎伊总统作为其对外宣称反对军阀政策的一部分，解除了伊斯梅尔·汗的职务。伊斯梅尔·汗，塔吉克人，生于 1946 年，是

领导 1979 年赫拉特流血暴动的几位军官之一。暴动失败后，他率领大量原第 17 师的逃兵进入古尔省的山区。在那里伊斯梅尔·汗组织了一支直接由他指挥的 7 500 人的常规武装力量，在穆斯林游击队时期，这支队伍扩充到 25 000 人。

从这个根据地出发，伊斯梅尔·汗通过“指挥官委员会”的方式，协调指挥了所有跨西部省份的穆斯林游击队的活动。他在那些抵抗者控制的地区建立了初步的行政部门，并设置财政、医疗卫生、教育、农业和司法委员会。

20 世纪 80 年代中期，阿富汗平民向伊朗迁徙的浪潮削弱了伊斯梅尔·汗的力量。然而，他设法坚持下来，并在纳吉布拉倒台之后，通过谈判使赫拉特和西部地区投降，最终他以省长和军阀的身份脱颖而出。阿富汗历史上最大的世界性都市同时可能是最好的教育中心，赫拉特，在伊斯梅尔·汗的统治下，成为一个相对有效统治下的典范，也是经济得到增长的少有地区之一。伊朗向其提供援助，以换取伊斯梅尔·汗协助该地区 150 万公民的遣返工作。

伊斯梅尔·汗自己与伊斯兰促进会的指挥官联合控制着喀布尔，从而使非普什图人连续控制着大块的北部地区。然而，他的政府拒绝服从中央的控制，并自诩为“西部地区埃米尔”，导致他与中央政府
关系紧张，这种紧张状态随后被巴基斯坦和塔利班所利用。1995 年，200
塔利班驱逐流放了伊斯梅尔·汗，在被监禁两年之后他设法返回，但直到 2001 年塔利班政权倒台后，他才在赫拉特重掌权力。

三、北方军阀

在反抗苏联及其阿富汗代理人的战争期间，可能也是艾哈迈德·马苏德锻造其最强大、最有力的武装部队的时期。这支部队使他在整个穆斯林游击队时期控制着喀布尔，而且为之后反抗塔利班提供了核心力量。

从 20 世纪 80 年代初起，马苏德凭借个人财富和才能召集了很多来自喀布尔知识分子阶层的塔吉克人，使他在东北部穆斯林游击队当

中处于高高在上的位置，也吸引了很多与穆贾迪迪和盖兰尼传统主义政党名义上有联系的乌理玛和指挥官的支持。他的根据地起初在潘杰希尔山谷，后来在塔哈尔省北部地区。他指挥着村级的民兵组织和一支精锐武装部队。马苏德还把整个东北地区大量的地方伊斯兰促进会的指挥官纳入他所领导的“北方最高委员会”（SCN）。他们仍可以继续管理各地方的民兵组织，但隶属于中央武装的精锐部队则由马苏德掌控。和绝大多数穆斯林游击队不同，马苏德的这支部队遵守严格的军事纪律，命令用达里语发布，犹如他们就是阿富汗国民军一样。

与希克马蒂亚尔和其他穆斯林游击队领导人不同，马苏德鼓励居民留守在土地之上。通过利用“北方最高委员会”，马苏德某种程度上成功地将潘杰希尔的行政结构扩大到他间接控制的其他地区，而且在地方委员会中，他招募乡村长老、宗教领袖和指挥官一起担任职务。有几千名被培训的雇员为各种政府部门一样的委员会工作，以监查教育、卫生和文化事务，这些人的影响力甚至延伸到了喀布尔。除了来自白沙瓦相对较少的资金支持外，马苏德还收缴青金石和巴达克尚地区矿石的税收、捐款，以及抢夺装备和供给。他因而能够为一些最绝望的农民提供食物和燃料。其他伊斯兰促进会领导人，如该党长期的政治领袖布尔汗努丁·拉巴尼及其巴达克尚部下，可能会怨恨马苏德的作用，但他们从来没有对他的统治构成威胁。

马苏德在阿富汗民主共和国之后的过渡阶段，担任着有指挥作用
201 的要职。在多斯提姆的辅佐下，他显然是占据优势地位的一方，特别是面对仍被部落和党派分歧撕裂的普什图人对手时。

阿卜杜勒·拉希德·多斯提姆在其政治生涯的最初，担任的是北部地区国有油田的共产主义政党党委领导人，在那里他组建了一支自卫队。作为一名“四月革命”的支持者（革命爆发时他年仅 24 岁），他以来自朱兹疆省的乌兹别克农民为基础，组建了一支更大的民兵组织。这些农民在君主国时期，曾长期屈从于北方普什图地主，所以他们很珍视自己的新力量。经过苏联的训练之后，多斯提姆最终建立了一支跨越民族界限的正规军。当 1992 年初共产主义事业瓦解之后，他

说服这支军队倒向抵抗者一边。曾经的共产主义者此时建立了一个名叫“民族伊斯兰运动”（National Islamic Movement）的政治组织。

多斯提姆与马苏德一起在喀布尔战斗两年，随后二人关系对立。在被击败之后，多斯提姆撤回北部地区，致力于建立一个以马扎里沙里夫为中心、囊括6省的小政府，并培植与新独立的中亚共和国的关系。多斯提姆被大多数追随者称为“帕夏”，据说他梦想复兴帖木儿时代乌兹别克人的统治地位。由于其统治下严厉的惩罚措施，他经常因暴行被控告，特别是打击普什图人。多斯提姆于1997年被塔利班流放。

四、为政府而战——也为喀布尔而战

至1992年5月，阿富汗最大规模的武装部队都被部署在喀布尔内外，由于战争，一时间使得喀布尔的人口膨胀到200万。由于自身“武装到牙齿的”武器装备和对政府机构设备的占有，使得这些武装部队可以在随后的4年中以喀布尔为抵押物，在这个过程中有很多人口被迫返回乡下或出国。

喀布尔人的痛苦因成千上万的穆斯林游击队战斗人员的进入而开始，根据很多阿富汗人和国际观察家的说法，游击队中的一些人对待喀布尔居民像征服敌人一样，使他们遭受了大规模的抢劫、强奸、拷打和杀戮。各派别间的街道封锁和领土划界很快随着各种正式的停火线而被落实。

在随后的4年时间里，穆斯林游击队领导人为中央政府的控制权而相互争斗。然而，就实际地位来说，阿富汗各级政府，甚至是喀布尔政府没有一点自己的权威性。全国各地的地方领导人可能会指望喀布尔政府的领导，但其真正的权力仅限于各个政府部长各自统治的领土范围 202
内。来自国外的援助也很大程度上被独立的领导人和政治派别瓜分，即使美国和大多数外国承认阿富汗中央政府才是唯一合法的权威。

4月24日的《白沙瓦条约》曾成立一个伊斯兰共和国，临时政府由一位总统、51名成员组成的执行委员会和各种临时部长组成。但希克马蒂亚尔拒绝签署这份协定，尽管他被任命为政府总理。他要求自己的政党在政府中发挥更大的作用，并坚持把多斯提姆的前共产主义军队驱逐出城——虽然希克马蒂亚尔本人仍然与前“人民派”将军沙·纳瓦兹·塔奈和阿斯拉姆·瓦坦贾尔合作。为了施加压力，希克马蒂亚尔向喀布尔邻近地区发起了火箭弹袭击。

只有22名委员会成员参加了由临时总统穆贾迪迪召集的第一次会议，在这次会议上他发布了一条特赦的法令（包括赦免纳吉布拉）。在随后的几个月里，为了尝试抚慰希克马蒂亚尔，达成了两份妥协的权力分享协议，但没有一份能够付诸实际行动。这激起了更猛烈的火箭弹袭击。至8月，大约有1 800名平民被杀死，50万左右的人逃离喀布尔。6月初，在什叶派的“阿富汗人民伊斯兰联盟党”和沙特支持的阿卜杜勒·拉苏尔·萨亚夫领导的反什叶派力量“解放阿富汗伊斯兰联盟”的冲突中有上百人死亡。有很多跨越派系界限的平民被绑架，再也没有活着回来。随后在1994年，什叶派力量还与“伊斯兰革命运动”发生冲突，结果是极其地相似。

由于伊斯兰党对来自南部和巴基斯坦的运输实施封锁，1992－1993年冬，喀布尔面临着一场严重的粮食危机。总而言之，在穆斯林游击队统治的第一年，喀布尔大约有30 000平民被杀，100 000人伤残，大多是死于希克马蒂亚尔的火箭弹袭击。至1996年，喀布尔的平民死亡人数可能一度达到50 000人。

随后在1992年，拉巴尼总统召集了一次协商会议，到会的大多都是他的支持者，而其对手表示抵制，这次会议把拉巴尼的总统任期延长了18个月，这进一步激怒了希克马蒂亚尔和大多数普什图人。虽然1993年3月在伊斯兰堡的一份续签协议中确认了希克马蒂亚尔为政府总理，但他没能够进城任职，要么是他自己不愿意，要么是他被阻挡在外。

1994年1月，多斯提姆再一次改变立场。他、希克马蒂亚尔、穆贾迪迪和什叶派的“解放阿富汗伊斯兰联盟”组成联军试图夺取喀布
203 尔。战败之后（多斯提姆于6月被赶回其北方根据地），希克马蒂亚尔把他的所有炮弹和火箭弹都砸向喀布尔，并重新实施封锁。这些袭击及夺取喀布尔的进攻失利，最终使希克马蒂亚尔失信于其大多数普什图人盟友，更为重要的是，巴基斯坦军情处被说服开始寻找一位更

有才干、更受欢迎的被保护人。

4 年不间断的战火致使喀布尔大部分地区被破坏，其中 70% 的建筑毁于一旦。剩下的喀布尔居民被犯罪分子和无纪律的士兵支配，且生活在饥饿边缘。在这一时期，没有哪一个地区付出过如此惨重的代价，虽然南部地区的普什图人也在大量政治派系和犯罪团伙与希克马蒂亚尔的伊斯兰党及其他穆斯林游击队武装争夺控制权时受到了伤害。在一些地区，如坎大哈市，伴随着对平民的所有消极后果，形势已接近于无政府状态。受害者包括非政府援助组织的工作人员，最早是一名为红十字协会工作的冰岛籍护士于 1992 年在梅丹·沙赫尔（Meidan Shahr）被杀害。频繁的交通堵塞和检查站扰乱了商业秩序，并使居民受到恐吓。

1994 年 4 月，由突尼斯外交官穆罕默德·梅斯蒂里（Mahmud Mesti- 204
ri）亲自率领的联合国代表团抵达阿富汗，8 月，在安理会一份决议的支持下，开始致力于在主要穆斯林游击队派别间达成一项和平协议。1995 年面对塔利班在阿富汗南部接连取胜，所有的和平努力都化为泡影。

图 39　在喀布尔，军阀间的竞相争斗致使该城大约有 5 万平民死亡。图为 1997 年的吉尔斯通宫殿。（布鲁斯·理查德森提供）

五、鸦片

历史上，罂粟据说是被成吉思汗引入阿富汗的，当时在阿富汗的大部分地区罂粟并不是主要作物，而且其产生的毒品也没有被当地人广泛地使用。根据美国的一份报告，在1978年“四月革命”之前，阿富汗每年大约能生产200吨生鸦片。然而，在10年之内，鸦片生产总量扩大了4倍。随后阿富汗成为世界上主要的鸦片种植地，其产量占所有农作物的75%，进而成为后来每一个阿富汗政权的头等难题。

有几方面的原因促成了这个变化。共产主义政权及其苏联支持者从来没有努力把他们的权威扩大到最广大的农业地区，致使这些地区沦入无政府状态或者处于军阀的统治之下，农民几乎没有其他稳定的收入来源，也就没有了遵守法律的动机。苏联人在宜耕土地上埋设地雷、毁坏水利灌溉系统，导致许多农民别无选择只能种植鸦片，这种高附加值的农作物可以在山谷间小块土地上生长，而且还耐旱。任何道德的忧虑都被一个事实所冲淡，即鸦片最终的主要消费者是非穆斯林的欧洲人或美国人。

被用来从巴基斯坦国际支持者那里运送武器和资金给阿富汗各地穆斯林游击队的通道，不久以相反的方向转移鸦片。毒品交易商利用了秘密的、为抵抗者提供补给且延伸到世界各地的武器走私网络，和在大量武器与金钱灰色收入面前逐渐腐化的巴基斯坦海关及其他官员。

1991年后，北方一条通往欧洲的贸易通道被开放，当拥有严密警察控制的苏联分裂为15个不同的国家时，他们几乎都因有组织的犯罪与新政权间的关系而苦恼。苏联的后继之国也成为毒品交易的一个重要的新市场。

赫尔曼德河谷见证了第一次鸦片贸易的繁荣。与“伊斯兰革命运动”有交往的当地毛拉军阀纳西姆·阿洪扎达（Nasim Akhunzada）负
205 责把罂粟从传统的河谷以北的山地种植区扩散到南部的赫尔曼德河流域。他强迫当地农民用他们所有财产的50%种植罂粟。他会从这些农民手中收购所有的罂粟，并将其转卖给由希克马蒂亚尔伊斯兰党控制

的提炼加工厂。最终产品将被走私到巴基斯坦或伊朗。

1989 年，阿洪扎达从美国驻巴基斯坦大使手里接受了一份价值 200 万美元的抵押品，以作为削减罂粟产量的交换。或许是由于这次交易，1990 年 3 月，阿洪扎达在白沙瓦的一次暴徒袭击中被杀，据说这次谋杀是由与希克马蒂亚尔有合作的巴基斯坦毒品交易商实施的。这次谋杀也点燃了赫尔曼德河流域穆斯林游击队各派别间的战火。最终罂粟产量回升到以前的水平。鸦片生产和贸易的其他中心在坎大哈和贾拉拉巴德附近形成，得到了当地各个军阀的庇护，这些军阀也因此在巴基斯坦情报机构的施舍中更具独立性。

六、塔利班的崛起

“塔利班”一词是源于阿拉伯语的普什图语和波斯语语词，其意为伊斯兰教初级学生，一般具有贫困的、农村的背景，通常为男性。正是这样一群学生构成了 20 世纪 90 年代后半期统治大部分阿富汗的塔利班运动的核心。

绝大多数塔利班战斗人员是从巴基斯坦普什图地区的宗教学校招募而来。对于这些学生，其中包括数以万计的难民来说，宗教学校通常是他们唯一的教育选择。而且宗教学校还能免费提供食物和住宿。同时，还有成千上万的巴基斯坦籍普什图人、阿拉伯人和其他非阿富汗穆斯林志愿者也加入到了这场运动当中。他们的队伍后来还因来自旁遮普和信德的操乌尔都语的巴基斯坦人、学生及阿富汗境内其他人的加入而实力大增。

与创建和经营伊斯兰促进会、伊斯兰党及其他一些穆斯林游击队政党的相对世界性、受过良好教育的穆斯林知识分子相比，塔利班毛拉大多对伊斯兰教的历史、法律和学问一无所知。宗教学校的课程主要是背诵《古兰经》和其他一大堆经文，反复灌输朴素的救世主思想和想象出来的最初伊斯兰教清教徒式的价值观。开办学校的毛拉经常混淆普什图部落习俗和伊斯兰法，特别是在性别角色问题上。

大多数不成熟、未经历练的塔利班年轻人曾在发放给难民营的外

国小册子的哺育下长大，而老练的穆斯林游击队队员通常是有土地和
206 生意的有家男人，这些人是在他们当地的社会、民族和宗教传统的熏陶下成长起来的，两者之间很少有相似之处。

塔利班作为一支政治力量，其渊源可以追溯到20世纪80年代，当时有一小股来自几个不同省份的宗教学校学生加入尤尼斯·哈里斯的穆斯林游击队，或者加入传统主义的“伊斯兰革命运动”，或者组建他们自己独立的地方分队。早在1984年，西方记者就注意到，在乌鲁兹甘、查布尔和坎大哈省的普什图人宗教学校，学生把自己的时间划分为学习和战斗两部分。学校还要求学生跨越地方部落和宗族界限。和许多阿富汗人一样，在1992年夺取权力之后，穆斯林游击队组织的腐败、暴力和不团结让他们美梦幻灭。

这场全民运动最终联合在以毛尔维（导师）穆罕默德·奥马尔为首的核心领导层的周围。奥马尔是来自南部边境地区的一名地方毛拉，1959年出生在一个没有土地的吉尔查伊普什图人农民家庭，1980年他正式成为毛拉，并开办了一所宗教学校以养家糊口。苏联撤军后的某个时间，奥马尔加入到伊斯兰党哈里斯派，在反纳吉布拉政权的战斗中失去了一只眼睛，随后便隐退巴基斯坦。1992年左右，他重新回到坎大哈，又建立了一所宗教学校。1994年7月，根据塔利班的传说，奥马尔和他的30名学生应坎大哈附近应压迫居民的请求，营救出被游击队领导人绑架、强奸的两名女孩。当两名坎大哈军阀争夺一位坎大哈男孩为性宠时，奥马尔还出面进行干预。

奥马尔进而处死这些道德堕落的人，并遣散他们的武装，他的武装追随者也开始清除该地区的其他非法因素，一路横扫至巴基斯坦边界。他们中有大约200人随后夺取了希克马蒂亚尔在斯平布尔达克（Spin Boldak）的军械库。其中武器数量之大（18 000支AK-47步枪和几吨的弹药）足以装备一支小规模的军队。

无论这则故事的真实性有多大，但巴基斯坦确实在那一年10月首次给塔利班较大的机会，即塔利班参与营救了一支满载30卡车食物和药品的运输队。这些卡车此前在坎大哈公路上被一名叫曼苏尔的拦路

匪徒夺走，这个人显然是在塔利班先前的“清除运动”中被忽略了。

巴基斯坦总理贝娜齐尔·布托曾派遣车队穿越阿富汗西部，他们奉命开拓与中亚地区新独立穆斯林国家的贸易通道。布托希望这样可以结束巴基斯坦历史上的孤立，而且她还垂涎能够分享中亚地区丰富油气田“吃香的”权力。由于对喀布尔和东部地区的悲惨现状感到失 207
望，布托近期在土库曼斯坦与多斯提姆和伊斯梅尔·汗会面，后者此前保证愿意与她就“西部运输和贸易计划”进行合作。巴基斯坦也未与喀布尔政府商议，便向坎大哈和赫拉特地区派送外国投资者。

塔利班很快除掉了曼苏尔，并开始招兵买马，实力大增。随后他们率军返回坎大哈。据说，塔利班用大约150万美元收买了当地指挥官之后，经过两天的轻微战斗，最终夺得了这座城市。此时他们除了拥有步枪外，还开始拥有数量相当大的坦克、大炮、直升机和几架米格-21喷气式战斗机。随后有成千上万的学生涌入坎大哈，被奥马尔作为先遣部队派往西部的赫尔曼德省和东部的查布尔省。

在那些欢迎塔利班获胜的人中，是私人卡车司机向阿富汗西部地区运送补给物资，并把违禁品运回巴基斯坦的。道路变得更加安全。此外，在坎大哈一个专门的塔利班发薪人员每月为卡车司机支付的费用，足以补偿沿途大、小军阀反复征收的大量过路费。后来这些卡车司机还为奥马尔夺取西北地区的战斗贡献了力量。虽然巴基斯坦军情处与伊斯梅尔·汗是结盟关系，但赫拉特军阀的费用变得越来越繁重。

经过3个月的闪电战，塔利班夺取了南部地区12个省份的控制权，几乎把整个普什图人家乡置于一个统一的、极端保守主义的统治之下，并为该地区带来了长达15年的法律和秩序。1995年1月，在与希克马蒂亚尔穆斯林游击队战斗中夺取了加兹尼之后，塔利班迅速向东部山区挺进。沿他们前进路线的游击队要么缴械投降，要么志愿与这支胜利的新部队并肩作战。塔利班于同年2月在喀布尔南部的恰拉斯雅卜（Charasyab）基地驱逐了希克马蒂亚尔的伊斯兰党，随之部队数量迅速膨胀，这让整个阿富汗都感到很震惊。

摆脱掉了希克马蒂亚尔，这让马苏德和喀布尔人感激涕零。加之塔利班只是在无政府状态的普什图人地区活动，目前还没有理由过分担心塔利班，因此马苏德便集中全部力量对付哈扎拉人的“阿富汗人民伊斯兰联盟党”——首都唯一一支反马苏德的力量。面对这种形势，“阿富汗人民伊斯兰联盟党”指挥官阿卜杜勒·阿里·马扎里迈出孤注一掷的一步，转而向塔利班求助。塔利班的反什叶派的观点不可能与之成为盟友，但鉴于目前尚未完全胜利，塔利班就草草地接受了他的邀请，并第一次向喀布尔派遣部队，而马扎里只是邀请塔利班领导人前往喀布尔磋商。

208 然而，哈扎拉人士兵拒绝合作。大多数哈扎拉战斗人员与支持伊朗的“谢赫·阿克巴里派”（Sheikh Akbari）一起加入到政府军中，攻击塔利班先头部队，让塔利班伤亡惨重。作为报复，塔利班杀死了马扎里。这次相互的背叛对塔利班统治时期的哈扎拉人来说，是一次很不好的预兆。

塔利班此时向喀布尔发动了一次大规模的炮击。这次炮击让喀布尔政府明显感觉到了威胁。“阿富汗人民伊斯兰联盟党”残余势力把喀布尔丢给了马苏德，而马苏德于1995年中期把塔利班赶回南方，完成了他对首都地区的征服，因而使喀布尔市数年来第一次远离了火箭弹和大炮的威胁。

喀布尔的挫败并没有使塔利班领导人的热情降温——不管怎么样，夺取喀布尔的任务目前还没有被提到他们的日程上来。随后，塔利班将其主力军转向阿富汗西部地区，并从赫尔曼德向北推进。违反巴基斯坦的强烈建议，塔利班似乎已经决定从伊斯梅尔·汗——这位巴基斯坦曾勤勤恳恳培植的领导人——手里夺取赫拉特。

这次战斗证明塔利班尚不具备完全的后勤补给能力以打败这支经验丰富的军队。伊斯梅尔·汗在马苏德从喀布尔派遣的2 000名突击队员和仍被政府垄断的空军力量的协助下，得以打败战线拉得过长的拥有20 000人的塔利班军队。面对逊尼派普什图人的威胁，伊朗也向伊斯梅尔·汗增加了援助力度，在边界附近与塔利班武装发生冲突。至4月，塔利班被击退至西部地区。

在惨败给马苏德和伊斯梅尔·汗之后，毛拉奥马尔从坎大哈发出进行紧急圣战的号召。随后，有数以千计的新兵从巴基斯坦宗教学校涌进来，他们中大多数人经过巴基斯坦军情处的武装和快速训练。还有2 000名士兵来自霍斯特，当地穆斯林游击队领导人贾拉勒丁·哈卡尼（Jalaluddin Haqqani）此前曾签字加入到塔利班的事业当中。至1995年末，奥马尔指挥了一支由25 000人组成的武装力量。

巴基斯坦此时抓紧时间加强训练和提高补给，并动员财力支持。据说奥萨马·本·拉登此时给塔利班300万美元，沙特政府捐赠了大量小型卡车以提高机动性。巴基斯坦人安排多斯提姆提供技术，修理已经落入塔利班手里的飞机。1995年8月3日，塔利班成功地迫降了一架为喀布尔政府运输弹药的俄制飞机。马苏德随后向西部地区发起 209
一次总攻，以应对日益增长的塔利班威胁。

然而，塔利班此时已经恢复了其早先的气势。几千名健壮的、高机动性的新兵从坎大哈涌向公路，两支庞大的小型卡车纵队配备机关枪行驶在公路两侧。他们使伊斯梅尔·汗纠集的民兵部队闻风而逃。9月3日，这位军阀惊慌失措地撤退，并放弃了在信丹德（Shindand）的空军基地及52架米格-21战斗机，于两天之后逃往伊朗。塔利班没有遭遇抵抗地进入赫拉特，这座城市有数以千计受教育的妇女和光荣的文化传统，或许是阿富汗最有前瞻性的城市。

马苏德和整个拉巴尼政权此时深感不安。聚众闹事者强行进入巴基斯坦驻阿富汗大使馆，并殴打大使。在至少一半的阿富汗领土落入其手之后，塔利班于同年秋季返回喀布尔。这座城市此时固若金汤、无法攻入，遭袭击的塔利班恢复了此前遭到谴责的希克马蒂亚尔所使用的策略：封锁整个城市，在整个1996年的冬天和春天发射火箭弹和炮弹，不时还有反复的空袭。喀布尔又有数千平民惨死。一艘联合国的飞艇在冬季运来应急的食物。

穆斯林游击队此时高度团结。1995年10月，马苏德准备与多斯提姆达成一项停火协议，后者此前加入到了塔利班攻击伊斯梅尔·汗的战斗当中。1996年6月，希克马蒂亚尔在喀布尔露面，正式出任总理一职，尽管此时他是如此地名誉扫地，以至于他的任职可能会在政治上对政府构成伤害。甚至在塔利班武装开始缓慢地向哈扎拉贾特挺进之后，“阿富汗人民伊斯兰联盟党”也加入了反塔利班联盟。

与此同时，塔利班吃掉了希克马蒂亚尔在东部地区的老基地，并于 1996 年 9 月拿下贾拉拉巴德，据说是向敌方指挥官贿赂了 200 万美元才得以成功的。由于其后方已经没有敌人，塔利班将其所有武装力量投入到喀布尔地区，这是一场准备充分的战斗，其中包括用政治和经济手段诱惑中立和甚至支持政府的力量。9 月 26 日，当塔利班的夹击即将切断喀布尔与北部的联系时，马苏德弃城而逃。第二天，塔利班没有遇到抵抗地进入喀布尔。毫不费力地进入联合国办事处，抓获纳吉布拉，将其阉割后处死，并把尸体悬挂在十字路口好几天以警示公众。

七、外国的作用

210 几乎所有的观察家都声称，塔利班的迅速崛起，甚至是在其草创之初，得到了巴基斯坦政府的帮助。这个说法部分是基于充足的证据，但也由于塔利班从一开始就展现出高水平的作战技能、作战计划、组织协调、武器弹药和后勤补给。

塔利班令人印象深刻的专业程度，如迫击炮和大炮瞄准目标的精确度，甚至在穆斯林游击队的表现之上，远不是可以合理地归于未经训练的学生和无战斗经验的毛拉身上的，无论他们的动机是如何强烈。在其迅速发展中，塔利班配备的重型武器装备，如坦克和飞机，只有专业的士兵才能操作和维护，或者至少能从有经验的顾问那里得到战场建议。可能前阿富汗国防部长沙·纳瓦兹·塔奈在巴基斯坦组织协调的前“人民派”军官和技术专家，在塔利班运动中发挥了重要作用。塔利班发展壮大期间，没有任何重要的媒体对此作出报道，使我们现在很难作出最终的判断。

巴基斯坦内政部长纳西鲁拉·巴巴尔（Naseerullah Babar）是一名普什图人，曾在背后支持布托的中亚提议。布托希望公路和铁路穿越阿富汗西部地区，并连接中亚和巴基斯坦。巴巴尔曾组织了著名的卡车运输队，在巴基斯坦军情处说服他离开希克马蒂亚尔之后，他领导内务部为早期的塔利班提供了大量支持。巴巴尔还在巴基斯坦政府内设置了一个跨越各部门的“阿富汗贸易发展小组”（Afghan Trade Development Cell），这个部门为塔利班提供了广泛的交通援助，并组织协调其他武装组织及提供基础设施援助。

另一个主要的巴基斯坦支持者是“伊斯兰乌理玛协会”（Jamiat-i-Ulema-i-Islam），它运营了许多塔利班宗教学校。从该组织坚定地抵制宗教革新可以看出其充满了塔利班的意识形态。该组织还谴责妇女在家外的任何角色，抵制所有世俗的部落政府或伊斯兰学者和法官统治下赞同的封建社会因素，具有一定的平等主义色彩。

1993年，“伊斯兰乌理玛协会”加入到巴基斯坦政府。当该组织领导人大毛拉法兹勒·拉赫曼（Fazlur Rehman）成为国民议会外交事务委员会主席之后，他便从沙特阿拉伯和海外国家为塔利班筹措资金支持，至少在此时使塔利班摆脱了传统的税收收入来源，如过路费和
毒品交易。在几次战争的关键时刻，许多宗教学校被关闭，而学生被 211
遣送到边界那边的战场上。

除了希望从地区贸易中获利外，巴基斯坦毫无疑问厌倦了其边境地区持续不断的战争，而且对穆斯林游击队结束暴乱的能力产生了怀疑。巴基斯坦政府还渴望卸下几百万贫困难民的重担。一个顺从的喀布尔政府可以被指望掩盖古老的普什图尼斯坦问题。

在美国，比尔·克林顿政府首次对塔利班政权示好，并派遣高层官员与其领导人进行磋商。毕竟，清教徒式的毛拉有希望查禁鸦片贸易。而且，这个国家最后还是有希望完成统一和实现稳定的，这就为美国石油公司架设从中亚到巴基斯坦的原油管道铺平了道路。此外，稳固掌握在美国传统盟友巴基斯坦手里的阿富汗，将成为美国对抗伊朗的堡垒，而伊朗才是让美国棘手的问题。所有这些错觉，以及许多巴基斯坦人过分夸大的希望，不久便全部消失了。

第十章　塔利班时代（1996—2001）

212 1996年9月夺取喀布尔之后，塔利班享有阿富汗70%领土的绝对控制权，并在随后的两年时间，征服了余下的大部分领土。自20年前达伍德政权倒台之后，阿富汗第一次实现了和平的局面，几乎所有的国内敌人都已经被战胜或已经无力抵抗。

自1947年阿富汗独立以来，喀布尔的新政权第一次依赖其南部邻国巴基斯坦的完全合作和资助。它还获得了来自广大农村普什图居民的热情支持，至少得到了其他大部分地区的勉强接受，这些地区都希望无止境的派系之争早点过去。

然而，促成塔利班迅速胜利的最关键因素也限制了它的成功。由于被宗教热情和普什图民族主义鼓舞，塔利班没能保持与非普什图人的联盟，或者说没有赢得什叶派或更世俗化的城市居民的真正支持。同时，一个压抑的宗教国家也没有获得个别穆斯林国家之外的国际社会的承认。最后，正是塔利班领导人毛拉穆罕默德·奥马尔与伊斯兰恐怖主义分子奥萨马·本·拉登之间亲密的个人关系和政治联盟关系，在2001年11月使持续6年的塔利班时代非常迅速地终结。

一、接近目标

无论其他目标怎么激发着奥马尔和塔利班，武力征服阿富汗余下
的土地一直是其日程中的头等要事。只要强硬的军阀，如马苏德和多
斯提姆，在离喀布尔如此近的地方保持他们的根据地，塔利班就绝对 213
不会安宁。

同时，只要伊斯兰共和国余孽仍控制着阿富汗部分地区，塔利班政权也就不可能赢得国际社会的承认。

此时，虽然继续获得来自巴基斯坦、沙特阿拉伯和不断壮大的外国穆斯林好战者的支持，但塔利班再也未能重复1994－1995年的胜利的闪电行动。不过，塔利班通过从巴基斯坦宗教学校不断征兵，年复一年、坚持不懈地把不合作的省区一点一点吃掉，直到2001年中期，塔利班已经控制了全国90%多的领土。

1997年春季，塔利班向喀布尔北部进发，在一位变节的马苏德指挥官的帮助下，穿过萨朗隧道，并重新占领了马苏德曾在冬季来临前赢得的贝格拉姆。塔利班还从赫拉特向东北地区挺进，以威胁多斯提姆的乌兹别克要塞及其颇有价值的油田。为争夺北部中心地区而来回纵深的战斗成为阿富汗长篇悲剧中最血腥的一幕。

5月，塔利班在另一位变节指挥官阿卜杜勒·马利克的协助下，夺取了多斯提姆的大本营马扎里沙里夫。马扎里沙里夫是一座完全现代化、国际化的城市，所有的阿富汗非普什图民族都在那里生活，而且数量还不少。由于与乌兹别克斯坦的贸易联系，这座城市保持着高度的繁荣。塔利班利用完全不同的伊斯兰教风格，在公众当中推行清教徒式的法规，如把大街上的妇女驱逐回家、关闭巴尔赫大学，很快就挥霍了欢迎该政权到来的因素。

更严重的是，塔利班还试图解散乌兹别克人和哈扎拉人的民兵组织，激起了一场全面的反抗活动，与此同时，马利克因塔利班拒绝同他或他的军队分享权力而心灰意冷，随即再一次背叛。大约有3 000名被包围的塔利班分子被俘，后来发现他们的尸体被堆积在大量坟墓

里，有许多人显然是在囚禁期间被杀的。其他塔利班分子，可能是在背叛者关闭了萨朗隧道，切断出路之后，被全部残杀的。

随着哈扎拉人有效地控制了马扎里沙里夫之后，塔利班在哈扎拉贾特实施了粮食禁运，几乎导致大量民众被饿死。让塔利班气愤的是，在实行自治期间，哈扎拉妇女起到了相对卓越的作用，她们可以在社会服务部门、教育和非政府组织当中任职，甚至在“阿富汗人民伊斯兰联盟党”中央委员会都有女性角色。

至此，很显然塔利班的胜利就意味着社会和民族压迫，伴随其后的将是经济停滞不前和国际社会的孤立。6 月，马苏德召集了一次由
214 所有余下的阿富汗非塔利班武装参加的紧急会议，其中主要参会者是非普什图人组织，如马利克和“阿富汗人民伊斯兰联盟党”领袖哈利利。在这次会议上，他们组建了“解放阿富汗联合阵线”（United Front for the Liberation of Afghanistan），即不久闻名于世的“北方联盟”（Northern Alliance），并由马苏德出任军事司令官，以拉巴尼为名义领袖。这个联盟后来成为 2001 年由美国领导的反塔利班联军的核心力量。不幸的是，这个联盟没能够阻止各个武装派别甚至自身内部激烈的斗争。

1998 年，塔利班再一次向北挺进，而且这一次异常成功。他们夺得了塔卢坎，并利用该地重要的飞机场，再度拿下马扎里沙里夫，并进行了可怕的报复。在为期两天的杀戮中，大约有 6 000 名哈扎拉平民被屠杀，不论他们在哪里被发现，是在街上还是家中。大量逃离城市的平民死于飞机轰炸。当杀戮平息之后，新任长官宣布所有的什叶派穆斯林必须在前往伊朗、改变信仰或者死当中选择一种。此外，在城中发现的 11 名伊朗外交官也被杀死，据说是奥马尔亲自下的命令。

1999 年和 2000 年，在哈扎拉贾特和北部地区，激烈的战斗仍在继续，塔利班对战俘、军人和平民丝毫没有表现出怜悯之心。很多城镇反复易手，但总体趋势是有利于塔利班一方的。除了当地的抵抗组织之外，只有处于最东北部的地区，如潘杰希尔和巴达克尚，直到

2001年还保持着自由。那一年，阿富汗人民还同时遭受着连续3年干旱的伤害，更多的难民被迫离开家园，而那些留在战区的人处于被饿死的边缘。

二、极简主义者的统治

奥马尔及他那与其自身具有相似背景的顾问圈子完全没有从政的经历，也对获得这种经验毫无兴趣。在阿富汗，大部分国家制度从没得到过良好的发展，在战争和不团结因素的深层影响下，此时已经完全崩塌。

1996年3月，由1 200名乌理玛和毛拉聚集在坎大哈召开了一次协商会议（shura）。在会上，由于奥马尔用阿富汗最神圣的遗物——先知穆罕默德的斗篷将自己裹起来，而被赠与“信仰者的长官”（emir al-muminin）的称号。这样，塔利班把阿富汗明确的大支尔格会议制度抛之脑后，反而遵照伊斯兰教初期的制度，即简单的协商会议就可以决定哈里发人选。

奥马尔，一个缺乏领袖气质或演说力的隐居者，在随后的5年时间里，成为解决阿富汗任何地方所有宗教事务和民事的绝对权威。不 215
用说，阿富汗唯一的法律是普什图传统部落法规“普什图瓦里”（Pashtunwali）支撑下的伊斯兰教法。9月喀布尔被夺取之后，一个由10人组成的最高协商会议在坎大哈确立，其成员全部都是奥马尔的老同事。然而，有许多其他军职或文职官员参加到协商中。

据说，还有两个附属协商会议直接被奥马尔把持——军事协商会议和喀布尔协商会议（喀布尔本地人没有被包含在内）。后者发挥着阿富汗政府行政部门的职能，14个成员中每一个都有类似部长的职责。这些“部长们”往往比毛拉更注重实效，但他们的决定常常被否决。不管怎么样，他们从来没有得到完全的支持。所有的支出都来自坎大哈，因此所有人都相信，国库被储藏在奥马尔床底下的锡柜里。1997年10月，国名被正式改为“阿富汗伊斯兰酋长国”（Islamic Emirate of Afghanistan），奥马尔被任命为国家首脑。

陆军和空军在既没有正规的等级制度，也缺乏经费的情况下作战，并以专责的方式来管理。地方指挥官用于购买装备和招募新兵的费用是（政府）一次性支付的。（从政府）支领薪水的军人只有前“人民派”军事专业技术人员、专家、飞行员和其他对塔利班的攻势至关重要的人员。

塔利班对业已人员不足的政府和市政部门展开一次大规模的清洗运动，毛拉们认为这些部门是腐败者或异端者的老巢。在全国各地重要的岗位上，非普什图人被无经验的普什图人所替换，一般是既不会使用达里语，也不会使用他们官方语言的坎大哈人，而且他们也经常被换岗以阻止其建立自己的地方权力基地。结果导致大部分政府部门丧失功能，但权力阶层表现出漠不关心的样子。资源主要被用于军队需要或为了支持军队而提供最小规模的基础设施建设、鸦片贸易、走私和转运货物。

几乎所有的女性都被从工作岗位上解雇了。由于妇女是教育系统的中流砥柱，同时又是卫生保健行业的重要组成部分，因此上述行业陷于瘫痪。因为缺乏联合国机构和非政府组织的帮助，人道主义危机或许已经在全国范围内蔓延。但这种情况并没有促使塔利班停止设置各种障碍，尤其当涉及为这些机构、组织工作的本国或者外国女性时更是如此。在塔利班时期，相当多的机构、组织暂停或者终止了在阿富汗的项目，或者被驱逐出阿富汗。

216 一旦掌握权力后，那些在塔利班控制下的人从大幅提升的安全感中获益，对于承受了几十年战争和盗匪活动的人来说，这种评价并非夸大之词。有很多难民重新返回塔利班统治区域，外国援助物资也很容易得到分发，特别是在 2001 年 6 月，世界粮食组织在阿富汗境内每天为 300 万人提供食物。

而且，很多阿富汗人在没有地方层面之外的政府部门的情况下，生活资料相对并不匮乏，这是出于一种部落合作与宗族制度文化的作用。虽然塔利班原则上反对部落首领的世袭统治，但经常容忍这样的安排，特别是在普什图地区。最后，联合国机构和非政府组织为了展开资助，开始以自治的地方社区为对象。

塔利班在完全放任主义政策背景下，还经历了一次有限的经济增长。在一些地区农业得到了复苏，跨界贸易走上繁荣，其中大部分形式是阿联酋（有很多阿富汗人在那里工作）货物流入或从中亚地区用卡车将货物运进阿富汗，然后走私到巴基斯坦。同时，大量的非法贸易在 1950 年阿富汗贸易运输协定的掩盖下进行，通常货物由卡拉齐港运出，表面上是为阿富汗人所用，但随后货物被再次装运到巴基斯坦边境地区部落代销处的免税市场里。巴基斯坦因此每年损失几百万美元的海关关税，而且随着塔利班恢复了全国道路网的安全后，这种非法行为变得日益猖獗。坎大哈，这个事实上的阿富汗首都，此时已成为一个繁荣的贸易中心。

然而，在塔利班统治的最后一年，新的危机开始出现。此前连续 3 年的干旱急剧削减了粮食产量。根据外国援助工作人员的估计，有几百万阿富汗人在来冬面临着饥饿问题。从理论上讲，现有的粮食援助计划足以满足需求，但塔利班政权对外国援助团体持怀疑态度且怀有敌意，其政策也使大多数最能帮助阿富汗的国家与之疏远。

三、抑制

在阿富汗以外，塔利班很大程度上是因采用奥马尔和坎大哈协商会议解释的极端且特殊的伊斯兰法而知名。至少对占总人口一半以上的喀布尔和北部地区居民来说，这样的法律通常被认为过于残酷、压 217
抑、不合理且完全破坏了正常的生活。

有几项原因导致了塔利班的极端看法。一方面，他们只不过表现了阿富汗和巴基斯坦宗教学校清教徒式的倾向，于 20 世纪 80 年代和 90 年代在沙特瓦哈比耶的影响下，变得更为极端。一方面，他们还表现出坎大哈人统治者的社会背景，这些人全都是农村教士，一点都不习惯女性集会。

然而，另一方面，塔利班只是表达了一个世纪以来许多阿富汗部落社会成员对喀布尔精英阶层集权化和现代化计划的愤恨，后者有时候是在反应迟钝地、傲慢甚至残酷地推行他们的改革措施，特别是在共产主义时期。现代观念，尤其是关于性别角色问题，还会与对外国帝国主义者的仇恨联系起来，无论是英国还是俄国。更糟糕的是，很多阿富汗人会把这种观念与软弱无能、性自由的嬉皮士及20世纪60年代和70年代聚集在阿富汗的其他冒险家联系起来，即许多农村阿富汗人第一次所接触到的欧洲人和美国人。

无论这种价值观的来源是什么，它们都被一贯采用。阿富汗唯一有效率且富有活力的政府部门是“促进道德消灭罪恶部”（Department for the Propagation of Virtue and Suppression of Vice），该部配备了一支宗教警察部队，在严厉的肉体惩罚措施的帮助下，强制执行国家法律。

有时候也有例外，例如，一些农村社区希望继续开放女校。在谢赫·阿克巴里的领导下，塔利班还能与哈扎拉什叶派教士保持联盟关系，尽管塔利班有反什叶派思想，并迫害哈扎拉贾特外的哈扎拉人。奥马尔不时也愿意否决一些明显违背穆斯林法的普什图部落习俗，如1998年奥马尔通过法令恢复了妇女一定的财产继承权和拒绝丈夫求婚的权利。

塔利班因攻击阿富汗丰富的前伊斯兰文明的考古和艺术遗产而臭名昭著。2001年2月，奥马尔下令摧毁著名的公元3－5世纪建成的巴米扬石佛。塔利班宣称佛像这样的异教徒遗物可能会诱使穆斯林走上偶像崇拜的道路，虽然这个巨大的躯干遗物曾被整个穆斯林阿富汗国容忍了上千年（他们的脸和手臂很早以前就已被毁坏），还曾被当地人称赞为一个伟大的标记。因此奥马尔的决定可以被看成是对阿富汗伊斯兰教更宽容态度的一次背离。

218 这件事后不久，塔利班官员花费了好几天时间在喀布尔博物馆系统地摧毁了3 000件非穆斯林艺术品。据说，其他展品在那一年随后

塔利班法

下面是塔利班推行的繁重法律的一部分：

·禁止演奏和听音乐

·禁止跳舞

·禁止看电视

·男士的着装规格

·要求女性在公共场合从头到脚遮盖；禁止穿白袜子，认为是对塔利班白旗的一种侮辱；禁止梳妆打扮和修饰指甲

·根据一个有限的穆斯林姓名清单，来给新生儿合法起名

·在公共交通上实行男女隔离

·以石头砸、剁手足和当众处死为惩罚手段

·全面禁止为人或动物拍照

·给阿富汗境内近乎消失的印度教徒和犹太教徒以特殊标识服装

·男子留须的最短长度

·禁止放风筝

·禁止囚养飞鸟

·禁止足球

·禁止女性在没有男性家庭成员的陪伴下出门

·禁止男医生为女性医病，反之亦然

·禁止过传统的“纳乌鲁兹”节，它被认为是起源于异教徒的习俗

·禁止对女孩子的大多数教育（甚至在私人家里也不可以）

·几乎禁止所有的女性出门在外工作

的塔利班撤退中，被夺走并迁离喀布尔。不管怎样，博物馆里 10 万件宝物中的大部分，是经过几十年精心搜集的，在 1989 年苏联撤军时已被掠夺并卖到国外，但至少它们还留在这个世界上，或许将来的某一天还会重返阿富汗。

图 40　这个家庭在伊朗难民营生活多年后重返巴米扬。由于承担不起住房，他们居住在两尊佛像曾经立足地附近的一个洞穴里。而佛像在 2001 年 2 月被塔利班摧毁。（沙伊斯塔 · 瓦哈卜提供）

塔利班在其统治的头 4 年里忽视了喀布尔博物馆。事实上，该政
219 权严峻的法律–秩序政策曾终止了那里的劫掠活动。因此，2001 年让世界震惊的野蛮行为，在全世界一片强烈的反对声（其中包括塔利班的宗教领袖和关键支持者、巴基斯坦“伊斯兰学者协会”的萨米乌尔 · 哈克）中发生，更被作为奥萨马 · 本 · 拉登在阿富汗影响力增强的一个证据。

四、全球圣战

塔利班领导人原则上不反对根据自己的意愿与美国、联合国和其他任何外国力量建立友好关系。然而，他们所从事的泛伊斯兰事业比其他任何外交政策的目标都重要，因此导致了他们的孤立并最终失败。

塔利班明白与新的中亚共和国建立良好关系是一种需要。一方面，这些国家是塔利班政权获取贸易税收的一个来源；另一方面，也是其敌人“北方联盟”的一个潜在的生命线。

1999年5月，塔利班允许暴力的“乌兹别克斯坦伊斯兰运动” 220
（IMU）领导人塔希尔·尤尔达舍夫（Tahir Yuldashev）在北方建立一个基地，并在此训练来自乌兹别克斯坦、塔吉克斯坦、吉尔吉斯坦等国的反政府伊斯兰武装分子，为沙特瓦哈比耶极端分子对他们的指导提供便利。塔利班（和本·拉登）为尤尔达舍夫和其他中亚叛乱者提供武器和培训，从而使整个地区变得不稳定。阿富汗还成为最极端和最具进攻性的车臣武装分子获得军事、资金和政治支持的一个来源地，其中包括沙米利·巴萨耶夫，阿卜杜勒·拉赫曼·哈塔卜，或被称为“埃米尔·哈塔卜”。

通过这些行动，已经成为什叶派伊朗天然敌人的塔利班，试图与其大多数邻居为敌。他们显然认为付出这样的代价是值得的，因为阿富汗已经被变成一个鼓动和支持成千上万来自世界各地的年轻募征者加入到伊斯兰革命组织的发源地。

伊朗和俄罗斯都决定尽其可能地使反塔利班组织存活下来，并阻止国际社会对塔利班政权的承认，但奥马尔有足够的理由怀疑他们会对塔利班进行直接干预。然而，因为拉近了与本·拉登的关系，奥马尔冒着激怒美国的风险——这是一个拥有军事实力和意识形态倾向，将把战场带到阿富汗领土的力量。

本·拉登涉嫌在索马里和沙特阿拉伯杀害42名美国士兵之后，苏丹迫于美国的压力，于1996年5月将其驱逐出境。苏丹显然是要把本·拉登交给美国，但克林顿政府来迟了。本·拉登在阿富汗建立难民营，并于20世纪80年代将霍斯特附近的根据地综合建筑设立为“基地组织”总部。

被人称为“谢赫”[①]的本·拉登通过迎娶“埃米尔”奥马尔的女儿为第四任妻子，与其确立了联盟关系。这笔交易让本·拉登获得了一个训练战斗人员和恐怖分子的基地，此外还与明显获胜的、有道德的塔利班联合进行价值观宣传。1996年之后的5年时间里，基地组织在阿富汗训练了大约11 000名征募者，其中有3 000人是积极的恐怖分子和自杀式袭击者。当2001年末美国进行军事干预时，大约有6 500名基地组织的外国战斗人员驻扎在阿富汗境内的许多据点里，这些据点主要集中在喀布尔和东部地区。

作为交换，本·拉登能够为奥马尔提供资金、训练、来自其战斗
221 人员偶尔的军事支持，及特别的支持，如2001年9月两名自杀式袭击者暗杀了艾哈迈德·马苏德。他还规定奥马尔有权使用其全世界范围内的支持者网络。

无论如何，至1998年，本·拉登开始成为塔利班最大的包袱。8月，基地组织策划了美国驻肯尼亚和坦桑尼亚大使馆的爆炸，有数百人被炸死，其中包括12名美国人。两周后克林顿总统作出回应，向本·拉登在霍斯特附近的根据地发射了大量巡航导弹。长距离的导弹袭击确实摧毁了一些目标，然而，也自相矛盾地为本·拉登提供了重要的宣传策略，从而放大了他无敌的传说。

对塔利班最为致命的是，塔利班政府拒绝引渡本·拉登，后者此时已成为沙特政权诅咒的敌人，随后沙特人从喀布尔撤离了他们的外交人员，可能还切断了直接的资金援助。1999年11月，当塔利班回绝了联合国安理会的引渡要求之后，联合国对塔利班实行了一次严厉的经济制裁和武器禁运（但没有制裁其对手）。早在8月，克林顿总

① 谢赫，阿拉伯语音译，原意为老人、长老、长者、学者、前辈、老师等，一般用于尊称比自己年长或学识渊博的人。

统就发布了一份行政命令以实施这样的制裁。然而，2000 年 10 月，基地组织进一步发动了自杀式爆炸袭击，这一次针对的是也门海域的美国海军舰队“科勒”号驱逐舰，但并没有激起任何军事回应，这或许是为了让奥马尔保持一个虚假的安全感。

五、鸦片、石油和国际孤立

在 20 世纪 90 年代中期，塔利班少有的可取之处之一是高喊反对违背伊斯兰教原则的鸦片贸易，并向美国和其他国家承诺查禁这种非法贸易。然而，一旦掌握权力，塔利班领导人就把他们的承诺抛之脑后，在塔利班执政的头 4 年里，阿富汗鸦片产量大幅增加。

根据联合国禁毒署发布的数据，1995 年阿富汗农民生产干鸦片有 2 000 多吨。两年内，产量猛增到 2 800 吨，其中大部分产于赫尔曼德省和楠格哈尔省，这两个塔利班的据点。1998 年因气候原因导致鸦片产量下降，但至 1999 年，阿富汗共收集了多达 4 600 吨的鸦片，是 1978 年“四月革命”前生产总量的 20 倍。

阿富汗和巴基斯坦普什图地区的化工厂把生鸦片提炼成吗啡和海洛因。通过途经巴基斯坦和俄罗斯的多条贸易路线，它们的产品满足
了 90% 的欧洲市场和大部分美国市场。其中有很多产品被巴基斯坦、 222
伊朗和中欧不断成长的非法毒品文化所吸收。

据估计，800 亿美元利润中的大部分一如既往地流入沿销售路线的罪恶中间商和腐败的官员手里，而成千上万贫穷的阿富汗农民靠抽取最终消费价格的百分之一来糊口。有人认为，塔利班通过税收和来自农民、卡车司机及其他人的回报，每年能赚取 3 亿美元。

1999 年，奥马尔下令削减 1/3 的罂粟产量。事实上，据联合国估计，产量只下降至 3 300 吨。2000 年 7 月，奥马尔下令彻底禁止种植罂粟。他要么是出于道德的疑虑，要么是想支持塔利班自己据说多达 2 800 吨的存货。再一次，塔利班政权彰显出其完全的控制力，在塔利班控制的省份内罂粟种植几乎消失了。

塔利班认为，他们可以从中亚地区石油化工产品的运输当中获取

额外所需的大量税收收入。苏联解体之后，半资本主义制度被引入继起的共和国，从而为西方国家和公司打开了一个潜在的富油区。苏联曾优先开采西伯利亚和高加索地区的油气资源，而对中亚地区已探明有前途的油田没有予以开采。

土库曼斯坦这个相对稳定的国家，在靠近与伊朗和阿富汗的边境地区有上天赐予的丰富油气田。这个国家还是现有天然气管道和已提出修建、来自更远北方的石油管道的终点站。因此，如果巴基斯坦和印度能够铺设通过阿富汗的管道，他们就可以很好地利用这些资源了。被运送到巴基斯坦的天然气，也可以通过现有的基础设施出口，即通过阿拉伯海港口。美国一直公开支持这条路线，而反对通过伊朗或俄罗斯。继任的巴基斯坦政府对此也表现出了极大的兴趣。

当 1994 年塔利班夺取坎大哈时，两个争夺管道权益的竞争者就已经开始商讨涉及土库曼斯坦政府的潜在管道问题——其中一个是阿根廷的布里达斯油气田公司（Bridas Production，早在 1991 年就投资石油开采和精炼），另一个是总部设在美国、与沙特三角洲公司合股的加州联合石油公司（UNOCAL）。双方都使塔利班加入到谈判当中，并在阿富汗设立办事机构，最终达成了一份暂时性的协议。早在 1996 年，加州联合石油公司就原则上同意为讨论中的管道线路附近的阿富汗军阀支付津贴。第二年 7 月，加州联合石油公司与巴基斯坦和土库曼斯坦最终达成一份协议，预定自 1998 年起投资 20 亿美元，铺设一
223 条从道拉塔巴德（Daulatabad）油田到巴基斯坦苏伊（Sui）的管道。1997 年 10 月，塔利班代表参观访问了阿什卡巴德（Ashkabad），随后于 11 月开始游历美国，在此，加州联合石油公司总经理带领他们穿行于国务院和其他重要的演讲场合。

然而，美国长期寻找的工程因本·拉登制造的意外伤亡而步入僵局。1998 年 8 月巡航导弹袭击阿富汗之后，加州联合石油公司暂时搁置了这个工程，并撤离了所有美国工作人员。12 月，在美国股东和女权组织的抗议之后，加州石油联合公司放弃了该项目。2002 年 5 月，土库曼斯坦、阿富汗和巴基斯坦三国政府在伊斯兰堡签署了一份备忘

录，正式重新启动天然气管道工程，但此时提议终点站修在阿拉伯海瓜德尔港（Gwadar）。三国还邀请外国公司前来投标，但加州联合公司对此再也没有什么兴趣。

只有3个国家一直承认塔利班政权：巴基斯坦、沙特阿拉伯和阿拉伯联合酋长国。至1998年，沙特因讨厌这个曾经的被保护者，从这个国家退出。而对巴基斯坦一方来说，已经厌倦了受保护国阿富汗持续不断的冲突，也因铺设管道的希望破灭而极度失望。更糟糕的是，20年卷入阿富汗事务所带来的累积效应，已经开始在巴基斯坦产生负面影响。伊斯兰武装和暴力冲突开始蔓延，塔利班出世的诱因之一就是得到了巴基斯坦境内宗教学校的支援；大量的各式武器掌握在平民的手中；官僚机构被鸦片、武器贸易和走私活动日益腐化。巴基斯坦的经济已经连续多年停滞不前，进行核武试验被国际社会制裁之后，更是雪上加霜。

1999年10月，佩尔韦兹·穆沙拉夫将军废黜巴基斯坦民选政府，建立了军事独裁政府。由于依赖着军队和巴基斯坦军情处，穆沙拉夫还不能在一夜之间就抛弃巴基斯坦长期以来的阿富汗政策，即使他有这样的愿望。然而，他的政府并没有亲近塔利班政权及其支持者，他还公然宣称巴基斯坦将步入一个新的开始。2001年9月11日之后，当遭到凌辱的美国决定用军事行动打击塔利班政权时，穆沙拉夫成为其温顺且实用的盟友。

六、2001年9月11日

即便完全抛开地理上的感觉，单就文化和经济因素而言，奥马尔 224
在坎大哈附近不大的居所离纽约市也相距甚远。2001年9月11日，纽约肯定不在这位埃米尔的预想之中，这一天基地组织策划实施了他们最具轰动效应的计划，即成功袭击了纽约世贸大厦和华盛顿的五角大楼，而袭击国会和白宫大楼未遂。

全世界的情报机构很快认识到这是基地组织发出的信号，为了让全世界几乎所有的政府和安全部门满意，美国不久也证实了这个猜测。

而穆斯林世界的大部分人，其中包括怀疑本·拉登所起作用的奥马尔，在随后的本·拉登亲自坦白承认的录音带被播放之后，才消除了他们的疑惑。

在华盛顿，刚刚就职不到 8 个月的小布什政府的反应是很难预料的。甚至消息灵通的基地组织领导人，更不用说奥马尔周围与世隔绝的坎大哈人，都没能预想到几周之后美国军队将卷入到地面战争。

在克林顿总统时期，美国看起来似乎不愿意把美国军队投入到如此危险的境地。他的政府更愿意通过高空轰炸（在科索沃和伊拉克）或远程导弹（为了回应美国大使馆袭击，在阿富汗和苏丹实施）来显示美国的力量。在最近的大选活动中，布什似乎有过之而无不及，他反对把美国军队应用到“国家建设”当中，比如他一开始就暗示不会进入索马里。布什在外交政策方面被反对者生动地描绘成不学无术和不感兴趣的。

然而，在美国本土近 3 000 名公民的死亡（这个损失数量甚至比 1941 年珍珠港事件还要大）及对首都政府大本营的袭击引起了快速且强烈的回应，而且不单指向基地组织。布什 9 月 11 日晚在对国民的演讲中，要求塔利班政府引渡本·拉登，并威胁称“犯下这些罪行的恐怖分子和包庇他们的人没有什么区别”。

在巴基斯坦军情处领导人法伊兹·吉拉尼（Faiz Girani）的影响下，奥马尔拒绝接受这个要求。这次袭击使本·拉登成为世界上成千上万穆斯林心中的英雄，特别是在塔利班的伊斯兰主义支持者当中。对塔利班不幸的是，它也集中了全世界很多国家的恐惧。

世界各国政府正面临着或有理由担心伊斯兰分子的暴力活动，如俄罗斯、印度、中亚地区共和国、法国、英国、德国、大多数阿拉伯
225 国家、以色列、菲律宾，甚至巴基斯坦。这些国家要么支持美国军队的行动，要么保持沉默不反对。170 年以来，阿富汗曾在北部和南部地区遭遇了与之对抗的强国，而 9 月 11 日几周之后，英国军队在位于两侧的巴基斯坦、塔吉克斯坦和乌兹别克斯坦都建立了先遣基地，随后还在“北方联盟”要塞附近设立了两个基地。

奥萨马·本·拉登，关于“纸老虎”

1998 年 5 月，基地组织领导人奥萨马·本·拉登在阿富汗接受美国广播公司记者约翰·米勒的采访时解释说，他有信心完全战胜美国：“1979 年的最后一周苏联人进入阿富汗，在真主的襄助之下，几年之后他们把旗帜折叠起来并扔进垃圾堆里，世界上再也没有一个叫‘苏联’的东西存在。”按照本·拉登的说法，抗苏的经验“清除了穆斯林的思想中超级大国的神话”。

他推论说，如果苏联人可以被击败，美国人则就更容易被战胜。“在离开阿富汗之后，穆斯林战斗人员前往索马里准备进行长期的战斗，并认为美国人和苏联人一样”，本·拉登说，“年轻人对美国士兵的士气低落感到惊奇，意识到美国士兵只不过是一只‘纸老虎’，几次挨打之后……拖着他们的尸体和他们可耻的失败逃跑”。

（Miller 1999）

几乎同时，布什政府宣布“反恐战争”开始，并要求阿富汗停止为基地组织和其他伊斯兰武装组织提供庇护。如塔利班政权拒绝合作（或者没有实力这么做）的话，它将被推翻。

美国军队很快集结在该地区。为了回应对饥荒的报告和担心战事会加重饥荒，美军开始准备在阿富汗各地空投食物。而塔利班控诉说这些食物被投毒，美国同时也担心塔利班可能会向食物投毒，很快就中止了这个计划。

10 月 7 日，即世贸中心和五角大楼被袭击不到一个月后，真正的战事拉开了帷幕。伴随着对塔利班和基地组织编队和设备的大规模轰炸，美军特种部队进入阿富汗各地以引导空袭，协调各反对派武装， 226
贿赂、收买部落或民兵组织领导人（这是一种历史悠久的阿富汗风气）。同时，“北方联盟”也获得了大量的资金和军事支持，如俄罗斯提供了几十辆坦克，还有一大批盟友提供了资金、武器装备和制服。

作为攻击的第一个阶段的一个月轰炸，使阿富汗国内外的民众远离，但盟国抓紧时间在反对派领导人身后的普什图地区整合支持力量，这些人包括波帕尔查伊普什图部落领袖哈米德·卡尔扎伊和穆斯林游击队指挥官阿卜杜勒·哈克，后者被塔利班抓获并处死。诸如这样的领导人将组建多民族的临时政府。然而，一旦原穆斯林游击队武装摆脱了他们的固定位置，有序交接权力的计划就与“北方联盟”挺进的步伐不一致了。11 月 9 日，他们夺取了马扎里沙里夫，12 日，伊斯梅尔·汗重返赫拉特，13 日，“北方联盟”进入喀布尔让平民欢欣雀跃，与此同时塔利班武装消失在南方。11 月 15 日，贾拉拉巴德军阀易帜。

为了对劫掠和报复行为作出回应，联合国于 11 月 13 日为喀布尔准备了一支多国巡逻部队。这支部队由从 18 个北约成员国军队中招募的 3 000 名士兵组成，于 12 月开始部署。11 月 21 日，大约有 15 000 名躲藏在昆都士的阿富汗政府军和外国志愿者同意投降。尽管已经得到了安全承诺，但其中有几百名，还有人说是几千名被杀死。还有大约 20 000 名普什图人也逃到北方地区。

12 月 6 日，即反塔利班阿富汗代表通过《波恩协议》建立临时政府的第二天，奥马尔在坎大哈把其残余武装交给了当地首领，塔利班为期 5 年的统治最终结束。随后盟军把焦点集中在基地组织身上。一声令下，该组织在阿富汗的设施被摧毁，几乎所有的武装（此时已丧失所有当地联盟）被抓捕、杀死或驱逐出国。然而，诸如奥马尔和本·拉登这样的高层领导人及其数百名追随者设法越过巴基斯坦边界，进入更受欢迎的部落机构地区。

第十一章 内战遗留问题

组成 2001 年《波恩协议》阿富汗临时政府的党派领导人和技术 227
专家当中，没有几个人有过丰富的政府工作经验。但即使是世界上最大国家的最有经验的部长，面对从表面上恢复和维持经历 23 年战争的阿富汗政府职能的挑战，也会变得沮丧。

在最基本的层面，阿富汗人民要么下落不明要么身在他乡。还有大量的人此前死于战火或贫穷。1/3 的阿富汗人居住在巴基斯坦和伊朗的难民营里。余下的许多人居住在阿富汗境内离自己家乡很远的露营地里，抑或躲藏在喀布尔和其他城市的废墟里。更糟糕的是，不管是处于国内还是国外的全体人民，都必须医治几十年暴力、不安全、仇恨和侵犯人权所引起的脆弱的感情创伤。除此之外，占人口一半的女性也要克服此前宗教统治者实施严厉的抑制所遗留的问题。

一、难民

1978 年“四月革命”之后的几十年里，有 600 多万男人、女人和儿童逃离阿富汗的战乱和迫害，前往邻近的国家避难。还有 100 多万人被迫逃离城市或阿富汗其他地区。

据统计，这些难民占阿富汗全部人口数量的 1/3 强，构成了 20 世纪 80 年代和 90 年代世界上最大的单一难民群体。虽然塔利班倒台之

228 后，人道主义危机开始减缓，而且 2001 年《波恩协议》得到执行，但重新安置难民，修复阿富汗所遭受的社会、经济和教育损伤，将花费很多年时间。

阿富汗出现第一次难民潮是继 1978 年 4 月人民民主党掌权后不久，也就是当阿富汗民主共和国政府发动大规模逮捕革命的真正的或潜在的敌人时。这些被逮捕的人被集中起来进行严刑拷打，其中很多人致死。

由于害怕也遭到同样的命运，那些历史上被卷入政府公职或政治活动的任何人，或幸运地从监狱里被释放出来的任何人，他或她都会尽可能快地逃离。在第一波逃离群体中，有大量来自喀布尔和其他主要城市的知识分子和受过教育的人。其中很多在达伍德政权时期加入白沙瓦的流亡分子圈，还有数以千计的人前往欧洲和北美避难。当共产主义政权的地位变得稳固时，越来越多的商人和专家很快感觉到他们没有未来，并开始计划离开阿富汗。

人民民主党党内基于意识形态和民族成分的派系之争一直贯穿着整个共产主义时代。政治失意者经常会逃离这个国家，有时向东欧共产主义国家寻求避难。至 1978 年末，君主制主义者、伊斯兰主义者和自由主义者继人民民主党“旗帜派”成员之后，加入流亡的行列。但他们中的许多领导人在苏联入侵阿富汗之后回国。

在共产主义者掌握权力的几个月内，库纳尔、巴达克尚、赫拉特和其他地区爆发了规模较大的叛乱活动，随之而来的是残酷的报复行动。数以千计的战斗人员逃往就近的邻国，通常是巴基斯坦和伊朗。当政府发布政令，开始实施破坏传统农村经济和社会的革命措施之后，其他人员很快潜逃。还有一些人顺从宗教的严格要求，即穆斯林要离开这个伊斯兰教已经被毁灭的国家。

在苏联占领时期（1979 — 1989），难民数量膨胀到最大规模。由于整个宗族和部落都跨越边界，居住在遍布巴基斯坦普什图地区的临时帐篷里，致使一些地区人烟稀少。在 10 年不间断的战争期间，一方面是苏联军队及其盟友，另一方面是穆斯林游击队和部落民兵组织，侵犯人权的行为也迫使很多人离开。苏联的“焦土政策”致使大片农村地区无法耕种。各个反对派力量断断续续的争斗也使情况变得更糟糕。

苏联撤军之后，内战在穆斯林游击队和纳吉布拉政府间爆发，甚 229
至曾经安全的城区现在也面临攻击，从而迫使更多的人加入到早已在巴基斯坦和伊朗勉强生存的数百万难民当中。1992 年，起初由西卜加图拉·穆贾迪迪，随后为布尔汗努丁·拉巴尼领导的穆斯林游击队临时政府代替了共产主义政府。然而，这个长时间被等待的转变仅仅是制造了几个新的难民浪潮。

新难民中包括许多原纳吉布拉政府的雇员，这些人担心新的伊斯兰政府可能会因他们与共产主义者合作而惩罚他们。与此同时，很多难民热情饱满地回到了阿富汗，可很快发现他们被困在穆斯林游击队各派别间激烈的战斗当中，因而更愿意回到巴基斯坦和伊朗安全的难民营里。

1992－1996 年间，据估计有 50 000 名平民被杀死在喀布尔，其中

图 41　塔利班倒台之后，很多回乡的难民无法支付喀布尔高昂的房价，只好住在破旧的建筑和帐篷里。这张照片拍摄于 2003 年。（沙伊斯塔·瓦哈卜提供）

大多数是死在古尔布丁·希克马蒂亚尔伊斯兰党的炮弹之下。由于连年内战的累积效应毒害了民族间关系，致使成千上万的人成为民族清
230 洗的受害者。阿富汗原有的拼凑的民族和部落布局致使很多孤立的小民族遭受了报复和驱逐。

一旦塔利班于 1996 年控制阿富汗大部分地区之后，大多数主要的穆斯林游击队民兵组织解散或被击败，而其大多数领导人及其追随者逃离阿富汗。唯有艾哈迈德·马苏德继续在阿富汗境内的潘杰希尔和巴达克尚基地抵抗塔利班。

塔利班能够接近权力，并继续巩固自己的地位，是由于得到了数以千计外国战斗人员的帮助，这些人认为自己支持的是作为伊斯兰事业一部分的新政权，而不是支持阿富汗政府。不幸的是，随之而来的压迫最终致使成千上万的本国居民纷纷离开，据估计，其中 1996 年 10 月和 12 月就有 50 000 人逃离阿富汗。

在其统治的 5 年时间里，塔利班积累了大量压迫和侵犯人权的残酷记录，他们还实施压抑的法律，尤其是针对妇女，而这些都在他们知之甚少、经过特别解释的伊斯兰教的名义下进行。那些逃脱严厉刑罚的人可能会被鞭打示众——妇女和儿童也不例外。那些被认为对塔利班怀有敌意的人变得越来越恐惧和蒙羞，其中包括大多数城市居民、什叶派穆斯林和非普什图人。

二、难民生存状态

对于绝大多数难民来说，离开家园这个令人绝望的决定，的确最
231 终让他们暂时远离了战火的蹂躏，但这只是长期贫穷和不安定生活的一个开始。特别是，难民需要艰苦跋涉好几天才能穿过崎岖的地形，这些地形通常是山区和贫瘠荒芜的土地。他们中的大多数还有雇佣熟悉逃跑路线的向导和保证沿途安全的联络人。难民白天躲藏起来，夜晚行进，以避免遭遇阿富汗民主共和国和苏联的军队。任何被政府军抓获的逃跑者，只要没有出行证明或委任书都会被惩罚，甚至还面临着牢狱之灾或被处以死刑。

2000 年世界主要难民群体

阿富汗	3 580 400
布隆迪	568 000
伊拉克	512 800
苏丹	490 400
波斯尼亚-黑塞哥维那	478 300

来源：马托佐，联合国难民高级委员会，《难民数量，2001 年版》(Refugees by Number 2001 Edition)，来自 www.safecom.org.au/opendoc.pdf

这样的旅途对于孩子和老人来说是异常地艰难。然而，当政府失去对边境地区的完全控制时，大多数家庭会设法与已经安全到达难民营的人取得联系——但几乎没有什么资源可用。由于家园和牲畜已被毁坏，他们只好背上仅有的一点行囊逃离。

绝大多数难民，几乎都是农民或无技术的劳动者，在靠近阿富汗边界附近的难民营里安顿下来。他们中很多人在难民营艰难的条件下生活了 20 多年。骄傲、勤劳的阿富汗人被剥夺了传统的生计，开始依赖于各种国际机构的救济品。

有超过 150 处营地最终在巴基斯坦被建立起来，绝大多数难民就生活在这里。巴基斯坦政府为了给符合条件的难民发放援助物资，就要求他们向某一个政党组织登记注册。只有相当一小部分阿富汗人拥有必备的资金或技术，能够进入巴基斯坦城市，开展自己的生意或找到工作。他们的子女是极少数的有机会接受教育的人。

难民营里没有漂亮的房子、清洁的用水或基本的卫生设施。女性和婴儿的死亡率在阿富汗一直居高不下，而在难民营只会更高。抑郁症和精神疾病在这里异常普遍，有不少人无法忍受常年的不安全而自杀身亡。

大多数难民是普什图人，而且他们中的大部分逃往巴基斯坦，在巴基斯坦普什图人口与在阿富汗的大概一样多。其他到达巴基斯坦的主要民族有塔吉克人、土库曼人和哈扎拉人。而后者早在19世纪末英帝国统治时期，即阿卜杜·拉赫曼第一次征服他们在兴都库什山的家园后，便加入到了巴基斯坦的社区生活，并生根发芽。

逃往伊朗的大多数难民是什叶派穆斯林和来自哈扎拉贾特和赫拉特操达里语的人。这些难民与伊朗人使用着共同的语言，因此他们觉得自己在文化上与巴基斯坦人，甚至有时与阿富汗人相比，与伊朗更
232 为亲近些。还有极少数阿富汗人移民前往其他国家。在美国，很多阿富汗人居住在加利福尼亚的海湾地区和纽约市区。长期居住或完全居住在阿富汗之外后，大部分难民子女接受了他们宗主国的文化。

三、滥用人权

没有一个国家有完美的人权记录，甚至很多连人权问题普查也没有。1978年之前，按照国际标准，阿富汗还没有一个标准化的政府。事实上，穆罕默德·达伍德总统通过宫廷政变建立的政权，操作方式不民主，无法容忍异己者，也不关心政策程序的细化。而且，诸如性别平等和家庭、宗族中个人的自由观念——这些至少被普遍接受的原则——至晚在20世纪70年代的阿富汗还存在争议。

然而，这是一个稳定、相对和平的国家，这里的人民期望在没有受到迫害或过度暴力的威胁下生活。整个20世纪，阿富汗也取得了一些缓慢的进步，特别是在城市，包括扩大了女性的权益、被压迫少数民族得到了解放、学术自由，以及其他典型人权议程中的内容。

1978年的“四月革命”改变了这个现状。从那时候起，“民主共和国”使成千上万的无辜者遭受了不经审判的拷打和处死。很多阿富汗人被迫逃离家园，为了保住他们自己及其家人的生命，不惜抛弃财产和牲畜。大量的阿富汗人在国家安全系统中失踪，这一幕幕在喀布尔臭名昭著的普里·查尔希监狱和其他省份类似的监狱墙内外上演。由于对政府的恐惧，大部分失踪者的家庭成员甚至不敢询问失踪者的命运。一些确实曾询问的人被当作“革命”的敌人被质询、审判和惩罚。时至今日，几十年过去了，很多家庭仍不知他们爱人的下落。

和20世纪所有的共产主义政权一样，阿富汗建立了庞大的秘密警察和情报网络来监控公民。人民在自己家中也不敢谈论政府。孩子经常被老师或政府机构严加盘问他们父母的意见。离开国家被认为是犯罪行为。有数百万人设法逃离，但那些被抓住的人经常被惩罚或当场杀死。媒体和教育制度被认为是国家的武器，绝对不允许独立于人民 233
民主党自身之外的政治活动出现。

和20世纪80年代的苏联军队的逐渐绝望一样，他们的战场策略近乎于种族灭绝。那些被认为同情反叛者地区的成千上万居民，被轰炸机、武装直升机、大炮和近距离扫射杀死。

抵抗苏联期间，每一个穆斯林游击队政党和民兵组织都从有限的民族或宗教社区获得支持。他们的领导人还通过改变敌友的策略以竞争支配运动的权力。在战场上，这种行为最终导致了敌对政党成员和战斗人员被逮捕、拷打或杀死。而且每一个派别都有自己残酷的监狱。

当1992年纳吉布拉政权倒台时，穆斯林游击队进入喀布尔和其他主要城市，这些城市自1978年就被共产主义者统治。对那些与前政权有联系的人的报复行为也非常普遍。在政治属性上几乎都是伊斯兰主义者的穆斯林游击队根据保守的伊斯兰法，开始实施新的限令，特别是针对妇女。

各民族间的武装冲突在内战期间升级。哈扎拉人、塔吉克人、乌兹别克人和普什图人有时发现他们自己是一个或更多异族袭击的目标。塔吉克人和普什图人都犯下了一个被称为“死亡舞蹈”（the dance of dead）的种族罪行。即他们砍掉一个站立的受害者头颅，无头尸跌倒在地，开始摇晃。在喀布尔邻近地区或农村地区，当一小片领土控制权易手时，该地区的所有居民都被惩罚。武装的民兵组织经常进入手无寸铁的平民家里，屠杀并经常强奸妇女。有一些妇女会被带走，嫁给他们的指挥官为妻，年轻的女孩还被卖到妓院。那些拒绝离开家的女孩有时会当着其家人的面被杀死。

继苏军之后，穆斯林游击队对平民区展开火箭弹和迫击炮袭击。尤其是，希克马蒂亚尔的伊斯兰党因袭击喀布尔的其他抵抗组织和平民而名声大振。

当1996年塔利班掌握权力之后，该政权在全国范围内推行经严格解释的穆斯林教法（sharia），其中也包括历史传统完全不同的地区。法令经常被“促进道德消灭罪恶部”的警察专横地强制执行。

234 女性成为塔利班法律歧视的主要对象。他们被禁止在家外工作或学习，甚至不能冒昧出门购物，除非从头到脚遮盖起来，并由一名男性亲属陪伴。有很多女性通过自杀来结束这样的痛苦。

塔利班还迫害少数民族和宗教族裔。大规模屠杀什叶派哈扎拉人几乎成为家常便饭，例如，2001年1月，塔利班武装从哈扎拉“阿富汗人民伊斯兰联盟党”武装手里重新夺回巴米扬省的亚考龙镇（yakaolong）时，他们挨家挨户搜寻抓捕了约300名男子，并在镇中心当众将他们枪杀。塔利班武装还阻止人道主义救援进入巴米扬的哈扎拉人那里。

2001年5月，塔利班通告印度教徒必须佩戴与众不同的徽章，从而与穆斯林区分开来。此后，很多印度教家庭纷纷逃离这个国家。

四、女性权益

一个世纪以来，各个阿富汗统治者间歇性地设法推行支持女性权益的改革措施。通常，这样的改变会引起强烈的政治和社会反应，因此有时会适得其反。

埃米尔阿卜杜·拉赫曼·汗下令停止逼迫寡妇嫁给她已故丈夫一个亲属。不管怎么样，这个习俗自此之前没有被广泛地遵守。20世纪初期，阿曼努拉试图推行一系列改革措施以提高妇女的权益。他通过自己的妻子和其他皇室女性成员在官方庆典上穿着西方服饰公开露面，以鼓励妇女摘掉他们的面纱。阿曼努拉还建立了女校，甚至派遣有才华的年轻女性出国深造以获得专门的技能。他的这些努力激怒了毛拉和部落领袖，最终导致他被推翻。

从20世纪60年代开始，受教育的女性开始在阿富汗政府当中担当要职。其中几位还被当选为议会议员，或被任命为内阁部长。大学和高等教育机构的女学生数量大幅增加。在这些教育机构推行男女同校制度，从而使女性有机会与其男性同伴并肩学习，1992 年之前，也没有明确的规定要求她们的穿着。在政府的支持下，女性再一次被送到国外进行深造。

查德里（chadri）

“查德里”，也被称为“布尔卡”（burqa），即塔利班时期强制女性穿着的一种从头到脚的外衣。是用一种多褶的材料制作而成，当穿上时，看起来像一个麻袋。

穿戴“查德里”的女性只能通过 2×4 英寸大的网眼看外面的世界。视力较差的女性在穿戴“查德里”时无法带上眼镜；其他身体较虚弱的女性，会感到呼吸困难。这两种人自然被囚禁在自己的家中。

很多普什图女性穿着这种服饰已有几百年，但并没有在全国范围内通行。塔利班到处强制推行“查德里”，并对那些胆敢无视法律的人实施惩罚措施。

图 42　许多女性仍穿着“查德里”，部分人是出于对穆斯林游击队、塔利班和基地组织的恐惧，担心他们某一天会重新上台。（喀布尔，2003）（沙伊斯塔・瓦哈卜拍摄）

235 作为首相，达伍德积极倡导女性权利。他废除了强制穿着“查德
里”的制度。在 1959 年 8 月的阿富汗独立日庆典期间，来自皇室的女
性成员裸露着脸出现在公众面前。在政府的鼓励下，大量年轻受教育
236 的女性也摘掉了他们的“查德里”。很多宗教领袖对此感到异常愤怒。
极端分子骚扰那些没有遮脸的女性，一些人还向裸露的大腿上泼硫酸。
达伍德惩治了作恶者，并有效地镇压了反对派。

虽然在喀布尔和其他一些城市的女性开始享有这种限制较少的生活，但农村和部落地区的妇女地位仍然很大程度上没有改变。依据法律，男性可以对女性进行无限制的控制，女性被要求顺从他们的丈夫和姻亲。强迫婚姻行为普遍存在，年轻的女孩经常屈服嫁给比她年长得多的男性。

从 1965 年建立之初，人民民主党就倡导女性的平等权利。该党主要领导人阿娜希塔·拉特布扎德就是女性权利的主要倡议者，她主持会议与女性讨论她们的权利和义务。政府统计数据显示，人民民主党时期，加入到社会、政治和经济事务中的女性越来越多。在喀布尔和北部城市，很多女性穿着欧洲服饰，并在公共场合不戴面纱出现。1979 年，共产主义政权发布政令规定童婚和逼迫婚为非法。部落首领反对这个法令，政府没有强制执行。

当 1992 年穆斯林游击队进入喀布尔时，伊斯兰政府开始宣布实施对女性的限制。女性被要求在公共场合遮住头部，更糟糕的是，她们成为民族复仇和政治攻击者的袭击目标。

1992－1996 年间，喀布尔的女性尤其脆弱，像该城一样被军阀瓜分。其中有很多被绑架、强奸、拷打并在敌对派别的强迫下结婚。数以千计的战争遗孀，通常是他们家庭唯一能负担家计的人，因担惊受怕而不敢出门。

1996 年塔利班掌权之后，女性彻底失去了她们仅存的一点权益。进入喀布尔的第二天，塔利班通过广播宣布穆罕默德·奥马尔的命令，不允许女性离开家门。根据这条法令，女学生被驱逐出校门，政府中的女性职员失去了工作。女性最后被允许出门，但只有在其男性亲属

的陪伴下才行。而那些已经失去男性亲属的女性则无法出去，即使她们需要看病也不行。店员被禁止向女性顾客出售商品，如果他们不这么做，将受到惩罚。

一声令下，女性成为宗教警察关注的主要目标。如果她们不顺从服饰规则或塔利班的规定，将被当众羞辱或鞭打。

“查德里”成为女性在公共场合的必穿服装。8 岁以后的女孩教育 237
被禁止。禁止妇女穿白色袜子或鞋子，这种行为被认为是对塔利班白色旗帜的侮辱。还禁止女性甚至包括没有其他养家糊口方式的战争遗孀在家外工作。唯一例外的是女性医疗工作人员，但她们只能医治女病人，而男医生不能医治女病人。

1997 年 9 月，塔利班分别建立了男性和女性医院。在喀布尔的 22 家医院当中，只有一家可以接受女病人。直到国际红十字协会施加压力之后，塔利班才被说服增加了几家女性医院。很多患有急性精神和肉体疾病的女性从来没有得到过医治，从而为后塔利班时代遗留下了难以克服的问题。

第十二章　解决战争遗留问题

238 2001 年末，塔利班政府几乎还没有给阿富汗的政治或军事生活留下什么明显的印记，就已经分崩离析。阿富汗又重新回到 1995 年前的现状，即穆斯林游击队指挥官瓜分喀布尔和北方非普什图人地区，同时大量的部落首领和地方军阀竞争东部和南部的普什图地区。不幸的是，塔利班的统治确实给阿富汗社会生活遗留下了棘手的问题：各民族间误解太深、教育体系的致命破坏、缓慢进步几十年的妇女地位的逆转。此外，鸦片加工成为国民经济的基础。

与上述消极因素相对立的是两个积极因素：人民开始厌倦了战争并渴望重建；被 2001 年 9・11 事件极度震惊的国际社会都优先考虑解决历时 1/4 世纪的阿富汗危机。

一、政治重建

塔利班政权倒台后的 5 年时间里，阿富汗的政治稳定虽然道路不平坦，但总体上趋于稳固。经过一个零乱但大体上和平的过程，一个以喀布尔为中心的临时政府赢得了来自世界上大部分权力中心的承认，虽然它的权威在喀布尔之外仍旧很脆弱。2004 年 9 月，阿富汗举行了该国历史上第一次选举国家首脑的活动，最终哈米德・卡尔扎伊当选为任期 5 年的临时总统。一年之后，议会和各地方选举活动开始。

2005 年 12 月 19 日，351 名新当选的议会上下院的男女议员正式召开第一次会议。议会下院人民院的任务是划分各地行政区的界限，以使 239
各地方议会选举于 2006 年如期进行。

阿富汗的政治重建进程在 2001 年 11 月 28 日就已开始，当时有来自“北方联盟”、白沙瓦政党组织、扎希尔周围的君主制主义者和其他流亡者的 28 名代表会聚波恩，以决定阿富汗未来的政治命运。这次会议由联合国特使拉赫达尔·卜拉希米主持，他在此之前已经花费了 4 年时间设法为实现阿富汗和平而进行各方的调解，但毫无结果。其中许多细节已经在早先的会议和 11 月 13 日在纽约召开的“6 + 2”会议被敲定，“6 + 2”指阿富汗的 6 个邻国，加上美国和俄罗斯。

长期担任伊斯兰促进会领导的布尔汗丁·拉巴尼仍旧是阿富汗名义上的总统，并拒绝让出职位，但当第一次迈出民族和解的重要一步时，追随拉巴尼的塔吉克领导人转而支持哈米德·卡尔扎伊。卡尔扎伊是波帕尔扎伊（populza i）部落的领袖，这个大的普什图部落早在 18 世纪就诞生了阿富汗历史上第一批君王。卡尔扎伊在塔利班执政初期就与其决裂，当美国以武力打击塔利班时，他重整普什图人支持力量以抗击该政权。12 月 5 日，签署《波恩协议》。按照协议将组织一个为期半年的临时政府。12 月 22 日，卡尔扎伊宣誓就任临时政府主席，协助他工作的是 5 位副主席和 29 位部长，其中很多是塔吉克人。

2002 年 6 月 2 日，大支尔格会议在喀布尔如期召开，这次会议由全国 362 个行政区内选举出来的 1 450 名代表参加。其中女性代表必须确保 160 个席位，25 个席位被分配给游牧民，100 个席位代表居住在伊朗和巴基斯坦的难民。在这次会议上，卡尔扎伊被推举为任期两年的临时政府总统，而此前两个竞争国家首脑的反对者扎希尔（只是礼节性的授予“国父”的称号）和拉巴尼宣布退出。这一次努力，使阿富汗最终排除了长达 250 年的君主统治和拉巴尼及其同事差不多在 40 年前开展的伊斯兰政治运动。卡尔扎伊组建的新内阁被支尔格会议批准，其民族分布均衡。卡尔扎伊总统还任命了一个由 35 人组成的宪法委员会（其中女性占 6 名），为 2003 年 12 月召集的另一次支尔格会议提交讨论文件。2004 年 1 月 4 日的会议上，有超过 500 名代表投票通过了宪法，正式宣布阿富汗是一个保障宗教信仰自由的伊斯兰共和国，并规定毛拉或乌理玛在政府中不能发挥作用。

宪法还规定由人民选举出一个拥有实权的总统，并由总统提名部
240 长和最高法院法官的人选，最终由议会批准生效。总统还任命了议会上院长老院的 1/3 成员，任命人员中必须有一半是女性。而余下的2/3席位由各省行政区议会选举产生。议会下院人民院由人民投票选举产生。根据阿富汗地方主义传统，宪法规定了村级、城市、行政区和各省地方议会选举。宪法修正案需召集议会上下两院外加各省、行政区议会的议长组成的支尔格会议来进行。没有宪法修正案可以破坏伊斯兰教的作用，尽管对这个作用的定义尚不明确。

2004 年 10 月 9 日，阿富汗总统大选平静地举行，或许这才是临时政府的头等大事，在阿富汗及巴基斯坦和伊朗难民营里共设置了25 000个投票站。尽管有重复投票和对当地选民恐吓的传言，但根据绝大多数当地和国际观察家判断，注册登记和投票过程（在联合国的帮助下进行）在整个国家和难民营当中公平地执行。加大对美国和北约军队的部署，意在把塔利班和军阀的暴力破坏降到最低限度，尽管有极少数选举工作人员被杀死。

最后，卡尔扎伊获得了 800 万选票中的 55%，而注册登记的选民有 75% 参加了投票活动。其他 3 个主要候选人——如我们所熟知的穆斯林游击队指挥官、乌兹别克人将军阿卜杜勒·拉希德·多斯提姆，什叶派领袖穆罕默德·穆哈基克，原北方联盟领导人、塔吉克人尤努斯·卡努尼——没有一个能够突破其民族基础。

马苏达·贾拉勒（Masooda Jalal）是唯一的女性候选人，也是2002 年支尔格会议上唯一向卡尔扎伊发起挑战的人，她最终获得了1% 的选票，但她和两位女性副总统候选人向主要的候选人施加了压
241 力，使其公开支持女性权利问题。卡尔扎伊在其第一届内阁中任命马苏达·贾拉勒为女性事务部部长，此外还有两名其他女性部长。

2004 年 12 月 24 日，新内阁宣告成立。新内阁把最常见的一些军

阀排除在外，如艾哈迈德·马苏德的继任者、前国防部部长穆罕默德·法希姆，反而在经济和重建部门安排了几名备受尊敬的技术专家。卡尔扎伊的确任命了伊斯梅尔·汗为能源部部长，以作为撤销他的赫拉特长官的补偿，他曾在那里通过残酷的高压策略重建秩序和繁荣。2005 年 3 月，卡尔扎伊让多斯提姆担任军队高层职位，但他的职责一直没有得到明确。

这两次任命都是为了尝试吸纳老的指挥官。卡尔扎伊汇编了一本混合的名单，有时候让军阀或毒枭轮流担任各地方或全国性的职位。但只有在扩充国民军队和解散民兵组织的任务成功完成之后，才能彻底地肃清这些人。2005 年 2 月，卡尔扎伊成功地替换了 6 位麻烦的省长。

2005 年 9 月，阿富汗议会选举开始。有超过 5 000 名的候选人竞选人民院的 249 个席位。为了减弱原穆斯林游击队组织的影响，尽管与这些组织有联系的很多人当选，但选举是按照候选人而非政党组织投票的。一个可能无意识的结果是参加投票人数的减少，全国注册登记的 120 万名投票者中（其中还包括约 50 万的游牧库奇人）只有一半多的人参与了投票活动。在喀布尔和很多普什图地区投票人数很低，特别是那些被报告有叛乱的地方。各省级议会选举也在这一时间举行。几周之后，长老院的 102 个席位在各省议会投票和总统的任命下，逐渐被填满。

至 2006 年，规划的两万个村委会中的大多数都进行了投票选举，其中就有一半批准通过了他们的发展规划。美国国际发展机构（AID）通过向当地每个家庭提供 200 美元来资助这些规划。这些规划将涉及学校、公路、灌溉和饮用水工程，他们还期望把人权章程包括进来。

二、外国势力介入

当 2001 年末，美国（及其盟友托尼·布莱尔首相领导的英国）对阿富汗发起军事干预时，美国军队和外交政策的精英们都力图避免重复 20 世纪 80 年代的错误。当时他们只是一心一意地想把苏联军队 242

驱赶出去。罗纳德·里根和老布什政府都允许巴基斯坦控制和分配用于反苏的资金和武器装备。1989 年苏联撤军之后，美国不再染指这个问题，继而把焦点转向伊拉克。按照当时的主流观点，如果对阿富汗多一点持续关注，可能会阻止它落入奥萨马·本·拉登的手中。

与之相反，小布什政府决定在新的阿富汗政府成立，并有能力抵抗塔利班和基地组织之前，将在阿富汗境内部署大量的军队。在英国、北约盟友及来自联合国的罕见的支持和合作下，美国军队很快就取得了胜利。大部分阿富汗政治武装组织都接受了外国军队存在的现实。新任美国驻阿大使，据说每天与卡尔扎伊商讨事宜，被起了一个“总督”的诨名。自 2002 年遭遇暗杀企图之后，卡尔扎伊受到美国特种部队的保护。塔利班残余武装低层次的暴力反抗活动在 2005 年和 2006 年稍微有点增强，外国军队有时不可避免地卷入到部落复仇和与鸦片有关的暴力冲突当中。至 2006 年末，美军战斗死亡人数保持在 200 人上下。

大部分美军伤亡都是由攻击塔利班要塞时的临时突围行动引起的，尽管路边炸弹也夺去了他们的生命。截止到 2006 年，美军还没有像以前的苏联人那样，成为报复袭击的主要目标。然而，由于美国虐囚事件的冲击，特别是发生在古巴海军基地关塔那摩监狱的一幕幕，在喀布尔和其他城市激起了轮番的抗议声。2005 年 5 月，有囚犯控告关塔那摩监狱美军看守曾当着他们的面亵渎《古兰经》，之后阿富汗至少有 15 名反美抗议者在与警察的冲突中被杀。2006 年 5 月，一辆失控的美国军车发生碰撞，至少 3 名阿富汗人死亡，随后在喀布尔引起了骚乱。

2002 年初，只有 4 000 名地面部队被部署在阿富汗，其中包括空军支援部队、工兵和审讯者。至同年 8 月，这个数字翻了一番。为了应对阿富汗各个地方大量不同的军事任务（其中包括正在进行的反塔利班运动），美军总数在不断增加。2004 年总统大选前夕，美军突破 20 000 人，整个 2006 年一直基本保持在这个数字。

2001 年 11 月 13 日，即“北方联盟”进入喀布尔的那一天，联合国呼吁国际安全援助部队（ISAF）要抑制住首都地区的劫掠和报复行为。12 月，来自北约组织 18 个成员国的约 3 000 名士兵开始部署在喀布尔，他们 6 个月的托管期后来被一再延长。北约组织于 2003 年 8 月正式接管了国际安全协助部队（还包括来自澳大利亚和新西兰的部队），这是历史上第一个跨越欧洲-大西洋区域之外的联盟。随后的 10 月，联合国授权在喀布尔郊外部署一支部队。至 7 月，除美国外的北约部队人数达到了 17 000 人。一些较小的北约组织成员国提供了专业的技术人员，如摩托化或直升机连队、医疗队和空中交通控制员。 243

图 43　2001 年 11 月塔利班倒台之后，由于阿富汗没有一支正规军，国际安全援助部队担负起了喀布尔的安全职责。（沙伊斯塔·瓦哈卜提供）

外国军队在喀布尔政府扩大对全国的控制中发挥着重要作用，特别是在各省区重建小组（PRT）参与的情况下。每一个省的重建小组都包括了约 80 到 200 名的外国士兵、来自阿富汗各部门的民用专家、来自北约组织成员国和其他欧洲国家的政府机构及联合国的特使。至 2006 年初，23 个省区重建小组走马上任，为社会提供安全保障、帮助建设基础设施和其他“国家建设”工程。他们还干预并阻止当地的冲

244 突，协助联合国进行裁军计划。喀布尔的很多非政府组织对此持批评的态度，他们控诉重建小组经常从当地军阀那里捞好处，激起了更多对外国人的怨恨，从而使自己的工作很难进行下去。2006 年夏季，北约组织开始负责美军在阿富汗南部和东南部地区的任务，同年 10 月，全面接管了整个阿富汗。

联合国，除了给美国和北约的军事干预提供合法性外，还在后塔利班时期阿富汗的几个重要领域内发挥着作用。除了如联合国儿童基金会（UNICEF）和世界卫生组织（WHO）这些我们所熟悉的机构进行的救济和发展工作外，2003 年 3 月，安理会决议授权联合国协助阿富汗代表团（UNAMA）帮助阿富汗准备大选和协调其他援助，该代表团雇佣了 500 名工作人员，其中 75% 是当地居民。

联合国最有前途的项目之一是其裁军、遣散和重整计划（DDR）。至 2005 年末，该计划组（主要由日本资助）宣称已经使约 63 000 名民兵放下武器，其中大部分是原“北方联盟”的士兵，他们用自己的武器交换了工作培训、现金和其他援助。绝不是所有的民兵组织指挥官都愿意合作。2005 年发起了后续的计划，以处理共 2 000 个较小的、不是很正式的民兵组织中的约 125 000 名成员。

至 2006 年初，裁军、遣散和重整计划还收缴（解除武装并贮藏起来）超过 12 000 件坦克、导弹、防空炮和装甲车。该组织一开始估计仅能收缴 4 000 件这样的武器，但阿富汗几十年来从世界各地接受了大量的外国武器援助，要想作出精确的估计是不可能的。

许多非政府组织在阿富汗有着很长的历史。有超过 2 000 个大大小小的组织存在于阿富汗，并在不可能的条件下与塔利班、当地军阀和犯罪团伙斗争。塔利班倒台之后，许多非政府组织工作人员被杀害。2004 年 6 月，“无国界医生组织”的 5 名医生在巴德吉斯省被杀死，随后该组织撤离阿富汗，而在此之前他们在阿富汗已经工作了 24 年。

在 2001 年 12 月的波恩会议上，经确定阿富汗人需要 220 亿到 450 亿美元的资金援助用于重建，自然这些钱要来自世界其他国家。过了一个月，超过 60 个捐助国代表聚集在东京，开始评估联合国发展计划编辑的报告，世界银行和亚洲发展银行认为10年间需要150亿美元主要用于排雷、教育、医疗卫生和基础设施建设。最后，与会国和非政 245
府组织允诺提供45亿美元用于头5年的重建。2004年4月进一步磋商会议在柏林召开，会上约有50个国家和11个非政府组织允诺为今后3年的阿富汗提供82亿美元。同样的参会者于2006年初在伦敦聚集以进行下一轮的磋商。

三、增进安全

安全在旁观者的眼里，不同的观察者将给出完全不同的评估。当主要的非政府组织回避阿富汗大部分地区时（2005年35个援助工作人员当中有10个被杀害），政府及其美军盟友指出安全得到改善的迹象。

至少塔利班遭到了重创，已经没有能力使2004年和2005年的选举活动脱轨，或着说暴力威胁不会大范围影响到投票活动了。2006年有数千名塔利班战斗人员仍在活动，但对阿富汗政府的存在不再是什么严重的军事威胁了。2006年春季，塔利班增强袭击力度招致了包括空袭在内的大规模反攻行动，据说杀死了几百名叛乱分子。然而，2005年约有1 600名政府军和平民死亡。叛乱者通过随意地袭击工人、当地警察或当地男女同校的学校，从而使重建工程进一步复杂化。目前为止，据说他们严重地缺乏资金和装备。叛乱者把再度复兴的任何希望都寄托在巴基斯坦边境地区的宗教学校和清真寺里，特别是在奎达地区，在那里当地普什图人和难民、武装人员都很相似，他们在布道和课堂上继续煽动圣战的火焰。至晚在2006年，塔利班和基地组织武装仍旧享受着巴基斯坦西部地区普什图部落的热情好客。

各军阀间的争斗变得比以前更为零星。2004年末，多斯提姆麾下的乌兹别克人和军阀、巴尔赫长官阿塔·穆罕默德领导的塔吉克人在北方地区用重型武器展开激战。2005年，为了能够竞选议会，他们二人都裁减了各自主要的武装人员。

2005年5月，一个在国家层面允诺的特赦计划最终落实，尽管非普什图政党组织对此表示反对。在很多省政府官员与热心的美军军官的合作下，曾稍有成效地提出了自己的特赦和平反计划。一些前塔利班军官被整合进当地的武装警察部队里。

如果没有一个强大的中央军队，阿富汗绝对不会享有国内的和平。要想把一个临时拼凑的武装建成一支正规军将花费很多年时间。截止
246 到 2006 年，阿富汗军队宣称已经有 35 000 名训练有素的军人投入战场，而且另外还有 4 000 人正在接受训练。31 个军营当中有 28 个已经做好了战斗准备，他们中有很多人已经加入到战斗当中。根据非官方的说法，征兵人员试图保持整个军队中民族构成的均衡。根据 2005 年中期的报告，许多潜在的征募者因营养不良或缺乏维生素，反映出身体健康状况不佳而遭到拒绝，而文盲并不是一道槛，甚至据说有很多军官不具备阅读能力。美国在北约组织的大量帮助下，在训练和装备阿富汗军队方面承担了主导性的作用，正如 20 世纪 60 年代和 70 年代的苏联人所做的那样。2005 年 3 月，阿富汗国家军事学院正式成立，并有 30 名教授和 112 名军事学员。这所学校还与美国西点军校确立了合作伙伴关系。

由多民族共同组成的军队曾比较成功地镇压了敌对民兵组织间的战斗，但在很多地区，和美军所做的一样，都依赖于与当地民兵组织合作。至 2005 年末，在喀布尔以外的 4 个军区，每个都驻扎着一个 3 000人的旅。

2006 年初，雇佣近 60 000 名国家公路和边界治安警察并把他们安置在全国各地。很多前穆斯林游击队、甚至塔利班战斗人员都加入了这个行列。在一些非政府组织的参与下，政府签署命令对这些警察进行人权知识培训，但据说服从程度参差不齐。在一些地区，警察在镇压如绑架勒索和毒品交易暴力行为等犯罪活动上，没有塔利班政权成功。2005 年 3 月，一个美国支持的人权观察组织控告前军阀此时摇身一变成为省区长官和高级警察官，这些人曾“涉及大量强奸妇女和儿童、谋杀、非法拘留、强行免职、贩卖人口和逼迫婚姻。”（http：//hrw. org/english/docs/2005/03/10/afghan10299. txt. htm）

即使所有的反对派和私人民兵组织都被解散，地雷仍然是需要花费很多年才能克服的一个安全问题。战争遗留下来的地雷约有 500 万到 700 万颗。2002 年，联合国阿富汗地雷行动中心（UNMACA）花费了约 6 400 万美元，部署了 200 个清理队伍，最后清除了 40 000 颗地雷，划分出许多个不明确的区域，销毁了 90 万件炮管。2006 年，在当地居民的帮助下，还有很多窖藏的炮管陆续被挖掘出来。在 2004 年，每个月有 100 人，通常是孩子，被地雷炸死或致残。至 2005 年，约有 8 000 名排雷人员为 15 个组织部门工作，其目标是在 2015 年之 247
前，彻底地清理人口密集区的所有危险地带。截止到 2006 年初，联合国阿富汗地雷行动中心宣称，有 280 万件爆炸装置（地雷和炮管）从 320 平方公里（124 平方英里）的土地上被清除出来。

四、经济复苏

几十亿美元的军事和经济援助资金和几十亿美元的鸦片财富帮助启动了经济复苏，至少与战争年代的大萧条相较而言是这样。大量难民的回归及安全形势的稍微改善致使很多观察员都期望能不断改进，尽管维持下去仍旧是一个长期目标。

阿富汗的国内生产总值最后反弹到了“四月革命”前的水平。从 1977 年的数据 37 亿美元持续滑落到 2000 年的 27 亿美元左右，但 2004 年上升至约 40 亿美元，2005 年达 50 亿美元多。（鸦片出口每年带来额外的 27 亿美元）战后的经济增长率，2002 年达到 29%、2003 年 18%，但 2004 年下滑到 7.5%，其中的原因之一是持续的干旱天气直到 2004－2005 年冬季才结束。2002 年 9 月，阿富汗政府成功地发行了新货币，试图改善金融市场的稳定性。一单位新的阿富汗尼将替换一千单位旧的阿富汗尼。至 2006 年初，新阿富汗尼仅贬值了约 15%，与美元的兑换率为 49：1。

如果主要的基础设施建设项目完成的话，可能会刺激国内外贸易的发展，进而把阿富汗与外界连接得更为紧密一些。重建喀布尔-坎大哈 1 号高速公路路段（主要由美国国际开发署资助）于 2004 年末彻底完工，而坎大哈-赫拉特的路段仍在继续修建，还有很多地方的公路和桥梁工程也正在开展。2005 年 3 月，美国军方宣布修建价值 2 800 万美元的通往塔吉克斯坦的车辆和人行桥梁，计划于 2007 年初竣工。其他如连接乌兹别克斯坦、土库曼斯坦和伊朗（这条线路将第一次直接把阿拉伯海与中亚地区甚至中国连接起来）的国际公路或铁路，是政府间访问和新闻媒体频繁释放出来的话题，但直至 2006 年中期，一切都还处于计划阶段。

和其他很多贫穷国家一样，无线技术带动了电话事业的蓬勃发展。2002 年，阿富汗只有 33 000 条陆上线路，外加 15 000 件移动设备；至
248 2005 年末，阿富汗的两大移动公司在投资了约 2.4 亿美元之后，大概拥有了 130 万名客户。2003 年，阿富汗获得了“.af”网络域名，网络俱乐部开始在各大城市出现。

至 2006 年，长期计划修建的从土库曼斯坦气田到消费国巴基斯坦的管道由于缺乏重要的私人利益而仍被拖延，这主要是由于阿富汗的安全形势所致。然而，在 2005 年 3 月卡尔扎伊与几个部长访问巴基斯坦期间，与其盟友巴基斯坦签署了美国提出的“反恐战争”合作协议，这份协议规定了双方定期举行政治磋商及发展贸易、交通运输和旅游业的措施。

2001 年阿富汗的电力生产还主要依靠便携式发电机，至 2005 年，喀布尔和其他城市大部分地区的电力部门得以恢复，尽管才只有战前有限发电能力的一半。边境地区的用电则来源于邻国的高压输电线路网输入。

即使在最好的年景，阿富汗只有 12% 的土地适合于耕种，但由于疏忽和战争的破坏使得南部地区沙漠化日益严重，而东部地区森林被大面积砍伐。连续数年的干旱天气让恢复农业生产的努力变得复杂化，
249 但 2005 年积雪和雨水灌溉促进了粮食增产。种子和肥料的连续分发、排雷计划和重修被破坏的水利设施系统，都将有助于提高粮食产量，只要安全得到保障，至少可以恢复到战前水平，而且阿富汗战前的 22 个农业研究站将被重建或改造。

图 44 一位农民在犁耕自己的土地，为种植冬季作物做准备（巴米扬，2002 年）。（沙伊斯塔·瓦哈卜提供）

战争期间，有很多稀有的野生水果和坚果树林被砍伐，收集在喀布尔的珍贵的国家级种子被毁坏。其中，有许多水果和坚果是阿富汗的土特产，一度占所有出口商品的一半。幸运的是，一些阿富汗特有的种子品种被保存在国外，用船运回来后再繁殖或杂交。

2001 年后，鸦片生产一度迅猛增长，从 2001 年仅有 185 吨（塔利班实施禁烟后产量下滑）增至第二年的 2 700 吨，到 2004 年几乎接近 4 200 吨的记录，占全世界总产量的 87% 左右。一个英国运营的查禁鸦片机构此前并没有严重削弱这个数据，但在 2006 年，联合国毒品与犯罪办公室宣称，鸦片产量与前一年相比，下滑了约 1/5。2005 年 3 月，美国五角大楼称，美军在支持根除鸦片的努力中的作用在戏剧性增强。

人们通常认为，毒品贸易获得的利润会被用来资助叛乱和暴力犯罪活动。然而，毒品贸易给阿富汗带来了估计 60% 的出口收入，因此一个成功清除鸦片的计划可能会给经济带来消极影响，不管是在生产鸦片的地区、还是花费大部分鸦片收入的城市。

五、遣返和安置

2002 年初，联合国难民事务处通过与难民东道国和阿富汗政府合作，发起了一次自愿遣返的计划。5 年过后，有超过 400 万的难民回国。但阿富汗持续的贫穷和不安全可能会使仍留在巴基斯坦的 250 万、伊朗的 90 万难民中的大多数远离家园。

联合国难民事务处积极地鼓励难民回国。该机构为难民提供身份证明和小额的援助物资用于启程。当难民遣返计划开始时，援助包裹中包括每人 20 美元，每个家庭最大限额不能超过 100 美元，150 公斤小麦（330 磅），两张塑料被单，两个水桶，一盏煤油灯，每个家庭 5
250 条肥皂及一些卫生用品。当有更多的阿富汗人愿意回国时，援助包裹被减量。

大多数难民回国后进入了喀布尔，而不是留在他们的家乡，其中缘由是为了安全和希望找到工作。然而，很多人由于无法支付喀布尔高昂的房价，则居住在援助机构提供的帐篷或建筑废墟里。联合国难民事务处正式支持把这些回国的难民集中遣回他们的原籍地。该机构宣称截止到 2006 年，通过与其他机构合作，在阿富汗全国修建了超过 14 万所房屋，在有很多回国难民的地区挖了约 8 000 口水井或水源点。该机构还帮助协调回国难民与留守在当地的人或其间迁入难民地区的人之间的争端。

六、人权

塔利班倒台之后，居住在主要的非普什图人地区的无辜普什图人家庭为塔利班的罪行买了单。哈扎拉、乌兹别克和塔吉克民兵组织袭击普什图人家园，并劫掠、殴打、强奸和屠杀普什图居民。

诸如此类的侵袭据说在巴尔赫、道拉塔巴德（Dawlatabad）、法里亚布省的舒尔河、马扎里沙里夫和赫拉特发生。据人权观察组织报告，2002 年初的 3 个月时间里，有超过 150 起针对普什图人的袭击在阿富汗北部地区发生。那些复仇的人通常要求普什图人支付 1 700 美元到 2 500美元不等的救命赎金，而这笔费用却超多了大多数家庭的财力。向“北方联盟”指挥官投降之后，几千名塔利班和外国囚犯显然被杀死在北方。

塔利班被赶下台之后，很多军阀试图保住自己在后塔利班国民政府或地方政府中的职位，对这样的罪行自感愧疚。虽然卡尔扎伊总统设法把几个显赫的军阀边缘化，但还有军阀继续利用自己的职务迫害反对者和自称要改革的人。同时，塔利班武装依旧存在于南部省份，各军阀和部落间的小摩擦都影响到了公正的局面。

2005 年，阿富汗独立人权委员会（AIHRC）记录了约 2 700 件重大的人权控诉。该委员会报告称，糟糕的安全状况推动了“贩卖儿童、巧取豪夺土地、被警察拷打和非法杀戮”等犯罪行为的发生。

另一方面，活跃的独立新闻媒体在喀布尔涌现出来，截止到 2004 251
年已经有超过 200 种报刊杂志，尽管它们中大部分被限制发行。而各省区看起来似乎就没有这么积极了。在外国援助机构的帮助下，至 2005 年有 30 家独立的广播站在阿富汗全国设立，其中有几家在喀布尔工作。虽然电视（只有极少观众群体）因 2005 年播放“非伊斯兰”素材，如跳舞类节目而承受了来自著名穆斯林权威的压力，但总体上新闻出版自由并不是一个主要的问题。自我审查据说被广泛地进行，诸如暴力和女性权益问题被尽可能得体地报道。

同时，反对派政治活动被始终如一地容忍，这可能是阿富汗历史上的头一回。2004 年竞选总统败给卡尔扎伊的尤努斯·卡努尼于 2005 年 3 月宣布，由 11 个反对党组成新的联盟以竞争计划在秋季举行的议会选举。虽然反对党联盟没有赢得议会多数席位，但 12 月议会正式就职时，卡努尼当选为议长。

七、教育

在阿富汗，没有哪个部门像教育部门一样遭受到了共产主义政权和塔利班太多的剥夺。事实上，整个硬件和软件体系都必须从零开始重建。“四月革命”之后，大学教授、学校教师、教育官员和学生都遭受到了审讯、拷打和监禁，有很多人永远地逃到西方国家。有1/3的阿富汗人苦恼于几十年在难民营生活而几乎失去了所有接受教育的机会，整整一代人被剥夺了读书写字的能力。而且，在塔利班执政时期，几乎所有的女孩被赶出学校。以硬件设施来说，亚洲发展银行做出估计，有80%的学校建筑在战争期间被彻底摧毁。

2002年3月重新开放学校对这个国家来说，是一次巨大的鼓舞。2005年，大约有500万孩子上了初级或高级学校，其中35%是女孩。不幸的是，据估计有60%的11岁以下的女孩仍旧没有上学。2005年在喀布尔大约有50所“秘密女校”仍在运营，这种学校的学生家长是那些反对政府学校或担心他们的女儿上政府学校过于冒险的人。入学人数（包括男孩和女孩）因省而异，北部省份在入学数量上要高于其他省份。

252 2003年，美国国际开发署（USAID）专门针对那些在战争年代失去教育机会的人，发起了一项促进学习计划。以2005年中期来说，就招收了来自17个省份的17万名学生，其中56%是男性。参加这个项目的教师有6 800人，其中女教师占40%。

2005年，联合国儿童基金会与宗教事务部达成协议，利用清真寺和政府支持的教士鼓励各家把他们的女儿送到学校里。该机构还筹措资金建立简易的地方学校以供额外的50万名女孩读书，并额外培训了25 000名教师。

大量的外国援助项目集中在恢复喀布尔和其他省会城市的高等教育上。2004年，阿拉伯联合酋长国同意在喀布尔修建医科学校。美国为喀布尔的美国大学拨给资金，同时还有一所从幼儿园到12年级的美国学校。

考古学也成为这次复苏的标记。2005年3月，阿富汗国家考古研究所与日本京都的龙谷大学佛教学院签署了一份协议，以挖掘塔利班所毁坏的巴米扬大佛以西70英里的凯里甘（Keligan）古代佛教考古遗存。同一个月，考古部门宣称有20 000件巴克特里亚藏品（这些藏品于 1978 年就被发掘出来，外界一度认为被塔利班毁坏）被发现并重新分类，此时这些文物被美国地理协会带到世界各地进行展览。

八、卫生

阿富汗的保健指标一直比较滞后，但战争摧毁了那里仅存一点的现代卫生保健，尤其是喀布尔以外的地区。大量训练有素的医生在很久以前就离开了这个国家。结果是，肺结核和黑热病开始流行，疟疾也肆意蔓延。最新医学研究结果显示，阿富汗有 2/3 的人感到抑郁、烦躁不安，或称外伤后压力综合症。

尽管如此，近期也取得了一些成就，特别是儿童疫苗方面。2005 年 3 月，35 000 名医务工作者为大约 530 万儿童发放口服剂的小儿麻痹疫苗，同时还分发维生素 A 片以提高免疫力。据报告，2004 年小儿麻痹病例已经降至 4 例。全国已经有超过一半的儿童对百日咳和麻疹免疫。2004 年 3 月，约有 500 万儿童用药物驱走了肠虫。至 2005 年，有几百个康复中心被修复或重建，3 300 名新社区医疗工作人员、 253
4 860名临床人员和几百名助产士被培训出来。

九、女性权益

经过多年的战争和疏忽之后，新政府对阿富汗的妇女地位给予了格外的关注。面对传统上以男性为主导的价值观，要想取得进步是很难的，特别是因为著名的传统主义者还继续在新政府中把持着要职，尤其是在省政府当中。

为了保护女性权益，新政府采取了几项积极的步骤。如大量的女性代表当选为 2003 年 12 月召开的宪法支尔格会议成员。新宪法正式确认了女性的平等权益。新政府还在议会中为女性保留了 25 个席位，这些席位在 2005 年末的选举活动中被适时填满。

女性开始越来越关注自己的权利。2002 年，马苏达 · 贾拉勒在支尔格会议期间竞选临时政府总统，这在阿富汗历史上是第一次。2004 年末她再次参加总统大选，并获得了 90 000 张选票。虽然这个数量只 254

图45 2003年12月在喀布尔召开的宪法支尔格会议上，约有25%的代表是女性。（沙伊斯塔·瓦哈卜提供）

占全部选票的1%，但她和两位副总统候选人的行动使焦点都聚集在女性权益问题上。

2005年，贾拉勒被任命为女性事务部部长，与她并肩而坐的还有两位女性部长。她的领导才能鼓励了很多其他受教育女性积极参加政治和社会生活，以此来捍卫她们的权益。两个月之后，卡尔扎伊总统任命哈比巴·苏拉比（Habiba Surabi）为巴米扬省省长，这是阿富汗历史上第一位女性省长。

另一个有潜在希望的征兆是，女性在媒体行业起到了更为重要的作用。她们经常稳定在广播和电视新闻节目中，甚至在保守的省份也是如此。然而，女性记者比起她们的男同事来说，面临着更大的障碍，如她们不能完全胜任在全国各地旅行或夜间在城市里活动。

尽管很多有权势的毛拉、部落首领和军阀对此发出了反对的声音，但女性权益被很多阿富汗男性所支持。最早可以追溯到2001年，非政府组织人权医生发现，一千名受采访阿富汗男女中有90%的人强烈支持女性接受教育和在家外工作的权利。

阿富汗女性权益里程碑

20 世纪 20 年代——女性获得了投票权

20 世纪 20 年代——阿曼努拉国王在喀布尔开办了第一所女校，并鼓励女性摘除她们的面纱

1946 年——女性福利协会成立

1959 年——强制穿着“查德里”的法令被废除

1964 年——4 名女性被任命到咨询委员会以起草新宪法

1977 年——女性占议会席位的 15%

20 世纪 90 年代初——喀布尔有 70% 的学校教师，50% 的政府雇员和 40% 的医生是女性

2004 年——宪法赋予女性平等权利；女性参加总统大选

2004 年——3 名女性被任命到新内阁，其中包括女性事务部部长

2005 年——女性被任命为巴米扬省省长

相对于塔利班设置的较低障碍，妇女地位得到了极大的改善。有观察家宣称，在喀布尔有 1/5 的女性即将摘去面纱，在非普什图民族地区，很多女性重新回到了她们传统上相对不压抑的着装。甚至在贾拉拉巴德，很多女性要求归还她们没有男性亲属陪伴可以在公共场合露面的权利。

一些女性还开始从小额贷款项目中获利，从而有助于小规模商业的复苏。政府中大约有 35 000 名女性雇员，其中一些人担当要职。从充满活力的指导员可以看出女性学生的进步。

七、未来

不久前的遗留问题沉重地压在阿富汗的身上。每一个可能的划分——民族、性别、宗教、阶级和政治——都有可能会加深这种痛苦，而且每一个家庭都承受着悲剧所带来的负担。

然而，我们有理由保持乐观。法治社会的基石正在被铺就，阿富
256 汗大部分地区至少可以见到有形的重建工作。大家都希望，找回失去东西的缓慢过程可以产生一种动力，将促进这个国家比以往更接近繁荣与和平。

图 46 如今，喀布尔市再一次聚集了人群和街道小贩（2003）。（沙伊斯塔·瓦哈卜提供）

然而，最为重要的问题仍旧没有答案：23 年战争对阿富汗民族认同的最终影响是什么？实现国家统一的因素是什么？在统一阿富汗的埃米尔阿卜杜·拉赫曼·汗死去一个世纪之后，痛苦与流亡的共同经历和重建的共同奋斗最终是否有助于将不同地区与民族粘合为一个国家？

在多民族的政府和军队中，在数千所学校里几百万年轻人所接受的现代教育课程中，外在的迹象是比较积极的。悲观主义者可以指出，长时间存在的、被战争期间的无政府状态加剧的地方主义，相邻的巴基斯坦和中亚的长期不稳定所造成的危险。乐观主义者可以，一如既往地，希望。

附录1　基本概况

一、国名

阿富汗伊斯兰共和国（The Islamic Republic of Afghanistan）

二、政治体制

2004年1月宪法确立为总统制。总统由人民选举产生，总统既是国家元首也是政府首长。总统候选人竞选一次，任期五年，同时选出两位副总统。总统只可以连任一届。由总统提名内阁部长和最高法院（Stera Mahkama）的9位法官，这些提名都必须得到议会下院人民院（Wolesi Jirga）的同意才能生效。法官一届任期为10年。

人民院在划分选区的基础上，由人民选举产生。人民院可以弹劾政府部长。总统还可以任命议会上院长老院1/3的成员，任命的人员中必须有一半是女性。各省区地方议会选举剩下的2/3。宪法还规定了村级、城市、行政区和各省地方议会的选举。

三、行政区划

1. 省份

阿富汗由34个省区组成，其人口布局从仅仅10万多（努里斯坦）

到 330 万（喀布尔）。

2. 首都

喀布尔

四、地理状况

1. 面积

阿富汗国土面积约 25 万平方英里（647 000 平方公里），比德克萨斯州稍小，比乌克兰稍大。阿富汗是一个山地国家。

2. 边界

今天阿富汗的疆界主要是 19 世纪俄、英两大帝国敌对的结果。自此之后，基本上没有做出太大的调整。

阿富汗与前苏联的北部边界在 1919 年阿富汗获得独立之后，两国就开始和谈。苏联政府起初曾同意归还沙俄从阿富汗手中夺得的土地，但一旦安全控制中亚地区后，苏联就食言、拒绝归还了。1946 年，两国签署协议把边界线划在阿姆河中线。1991 年苏联解体之后，新独立的塔吉克斯坦、乌兹别克斯坦和土库曼斯坦共和国仅是继承了老边界线，并没有引起什么争议。

阿富汗领导人仍没有正式承认与巴基斯坦的疆界。杜兰尼王朝最初曾把领土延伸至印度河流域，囊括了阿富汗主体民族普什图人的故土。1947 年成立的巴基斯坦继承了大英帝国所宣称的领土主权、1896 年由英属印度划出的“杜兰德边界线”。而阿富汗一直认为这条线只是说明了当时英属印度影响范围的事实。

3. 地形

崎岖的山脉占据了阿富汗东北部和中部地区，兴都库什山刚好位于其地理位置的中心，把阿富汗划分为北部地区和南部地区。这一地区的平均海拔有 24 557 英尺（2 743 米），最高峰瑙沙克峰海拔 24 557 英尺（7 848 米）以上；其他山脉位于西北地区（珀鲁帕米苏斯山脉 Parapamisus Range）和沿东部边界地区（白山、Safed Koh）；在阿富汗东北尽头的巴达克尚和瓦罕走廊地区（帕米尔突出部分）平均海拔约有13 000英尺（3 962米）。

半沙漠和平原主要集中在阿富汗南部和西南地区，而狭窄肥沃的平原延展于整个北部边界。阿富汗大部分地区由海拔较高的石质地形组成，并不适合发展农业，农耕土地只占全国土地面积的12%。

截止到1970年，森林覆盖面积只占3%，而且主要集中在高海拔的东部和中部地区。战争和"木材黑手党"的非法采伐使得森林覆盖率减至1%。因此从空中看，阿富汗一年中大部分时间几乎都呈现出一片无变化的岩石区。

冬季积雪是阿富汗许多河流的源流，因此，水位在一年中的变化很大。阿富汗地理学家哈米杜拉·阿明把河流划分成3个系统：流向中亚地区的河流，汇入印度河的河流，注入伊朗和阿富汗锡斯坦地区的河流。其中较大的河流是阿姆河，起源于中国附近的帕米尔山，与其支流一起主要构成了塔吉克斯坦和乌兹别克斯坦肥沃的边界地区；哈里河起源于科赫伊巴巴山，流经赫拉特南部肥沃的土地，继而作为与伊朗的北部疆界，最终消失在卡拉库姆沙漠；赫尔曼德河发端于兴都库什山东部，在西南部流经八百英里后，进入伊朗边境附近的湿地，沿途提供了大量的灌溉用水；喀布尔河来源于喀布尔东部地区的帕格曼山，向东流入巴基斯坦，并在此与印度河汇合。

4. 气候

阿富汗属于干旱和半干旱气候。气温常年变化很大，夏季最高可升至120华氏度（49摄氏度）；冬季骤降至零下12华氏度（零下12摄氏度）。一般来讲，阿富汗夏季干热，冬季高海拔地区大量降雪。阿富汗年平均降雨量少于10英寸（245毫米）。喀布尔海拔大约在6 000英尺以上（1 829米），气温相对温和。

五、人口统计

1. 人口

人口数量：31 889 923（据中央情报局2007年7月的估算）

1979年后的10年时间里，大约有600万阿富汗人（占1979年总人口的1/3）离开家园，居住在伊朗和巴基斯坦境内的难民营里。大约有100万阿富汗人死于战火之中。截止到2006年，有400万左右的难民重新回到阿富汗，还有成千上万的国内难民返回他们的家乡。

然而，很多难民居住在阿富汗境内的露营地和毁坏的建筑里。和依然存在的季节性游牧民一样，国内外的移民不断，也使精确的人口普查变得困难。许多其他难民更愿意永久居住在他们的避难国。

2. 人口增长率

2.63%（据中央情报局2007年的估算）

3. 新生儿死亡率

0.157‰（据中央情报局2007年的估算）

六、平均寿命

44岁（据中央情报局2007年的估算）

4. 主要城市

喀布尔是阿富汗最大的城市，据估计有人口300多万，在阿富汗没有哪个城市能达到这种规模。其他重要的城市有坎大哈、赫拉特、马扎里沙里夫、贾拉拉巴德、加兹尼、巴尔赫、巴米扬、昆都士和法拉。这些城市都有着悠久灿烂的历史。

5. 语言

普什图语和达里语（波斯语）都是阿富汗的官方语言，这两门语言同时被绝大多数居民所掌握。其他主要的语言有突厥语族下的乌兹别克语和土库曼语、印欧语系下的俾路支语和帕沙伊语，达里语和普什图语也属于印欧语系。2004年1月的宪法规定，某一地区主体民族所操的语言，都可以成为当地的官方语言。

6. 宗教

几乎所有的阿富汗人都信奉伊斯兰教，其中80%是逊尼派，剩下的属于什叶派。印度教、锡克教和犹太教加起来占总人口的1%，但由于连年的战争，使得这些少数宗教信徒纷纷外逃，此后几乎没有返回阿富汗。

七、经济状况

国内生产总值（相当的购买力）：

215 亿美元（据 2005 年估算）

1. 货币

自 2002 年起发行新的阿富汗尼，其汇率基本固定在 50 比 1 美元左右，尽管市场汇率与官方的汇率出入很大。阿富汗在 1978 年“四月革命”之前就是世界上最贫穷的国家之一，更不用说之后的 25 年战争时期。

自从 2001 年 11 月塔利班倒台之后，在外国援助的支持下，阿富汗经济得到了稳定的发展，但重建工程将需要很多年。

2. 农业

阿富汗主要的农产品是小麦、水稻、大麦、棉花、奶制品、卡拉库耳绵羊皮、其他动物皮革、玉米和蔬菜。阿富汗也因各种水果和坚果闻名于世，其中有葡萄、苹果、桑葚、石榴、瓜、松仁、杏仁和阿月浑子果实。近些年来，鸦片成为阿富汗最大的经济作物和最大宗的出口产品，尽管政府和外国都发起了将其根除的计划。

八、自然资源

阿富汗有着丰富的矿产资源，至今尚未被开采，其中包括天然气、石油、煤、铜、盐、铬、云母、铅、锌、铁矿石及珍贵和次珍贵的宝石。

1. 工业

主要有纺织（包括毯子）、肥皂、酥油、家具、制鞋、肥料和水泥加工。

2. 商业

阿富汗主要的贸易伙伴有俄罗斯、印度、巴基斯坦、德国、美国、日本、英国和捷克斯洛伐克共和国。天然气、坚果、地毯、卡拉库耳绵羊皮、风干和新鲜的水果是其主要的出口产品。

附录2　大事年表

一、早期历史

公元前3000—前2000年　城邦文明开始

公元前2000—前1000年　印度-伊朗人定居，阿富汗成为亚洲的十字路口

公元前550—前331年　阿契美尼德帝国统治阿富汗

公元前331—前150年　希腊和希腊-巴克特里亚人统治阿富汗北部地区，希腊风格的艺术和文化得到传播；同时孔雀王朝统治着阿富汗南部地区。

公元前135年—公元224年　贵霜帝国统治阿富汗大部分地区

公元224—651年　萨珊帝国统治阿富汗大部分地区

二、伊斯兰教的崛起

650年　阿拉伯人征服阿富汗

700—961年　阿富汗进入穆斯林王朝时期：阿拔斯王朝（阿拉伯人），萨法尔王朝（波斯人），及萨曼王朝（波斯人）

961—1151年　伽色尼王朝（阿富汗突厥人）于988年形

	成第一个阿富汗帝国
1151—1215 年	廓尔王朝时期（阿富汗突厥人）
1215—1221 年	花拉子模王朝（突厥人）
1221—1282 年	蒙古人在成吉思汗的率领下侵略阿富汗，很多城市被毁坏；阿富汗西部被划分给伊朗和伊拉克的伊尔汗国，被塔吉克库尔特王朝统治，于 1232 年获得独立；阿富汗其余地区成为察合台汗国的一部分。
1364—1506 年	帖木儿征服阿富汗，并建立了帖木儿王朝；阿富汗经历了一次黄金时期（帖木儿中兴）
1451 年	来自阿富汗东南部的吉尔查依普什图人在德里建立了洛提王朝
1504—1530 年	巴布尔建立了莫卧儿王朝，征服了阿富汗大部分地区和印度北部地区
1506—1747 年	莫卧儿帝国统治着喀布尔和普什图尼斯坦地区；撒马尔罕的乌兹别克人统治巴尔赫地区；波斯萨非王朝统治阿富汗西部地区
1736 年	纳迪尔·沙成为波斯王

三、近代阿富汗的诞生

1747—1772 年	纳迪尔·沙被杀之后，阿赫迈德沙·阿卜达里夺得权力，建立了萨多查伊杜兰尼王朝，缔造了现代阿富汗
1772—1793 年	阿赫迈德的儿子帖木儿统治时期
1793—1818 年	萨多查依杜兰尼王朝余下的时期，国家生活为内部权力斗争主导
1819—1826 年	萨多查依和巴拉克查依部族间爆发内战
1826—1839 年	多斯特·穆罕默德获得喀布尔的控制权，并在随后的几年里巩固自己的统治

1839 — 1842 年	第一次英阿战争
1863 — 1868 年	多斯特·穆罕默德死去，他的儿子希尔·阿里继位
1872 年	俄国人和英国人确立了阿富汗的北部边界
1878 — 1880 年	第二次英阿战争
1880 — 1901 年	阿卜杜·拉赫曼汗统治时期
1893 年	确立阿富汗与英属印度间的“杜兰德边界线”

四、20 世纪的君主制

1901 — 1919 年	哈比布拉·汗统治时期
1903 年	阿富汗第一所中学开设
1904 年	与波斯划清地面边界
1914 — 1918 年	第一次世界大战期间，阿富汗保持中立
1919 年	哈比布拉·汗被杀害，他的儿子阿曼努拉·汗接管权力，在第三次英阿战争中获得独立；阿富汗与苏俄签署《友好协定》
1923 年	阿曼努拉颁布阿富汗历史上第一部宪法
1926 年	苏联与阿富汗签署《互不侵犯条约》
1927 年	第一次发行统一的货币阿富汗尼
1929 年	内战爆发；哈比布拉（Bacha-i-Saqao，意即“挑水夫之子”）在位 9 个月
1929 — 1933 年	金·穆罕默德·纳迪尔·沙统治时期
1931 年	纳迪尔·沙根据 1923 年文献颁布新宪法；逊尼派伊斯兰哈乃斐教法学派获得官方合法地位；“阿富汗国民银行”成立
1933 — 1973 年	金·穆罕默德·扎希尔统治时期
1934 年	阿富汗加入国际联盟；与美国建立外交关系

1938 年	达阿富汗银行成立
1940 年	第二次世界大战期间，阿富汗对外宣称奉行中立政策
1946 年	阿富汗加入联合国；沙·马哈茂德代替穆罕默德·哈希姆·汗出任首相，并推行一系列自由化政策；反对派报纸、政党和学生组织纷纷成立，要求进一步改革；短暂的自由化时期于 1951 — 1952 年左右结束
1947 年	新独立的巴基斯坦国与阿富汗接壤
1953 — 1963 年	穆罕默德·达乌德·汗替换沙·马哈茂德成为首相；达乌德时期，阿富汗的教育制度、女性权益和经济状况都得到了改善；与巴基斯坦的边界纠纷升级
1954 — 1955 年	阿富汗与苏联签署了一系列贸易、发展和军事协议；美国的援助开始增加
1963 年	首相达乌德辞职，穆罕默德·优素福接任
1964 年	新宪法确立两院君主立宪制度
1965 年	学生抗议活动之后，进步民主党领导人穆罕默德·哈希姆·迈万德瓦尔接替优素福出任首相；努尔·穆罕默德·塔拉基创建人民民主党；古拉姆·穆罕默德·尼亚齐建立了伊斯兰促进会；女性第一次参加国民选举
1967 年	当穆罕默德·哈希姆·迈万德瓦尔身患重症后，努尔·艾哈迈德·埃特马迪成为首相
1969 — 1972 年	大约有 10 万人死于蔓延的饥荒
1972 年	穆萨·沙菲克被任命为首相

五、政变和革命

1973 — 1978 年	达乌德通过宫廷政变确立共和制，查希尔

	被流放
1977 年	达乌德颁布新宪法，确立一党执政的政府
1978 年	“四月革命”开始；达伍德总统在共产主义政变中被杀；随后建立阿富汗民主共和国；努尔·穆罕默德·塔拉基出任政府首脑；秘密警察部门（AGSA）成立；与苏联签署新的《友好合作条约》

六、苏联占领下的阿富汗

1979 年	塔拉基总统被哈菲祖拉·阿明暗杀；苏联入侵阿富汗；哈菲祖拉·阿明总统被杀；巴布拉克·卡尔迈勒被任命为总统
20 世纪 80 年代	抵抗组织反抗苏联占领
1985 年	阿富汗穆斯林游击队伊斯兰联盟（IUAM）成立，反抗苏联；米哈伊尔·戈尔巴乔夫成为苏联政府首脑
1986 年	戈尔巴乔夫从阿富汗撤出约 8 000 名士兵；卡尔迈勒总统下台，由穆罕默德·纳吉布拉替换
1988 年	苏联和阿富汗签署《日内瓦协定》
1989 年	苏联从阿富汗撤军；流亡巴基斯坦的阿富汗人建立阿富汗临时政府；奥萨马·本·拉登创建基地组织；穆斯林游击队围攻贾拉拉巴德 7 个月，但未能夺取这座城市
1992 年	穆斯林游击队占领喀布尔；纳吉布拉总统下台；阿富汗伊斯兰共和国在穆斯林游击队临时政府的基础上成立，布尔汗丁·拉巴尼出任政府总统

七、穆斯林游击队的统治

1992－1994 年	阿富汗处于各地军阀混战时期
1992－1996 年	据估计，喀布尔各军阀间的战斗导致该城50 000平民死亡，70%的喀布尔建筑被毁坏
1994 年	在巴基斯坦的帮助下，塔利班运动控制了阿富汗南部的普什图人地区
1995 年	军阀艾哈迈德·马苏德于 3 月控制了喀布尔

八、塔利班时代

1996 年	塔利班夺取喀布尔，杀死前总统纳吉布拉
1998 年	美国袭击阿富汗的基地组织训练营；美国还从坎大哈撤离了工作人员
1999 年	美国和联合国对阿富汗实施贸易制裁
2000 年	基地组织在也门水域袭击了美国“科勒”号驱逐舰
2001 年	塔利班于 3 月摧毁巴米扬两尊大佛；9 月，马苏德被基地组织杀害；同时，基地组织袭击纽约世贸大厦和华盛顿五角大楼，有近3 000人死亡；10 月，美国轰炸阿富汗的恐怖分子训练营；在波恩会议上，哈米德·卡尔扎伊被任命为阿富汗临时政府主席

九、后塔利班时代

2002 年	穆罕默德·扎希尔从流亡地意大利回国
2003 年	6 月，卡尔扎伊召开了由 1 450 名代表参加的大支尔格会议，在这次会上，重选卡尔扎伊为临时政府总统

2004 年	1 月 4 日，大支尔格会议批准通过了新宪法，并宣布阿富汗为伊斯兰共和国；宪法确认政府形式为总统制，而国民议会保留更重要的权力；为了支配军阀，卡尔扎伊于 9 月免去伊斯梅尔·汗赫拉特长官职务；紧接其后的是暴力抗议；10 月，卡尔扎伊成为阿富汗历史上第一任民选总统
2005 年	5 月，美军在阿富汗贝格拉姆空军基地虐囚细节被暴露；9 月，阿富汗议会和各省选举 30 年来首次进行；12 月，新议会召开第一次会议
2006 年	超过 400 万难民从巴基斯坦和伊朗返回；塔利班武装增强对南部和东部地区的袭击；喀布尔遭到自杀式爆炸袭击；7 月，以美国联军为首的北大西洋公约组织（NATO）掌握了南部地区军事行动的主导权
2007 年	穆罕默德·扎希尔死于喀布尔；塔利班在加兹尼抓捕了 23 名韩国基督徒援助工作人员；根据阿富汗新闻媒体报道，2007 年在阿富汗有 137 人死于自杀式袭击；塔利班高层军事指挥官毛拉·达杜拉在与阿富汗人及联军的战斗中被杀；联合国报告显示鸦片产量逐年增加，这份报告认为鸦片产量增加与日益严重的腐败和阿富汗南部地区缺乏安全有关。
2008 年	哈米德·卡尔扎伊在喀布尔主持新阿富汗空军部队成立典礼；阿富汗空军部队创建于 1925 年，在苏联占领时期发展到高峰，后来在内战和塔利班统治期间瓦解。

附录3　参考文献

Adamec, Ludwig W. *Historical Dictionary of Afghanistan: Third Edition*. Lanham, Md.: Scarecrow Press, 2003.

Afghan Independent Human Rights Commission. Annual Report, 2005. Available online. URL: www. aihrc. org. af/anl _ rpt = 2005. pdf.

Afghan Network interactive. "Khushal Khan Khattak." Available online: URL: http://www, afghan-network. net/biographies/khattack. html. Accessed September 1, 2006.

Afghan Tourist Organization. *Afghanistan Tourist Information*. Kabul: Afghan Tourist Organization, 1977.

Afghanan Dot Net. "Afghanistan History: Mongols (1220 – 1332)." 2005. Available online. URL: http://www. afghanan. net/afghanistan/mongols/ htm. Accessed May 1, 2006.

Ahmed-Ghosh. "A History of Women in Afghanistan." *Journal of International Women's Studies* 4, no. 3 (May 2003).

Ali, Mohammad. *A Cultural History of Afghanistan*. Kabul, Afghanistan: Printed by Malik Muhammad Saeed at the Punjab Educational Press, Lahore, Pakistan, 1964.

Allchin, F. R., and N. Hammond. *The Archaeology of Afghanistan from Earliest Times to the Timurid Period.* London, New York: Academic Press, 1978.

Amin, Hamidullah, and Gordon B. Schilz. *A Geography of Afghanistan.* Omaha, Neb.: Center for Afghanistan Studies, 1976.

Amstutz, J. Bruce. *Afghanistan: The First Five Years of Soviet Occupation.* Washington, D. C.: National Defense University, 1986.

Atta, Yama, and Haidari, Hashmat. "An Afghan Intellect: Mahmoud Tarzi." afghanmagazine. com. September 1997. Available online. URL: http: //www, afghanmagazine. com/articles/tarzi. html. Accessed May 2, 2006.

Benawa A. R. "Selections from Early and Contemprary Pashto Literature." *Pasto Quarterly* 5, no. 1 (Autumn 1981): 1 – 2.

Boaz, John. *Afghanistan.* San Diego, Calif.: Greenhaven, 2004.

Bollyn, Christopher. "Mineral-Rich Afghanistan a Valuable Corporate Property." Available online. URL: http: //www, americanfreepress. net/NWO/Mineral-Rich_ Afghanistan_ a_ Val/mineral-rich_ afghanistan_ a val. html. Accessed May 10, 2006.

Brezhnev, Leonid. *On events in Afghanistan.* Moscow: Novosti Press, 1980, pp. 1 – 23. Available online. URL: http: //agitprop. org. au/lefthistory/ 19800113_ lb_ on_ events_ in_ afghanistan_ php. Accessed May 5, 2006.

Brzezinski, Zbigniew. "U. S. Memos on Afghanistan: From Brzezinski to President Carter." Episode 20: Soldiers of God. CNN Interactive. Available online: URL: http: //edition. cnn. com/SPECIALS/cold. war/episodes/20/documents/brez. carter/. Accessed May 10, 2006.

Central Intelligence Agency. "Afghanistan." *The World Fact Book.* Available online. URL: http: //www, cia. gov/cia/publications/factbook/geos/af, html/. Accessed May 10, 2006.

Danishjuyan-i Musalman Payraw Khatt-i Iman, *GDR Ambassador Reports That Soviets Hope to Replace Prime Minister Amin with a Broader Based Government*, *July* 18, 1979. Tehran, Iran: Danishjuyan Musalman Payraw Khatt-i Iman, 1979.

Diamonds Gemstones Jewelry. "Koh-i Noor Diamonds." Available online. URL: http://www. diamondsgemstonesjewelry, com/diamond-famous/ koh-i-noor-diamond. aspx. Accessed May 10, 2006.

Dupree, Louis. *Afghanistan*. 2d ed. Princeton, N. J.: Princeton University Press, 1980.

——. *The* 1969 *Student Demonstration in Kabul*. Hanover, N. H.: American Universities Field Staff, 1979.

Dupree, Nancy Hatch. A *Historical Guide to Afghanistan*. Kabul: Afghan Air Authority, Afghan Tourist Organization, 1973.

Embassy of Afghanistan in Washington, D. C. Available online. URL: http://www. embassyofafghanistan. org. Accessed May 10, 2006.

Ewans, Martin. *Afghanistan*: *A Short History of Its People and Politics*. New York: HarperCollins, 2002.

Forbes, Archibald. *The Afghan Wars*, 1839 – 1842 *and* 1878 – 1880. London: Seeley and Co., 1892.

Gasper, Phil. "Afghanistan, the CIA, bin Laden, and the Taliban." The Third World Traveler. November-December, 2001. Available online. URL: http://www. thirdworldtraveler, com/Afghanistan/Afghanistan_CIA_ Taliban. html. Accessed May 10, 2006.

Gregorian, Vartan. *The Emergence of Modern Afghanistan*: *Politics of Reform and Modernization*, 1880 – 1946. Stanford, Calif.: Stanford University Press, 1969.

Guha, Analendu. "The Economy of Afghanistan during Amanullah's Reign, 1919 – 1929." *International Studies*. 9, no. 2 (October 1967): 161 – 182.

Hammond, Thomas T. *Red Flag over Afghanistan: The Communist Coup, the Soviet Invasion, and the Consequences.* Boulder, Colo.: Westview Press, 1984.

Herold, Marc W. "War and Modernity: Hard Times for Afghanistan's Kuchi Nomads." Cursor. Available online. URL: http://www, cursor. org/stories/kuchi. html. Accessed May 10, 2006.

Ijaz, Mansqor. "Clinton Let Bin Laden Slip Away and Metastasize." *Los Angeles Times.* December 5, 2001. B. 13.

Johnson, Chris. *Afghanistan.* 2d ed. Oxford U. K.: Oxfam, 2004.

The Kabul Times Annual. 1st ed. Kabul, 1967.

Khalilzad, Zalmay. *Prospects for the Afghan Interim Government.* Santa Monica, Calif.: RAND, 1991.

Knobloch, Edgar. *Beyond the Oxus.* London: Benn Limited, 1972.

MacKay, Ernest John Henry. *The Indus Civilization.* London: Lovat Dickson and Thompson, 1935.

Macmunn, George Fletcher. *Afghanistan: From Darius to Amanullah.* Quetta, Pakistan: Gosha-e-Adab, 1977.

Madani, Hamed. *Afghanistan.* San Diego, Calif.: Greenhaven Press, 2004.

Miller, John. "Greetings, America. My Name Is Osama Bin Laden." Frontline. 1999. Available online. URL: http://www. pbsorg/ wgbh/pages/frontline/shows/binladen/who/miller, html. Accessed May 8, 2006.

National Security Archives, U. S. *Afghanistan, the Making of U. S. Policy*, 1973–1990. Washington, DC: National Security Archives, 1990.

Newell, Richard S. *The Politics of Afghanistan.* Ithaca, N. Y.: Cornell University Press, 1972.

Palka, E. J. *Geographic Perspectives: Afghanistan.* Gilford, Conn.: McGraw-Hill/Dushkin, 2004.

"Radio-TV Address of President Najibullah." *Afghanistan Forum* 20, no. 3 (May 1992): page 33.

Rasanayagam, Angelo. *Afghanistan: A Modern History.* New York: I. B. Taurus, 2003.

Republic of Afghanistan. *Social, Economic and Development Plan.* Translated and edited by United Nations Development Programs. Kabul: United Nations Development Program, 1975.

Roberts, Jeffery. *The Origins of Conflict in Afghanistan.* Westport, Conn.: Praeger, 2003.

Rodenburg, Willem F. *The Trade in Wild Animal Furs in Afghanistan.* Kabul: United Nations Development Programs, 1977.

Sastri, Kedar Nath. *New Light on the Indus Civilization.* Delhi, India: Atma Ram and Sons, 1965.

Schreiber, Gerhard, Bernd Stegemam, and Detlef Vogel. *Germany and the Second World War, Volume III.* Translated by Dean S. McMurray, Ewald Osers, and Louise Wilmot. New York: Oxford University Press, 1995.

Stevens, Ira M. *Agricultural Production, Industrial Production and Marketing: Helmand Valley Afghanistan.* Kabul: 1963.

Synovitz, Ron. "Afghanistan: Experts Say Soviet Military Withdrawal Holds Lessons for Future (Part 1)." Radio Free Europe. February 13, 2004. Available Online. http://www.rferl.org/featuresarticleprint/2004/02/d251c79b-277d-42a8-a8b3-fb0324a72342.html. Accessed May 10, 2006.

Tanner, Stephen. *Afghanistan: A Military History from Alexander the Great to the Fall of the Taliban.* Cambridge, Mass.: Do Capo Press, 2002.

Turton, David, and Peter Marsden. *Taking Refugees for a Ride? The Politics of Refugee Return to Afghanistan.* Afghanistan Research and Evaluation Unit, 2002.

Wahab, Shaista. 1993. *United States-Afghanistan Diplomatic Rela-*

tions: *September-December* 1979: *Hafizullah Amin' s Struggle for Survival.* Master's thesis. University of Nebraska at Omaha.

Walker, P. F. *Afghanistan*: *A Short Account of Afghanistan*, *Its History*, *and our Dealings with it.* London: Griffith and Farran, 1881.

Wikipedia: The Free Encyclopedia. "Brezhnev Doctrine." Available online. URL: http/en. wikipedia. org/wiki/Brezhnev_ Doctrine. Updated April 22, 2006.

附录4　进一步阅读的书目

A Brief History of Afghanistan is intended to provide general information on the country. The following suggested reading is provided for in depth research on specific aspects of the topic.

一、绪论：阿富汗的挑战

Ali, Mohammad. *A Cultural History of Afghanistan.* Kabul: Printed by Malik Muhammad Saeed at the Punjab Educational Press, Lahore, Pakistan, 1964.

Bacon, Elizabeth Emaline. 1951. *The Hazara Mongols of Afghanistan: A Study in social organization.* Ph. D. diss., University of California. Barfield, Thomas Jefferson. *The Central Asian Arabs of Afghanistan: Pastoral Nomadism in Transition.* Austin: University of Texas Press, 1981.

Bellew, Henry Walter. *The Races of Afghanistan.* Delhi, India: Shree Publishing, 1982.

Dupree, Ann, Louis Dupree, and A. Motamedi. *A Guide to the Kabul Museum, the National Museum of Afghanistan.* 2d ed. Kabul: Afghan Tourist Organization, 1968.

Dupree, Louis. *Afghanistan.* 2d ed. Princeton, N. J.: Princeton University Press, 1980.

Singh, Ganda. *Ahmad Shah Durrani, Father of Modern Afghanistan.* Bombay: Asia Publishing House, 1959.

Tabibi, Abd al-Hakim. *Afghanistan, a Nation in Love with Freedom.* Cedar Rapids, Iowa: Igram Press, 1985.

二、土地和人民

Abdullah, Shareq. *Mineral Resources of Afghanistan.* 2d ed. Kabul: Republic of Afghanistan, Ministry of Mines and Industries, Afghan Geological and Mines Survey 1977.

Ali, Mohammad. *Aryana: or, Ancient Afghanistan.* Kabul: Historical Society of Afghanistan, 1957.

Anderson, Clay J. *A Banking and Credit System for the Economic Development of Afghanistan.* Washington, DC: Robert R. Nathan Associates, 1967.

Bali, Anila. 1985. *The Russo-Afghan Boundary Demarcation* 1884 – 95: *Britain and the Russian Threat to the Security of India.* Ph. D. diss., University of Ulster.

Barakat, Sultan. *Reconstructing War-Torn Societies: Afghanistan.* Houndmills, U. K.; New York: Palgrave Macmillan, 2004.

Bechhoefer, William B. *Serai Lahori: Traditional Housing in the Old City of Kabul.* College Park: University of Maryland School of Architecture, 1975.

Central Intelligence Agency. *Afghanistan-Pakistan Border.* Washington, DC: Central Intelligence Agency, 1988.

Chakravartty, Sumit. *Dateline Kabul: An Eye-Witness Report on Afghanistan Today.* New Delhi, India: Eastern Book Centre, 1983.

Curzon, George Nathaniel. *The Pamirs and the Source of the Oxus. London: Royal Geographical Society*, 1896.

Department of Forestry, Afghanistan. Final Report of the Department of Forestry. *Kabul: Department of Forestry*, 1954.

Dupree, Louis. Afghanistan, 1977: Does Trade Plus Aid Guarantee Development? *Hanover, N. H. : American Universities Field Staff*, 1977.

Dupree, Nancy Hatch. Kabul City. *New York: Afghanistan Council of the Asia Society*, 1975.

Dupree, Nancy Hatch, Louis Dupree, and A. Motamedi. The National Museum of Afghanistan: An Illustrated Guide. *Kabul: Afghan Air Authority*, 1974.

Economic and Social Commission for Asia and the Pacific. Atlas of Mineral Resources of the ESCAP Region. *Vol II*: Geology and Mineral Resources of Afghanistan. *New York: United Nations*, 1995.

Foreign Office, Great Britain. Exchange of Notes between His Majesty's Government in the United Kingdom and the Government of India and the Government of Afghanistan in Regard to the Boundary between India and Afghanistan in the Neighborhood of Arnawai and Dokalim. *London: H. M. Stationery Office*, 1934.

Fry, Maxwell J. The Afghan Economy: Money, Finance, and the Critical Constraints to Economic Development. *Leiden, Netherlands: Brill*, 1974.

Ganss, Ortwin. On the Geology of SE Afghanistan. *Kabul: Afghan Geological and Mineral Survey*, 1970.

Gerard, M. G. Report on the Proceedings of the Pamir Boundary Commission. *Calcutta, India: Office of the Superintendent of Government Printing*, 1897. *Ghani, Ashraf.* 1982. Production and Domination: Afghanistan, 1747 – 1901. *Ph. D. diss., Columbia University.*

Grace, Jo. One Hundred Households in Kabul: A Study of Winter Vulnerability, Coping Strategies, and the Impact of Cash-for-Work Programmes on the Lives of the "Vulnerable." *Kabul: Afghanistan Research and Evalua-*

tion Unit, 2003.

Gulzad, Zalmay External Influences and the Development of the Afghan State in the Nineteenth Century. *New York: P. Lung*, 1994.

Gulzad, Zalmay Ahmad. 1991. The History of the Delimitation of the Durand Line and the Development of the Afghan State (1838 – 1898). *Ph. D. diss., University of Wisconsin-Madison.*

Hendrikson, Kurt H. Afghanistan's Foreign Trade, 1336 – 1348 and Its Prospective Development During the Fourth Five Year Plan, 1351 – 1355. Kabul: German Economic Advisory Group, 1972.

Holdich, Sir Thomas Hungerford. *The Indian Borderland*, 1880 – 1900. Delhi, India: Gian Publishing, 1987.

Kamrany, Nake M. 1960. *The First Five Year Plan of Afghanistan* (1956 – 1961): *An Economic Evaluation.* Ph. D. diss., University of Southern California.

Khan, Azmat Hayat. *The Durand Line: Its Geo-Strategic Importance.* Peshawar, Pakistan: Area Study Centre (Russia ★ Central Asia), University of Peshawar, 2000.

Lamb, Alastair. *Asian Frontiers: Studies in a Continuing Problem.* New York: Praeger, 1968.

Malleson, George Bruce. *The Russo-Afghan Question and the Invasion of India.* London: G. Routledge and Sons, 1885.

McMahon, A. H. *Letters on the Baluch-Afghan Boundary Commission of* 1896 *Under Captain A. H. McMahon.* Calcutta, India: Printed at the Baptist Mission Press, 1909.

Mellors, Robert John 1995. *Two Studies in Central Asian Seismology: A Teleseismic Study of the Pamir: Hindu Kush Seismic Zone and Analysis of Data from the Kyrgyzstan Broadband Seismic Network.* Ph. D. diss., Indiana University.

Michel, Aloys Arthur. *The Kabul, Kunduz, and Helmand Valleys and the National Economy of Afghanistan: A Study of Regional Resources and the Comparative Advantages of Development.* Washington, DC: National Academy of Sciences, 1959.

Ministry of Planning, Afghanistan. *Draft Fourth Five Year Plan: National Development Plan for Afghanistan*, 1351 – 1355 (1972/73 – 1976/77). Kabul: Ministry of Planning, 1973.

——. *Revised Third Five Year Plan Presented to the Jirga.* Kabul: Ministry of Planning, 1968.

——. *Second Five Year Plan*, 1341 – 1345 (*March* 1962 – *March* 1967). Kabul: Ministry of Planning, 1963.

——. *Seven Years Economic and Social Development Plan of the Republic of Afghanistan.* Kabul: Ministry of Planning, 1976.

Paul, Arthur. *Constraints on Afghanistan's Economic Development and Prospects for Future Progress.* New York: Afghanistan Council, Asia Society, 1973.

Public Administration Service. *A Final Report on the Land Inventory Project of Afghanistan: January* 1972. Chicago: Public Administration Service, 1972.

Robert R. Nathan Associates and Louis Berger International, Inc. *Final Report: Mineral Resources in Afghanistan.* Arlington, Va.: Nathan Associates, Inc., and Louis Berger International, Inc., February 1992.

Samizay, M. Rafi. *Urban Growth and Residential Prototypes in Kabul, Afghanistan.* Cambridge: School of Architecture and Planning, Massachusetts Institute of Technology, 1974.

Schofield, Victoria. *North-West Frontier and Afghanistan.* New Delhi, India: D. K. Agencies (P), 1984.

Schutte, Stefan. *Urban Vulnerability in Afghanistan: Case Studies from Three Cities.* Kabul. Afghanistan Research and Evaluation Unit, 2004.

Trosper, Joseph F. *The Status of Insurance in Afghanistan.* Bloomington: Indiana University, 1972.

World Bank, Country Programs Department. *Afghanistan, the Journey to Economic Development.* 2 vols. Washington: World Bank, 1978.

Yate, Arthur Campbell. *England and Russia Face to Face in Asia: Travels with the Afghan Boundary Commission.* Edinburgh; London: W. Blackwood and Sons, 1887.

Yate, Charles Edward. *Northern Afghanistan; or, Letters from the Afghan Boundary Commission.* Edinburgh; London: W. Blackwood and sons, 1888.

Zekrya, Mir-Ahmed B. 1976. *Planning and Development in Afghanistan: A Case of Maximum Foreign Aid and Minimum Growth.* Ph. D. diss., Johns Hopkins University.

三、早期历史（史前—651）

Bombaci, Alessio. *The Kufic Inscription in Persian Verses in the Court of the Royal Palace of Mas'ud III at Ghazni.* Rome: Is. M. E. O., 1966.

Bradshaw, Gillian. *Horses of Heaven.* 1st ed. New York: Doubleday, 1991.

Holt, Frank Lee. *Alexander the Great and Bactria: The Formation of a Greek Frontier in Central Asia.* Leiden, Netherlands; New York: E. J. Brill, 1988.

——1984. *Beyond Plato's Pond: The Greeks and Barbarians in Bactria.* Ph. D. diss., University of Virginia.

——. *Discovering the Lost History of Ancient Afghanistan (Hellenistic Bactria).* Chicago: The Ancient World, 1984.

——. *Thundering Zeus: The Making of Hellenistic Bactria.* Berkeley: University of California Press, 1999.

International Conference on History, Archeology, and Culture of Central Asia in the Kushan Period. *Kushan Studies in U. S. S. R.: Papers*

Presented by the Soviet Scholars at the Unesco Conference on History, Archaeology, and Culture of Central Asia in the Kushan Period. Calcutta, India: Indian Studies, Past and Present, 1970.

Ligabue, Giancarlo, and Sandro Salvatori, eds. *Bactria: An Ancient Civilization from the Sands of Afghanistan.* Venice, Italy: Erizzo, 1988.

Morris, Rekha. 1983. *Prolegomena to a Study of Gandhara Art.* Ph. D. diss., University of Chicago.

Narain, A. K. *The Indo-Greeks.* Oxford: Clarendon Press, 1962.

Narain, R. B. *Buddhist Remains in Afghanistan.* 1st ed. Varanasi, India: Kala Prakashan, 1991.

Prinsep, Henry Thoby, ed. *Historical Results from Bactrian Coins and Other Discoveries in Afghanistan: Based on the Note Books and the Coin Cabinet of James.* 1844. Reprint, Chicago: Ares Publishers, 1974.

Rawlinson, Hugh George. *Bactria from the Earliest Times to the Extinction of Bactrio-Greek Rule in the Punjab.* Bombay, India: "Times of India" Office, 1909.

Rosenfield, John M. *The Dynastic Arts of the Kushans.* Berkeley: University of California Press, 1967.

Sarianidi, Viktor Ivanovich. *The Golden Hoard of Bactria: From the TiUya-tepe Excavations in Northern Afghanistan.* Translated by Arthur Shkarovsky-Raffe. Photography by Leonid Bogdanov and Vladimir Terebenin. New York: H. N. Abrams; Leningrad: Aurora Art Publishers, 1985.

Schlumberger, Daniel. *The Excavations at Surkh Kotal and the Problem of Hellenism in Bactria and India.* London: Oxford University Press 1962.

Schmidt, Carolyn Woodford. 1990. *Bodhisattva Headdresses and Hair Styles in the Buddhist Art of Gandhara and Related Regions of Swat and Afghanistan.* Ph. D. diss., Ohio State University. Sidky, H. *The Greek Kingdom of Bactria: From Alexander to Eurcratides the Great.* Lanham, Md.: University Press of America, 2000.

Sims-Williams, Nicholas. *New Light on Ancient Afghanistan: The Decipherment of Bactrian; an Inaugural Lecture Delivered on February* 1996. London: School of Oriental and African Studies, University of London, 1997.

Srivastava, V. C. *The Pre-Historic Afghanistan: A Source Book.* 1st ed. Allahabad, India: Ideological Publications, 1982.

Tarn, William Woodthorpe. *The Greeks in Bactria & India.* 3d ed. Chicago: Ares, 1985.

Varma, Kalidindi Mohana. *Technique of Gandharan and Indo-Afghan Stucco Images.* Santiniketan, India: Proddu, 1987.

Vogelsang, W. J. *The Rise and Organisation of the Achaemenid Empire: The Eastern Iranian Evidence.* Leiden, Netherlands; New York: Brill, 1992.

Wenzel, Marian. *Echoes of Alexander the Great: Silk Route Portraits from Gandhara: A Private Collection.* London: Eklisa Anstalt, 2000.

Wilson, Horace Hayman, and Charles Masson. *Ariana Antiqua: A Descriptive Account of the Antiquities and Coins of Afghanistan.* Delhi, India: Oriental Publishers, 1971.

Wood, Michael. *In the Footsteps of Alexander the Great: A Journey from Greece to Asia.* Berkeley: University of California Press, 1997.

四、从伊斯兰的崛起到阿富汗国（651—1747）

Bahari, Ebadollah. *Bihzad, Master of Persian Painting.* London; New York: I. B. Tauris Publishers, 1996.

Bosworth, Clifford Edmund. *Early Sources for the History of the First Four Ghaznevid Sultans* (977－1041). London: Islamic Quarterly, 1961.

——. *The Ghaznavids: Their Empire in Afghanistan and Eastern Iran, 994－1040.* 2d ed. Beirut, Lebanon: Librairie du Liban, 1973.

——. *The Later Ghaznavids: Splendour and Decay: The Dynasty in Af-*

ghanistan and Northern India, 1040–1186. New York: Columbia University Press, 1977.

——. *The Medieval History of Iran, Afghanistan, and Central Asia.* London: Variorum Reprints, 1977.

Bruijn, J. T. P *Of Piety and Poetry: The Interaction of Religion and Literature in the Life and Works of Hakim Sanai of Ghazna.* Leiden, Netherlands: Brill, 1983.

Firishtah, Muhammad Qasim Hindu Shah Mahomed Kasim Astarabadi, and Sir George Olof Roos-Keppel. *Translation of the Tarikh-ioSultan Mahmud-i-Ghaznavi: or, the History of Sultan Mahmud of Ghazni.* Allahabad, India: Printed at the Pioneer Press, 1901.

Galdieri, Eugenio. *A Few Conservation Problems Concerning Several Islamic Monuments in Ghazni (Afghanistan): Technical Report and Notes on a Plan of Action.* Translated by Jan McGilvray. Rome: Istituto italiano per il Medio ed Estremo Oriente, Centro Restauri, 1978.

Hashmi, Yusuf Abbas. *Successors of Mahmud of Ghazna: in Political, Cultural, and Administrative Perspective.* 1st ed. Karachi, Pakistan: South Asian Printers and Publishers, 1988.

Herrmann, John A., and Cecil Robert Borg. *Retracing Genghis Khan.* Boston; New York: Lothrop, Lee and Shepard, 1937.

Nazim, Muhammad. *The Life and Times of Sultan Mahmud of Ghazna.* 2d ed. New Delhi, India: Munshiram Manoharlal, 1971.

Nicolle, David. *The Mongol Warlords: Genghis Khan, Kublai Khan, Hulegu, Tamerlane.* Poole, U. K.: Firebird, 1990.

Potter, Lawrence Goddard. 1992. *The Kart Dynasty of Herat: Religion and Politics in Medieval Iran.* Ph. D. diss., Columbia University. Ramstedt, GustafJohn. *Seven Journeys Eastward, 1898–1912: Among the Cheremis, Kalmyks, Mongols, and in Turkestan, and to Afghanistan.* Translated and edited by John R. Krueger. Bloomington, Ind.: Mongolia

Society, 1978.

Samizay, Raft. *Islamic Architecture in Herat: A Study towards Conservation.* Kabul: Research Section of International Project for Herat Monuments, Ministry of Information and Culture, Democratic Republic of Afghanistan, 1981.

Schurmann, Franz. *The Mongols of Afghanistan: An Ethnography of the Moghols and Related Peoples of Afghanistan.* 's-Gravenhage: Mouton, 1962.

Shephard Parpagliolo, Maria Teresa. *Kabul: The Bagh-i Babur; A Project and a Research into the Possibilities of a Complete Reconstruction.* Rome: IsMEO, 1972.

'Utbi, Abu al-Nasr ' Abd al-Jabbar, James Reynolds, and al-Jarbadakani Nasib ibn Zafar. *The Kitab-i-Yamini: Historical Memoirs of the Amir Sabaktagin, and the Sultan Mahmud of Ghazna, Early Conquerors of Hindustan, and Founders of the Ghaznavide Dynasty.* Translated by Rev. James Reynolds. London: Oriental Translation Fund of Great Britain and Ireland, 1858.

Weatherford, J. Mclver. *Genghis Khan and the Making of the Modern World.* 1st ed. New York: Crown, 2004.

五、现代阿富汗的诞生（1747—1901）

Abdul Rahman Khan. *The Life of Abdur Rahman, Amir of Afghanistan.* Edited by Sultan Mahomed Khan. Karachi, Pakistan: Oxford University Press, 1980.

Army of India, Intelligence Branch. *Frontier and Overseas Expeditions from India. Compiled in the Intelligence Branch, Division of the Chief of the Staff Army Head Quarters.* 6 vols. Simla, India: Government. Monotype Press, 1907–1911.

Christian Literature Society for India. *Afghanistan and Its Late Amir: With Some Account of Baluchistan.* London: Christian Literature Society for

India, 1902.

Colquhoun, Archibald Ross. *Russia against India: the Struggle for Asia.* London; New York: Harper, 1900.

E., J. M. *The Story of the Frontier Province.* Peshawar, Pakistan: Government Press, 1922.

Gardner, Alexander Haughton Campbell. *Soldier and Traveler: Memoirs of Alexander Gardner, Colonel of Artillery in the Service of Maharaja Ranjit Singh.* Edited by Hugh Pearse. Edinburgh: W. Blackwood, 1898.

Gillham-Thomsett, Richard. *Kohat, Kuram, and Khost; or, Experiences and Adventures in the Late Afghan War.* London: Remington and Company, 1884.

Gray, John Alfred. *At the Court of the Amir of Afghanistan.* London; New York: Kegan Paul, 2002.

Gregson, J. Gelson. *Through the Khyber Pass to Sherpore Camp, Cabul: An Account of Temperance Work among our Soldiers in the Cabul Field Force.* London: Elliot Stock, 1883.

Hanna, Henry Bathurst. *Can Russia Invade India?* Westminster, U. K.: A. Constable, 1895.

Harlan, Josiah. *Central Asia: Personal Narrative of General Josiah Harlan*, 1823 – 1841. Edited by Frank E. Ross. London: Luzac, 1939.

Haughton, John Colpoys. *Char-ee-kar and Service There with the 4th Goorkha Regiment (Shah Shooja's Force), in 1841: An Episode of the First Afghan War.* 2d ed. London: Provost, 1879.

Kakar, M. Hasan. *Afghanistan: A Study in International Political Developments*, 1880 – 1896. Lahore: Punjab Educational Press, 1971.

Larminie, E. M. *Report on the Fortress of Ghazni.* Chatham, U. K.: Royal Engineer Institute, 1882.

Macintyre, Ben. *The Man Who Would Be King: The First American in Afghanistan.* 1st ed. New York: Farrar, Straus and Giroux, 2004.

MacMunn, George Fletcher. *Afghanistan: From Darius to Amanullah.* London: G. Bell and Sons, 1929.

Martin, Frank A. *Under the Absolute Amir.* London: Harper and Brothers, 1907.

Morrish, C. *Afghanistan in the Melting Pot.* Lahore, Pakistan: The "Civil and Military Gazette" Press, 1930.

Noelle-Karimi, Christine. *State and Tribe in Nineteenth-Century Afghanistan: The Reign of Amir Dost Muhammad Khan* (1826 - 1863). Richmond, U. K.: Curzon Press, 1997.

Northbrook, Thomas George Baring. *The Afghan Question: Speech of the Earl of Northbrook, in the Guildhall, Winchester, on the* 11*th of November* 1878. London: National Press Agency, 1878.

O'Ballance, Edgar. *Afghan Wars.* London: Brassey's, 2002.

Roberts, Jeffery J. *The Origins of Conflict in Afghanistan.* Westport, Conn.: Praeger, 2003.

Thornton, Archibald Paton. *Afghanistan in Anglo-Russian Diplomacy,* 1869 - 1873. London: Cambridge University Press, 1955.

Verrier, Anthony. *Francis Younghusband and the Great Game.* London: Jonathan Cape (Random Century Group), 1991.

Wheeler, Stephen. *The Ameer Abdur Rahman.* New York: Frederick Warne and Company, 1895.

Yapp, Malcolm. *The Revolutions of* 1841 - 1842 *in Afghanistan.* London: School of Oriental and African Studies, 1964.

六、20世纪的君主制(1901—1973)

Dixit, Jyotindra Nath. *An Afghan Diary: Zahir Shah to Taliban.* New Delhi, India: Konark Publishers, 2000.

Dupree, Louis. *The Decade of Daoud Ends: Implications of Afghanistan's Change of Government.* New York: American Universities

Field Staff, 1963.

——. *An Informal Talk with Prime Minister Daud.* New York: American Universities Field Staff, 1959.

——. *An Informal Talk with King Mohammad Zahir of Afghanistan.* New York: American Universities Field Staff, 1963.

——. *An Informal Talk with Prime Minister Daud.* New York: American Universities Field Staff, 1959.

——. *The Mountains Go to Mohammad Zahir: Observations on Afghanistan's Reactions to Visits from Nixon, Bulganin-Khrushchev, Eisenhower and Khrushchev.* New York: American Universities Field Staff, 1960.

Katrak, Sorab K. H. *Through Amanullah's Afghanistan, a Book of Travel.* Karachi, Pakistan: Printed by D. N. Patel, 1929.

Miraki, Mohammed Daud 2000. *Factors of Underdevelopment in Afghanistan*, 1919 – 2000. Ph. D. diss., University of Illinois at Chicago. Mokhtarzada, Shahla 1996. *The Social Origins of the Neopatrimonial State in Afghanistan.* Ph. D. diss., University of California, Davis. Nassimi, Azim M. 1997. *An Ethnography of Political Leaders in Afghanistan.* Ph. D. diss., Ball State University.

Nawid, Senzil K. 1987. *Amah-Allah and the Afghan Ulama: Reaction to Reforms*, 1919 – 1929. Ph. D. diss., University of Arizona.

Overby, Paul. *Amanullah: The Hard Case of Reform in Afghanistan.* New York: Afghanistan Forum, 1992.

Poullada, Leon B. *Reform and Rebellion in Afghanistan*, 1919 – 1929: *King Amanullah's Failure to Modernize a Tribal Society.* Ithaca, N. Y.: Cornell University Press, 1973.

Rasanayagam, Angelo. *Afghanistan, a Modern History: Monarchy, Despotism or Democracy? The Problems of Governance in the Muslim Tradition.* London: I. B. Tauris, 2003.

Shah, Ikbal Ali Sirdar. *The Tragedy of Amanullah.* London: Alexander

Ouseley, 1933.

Stewart, Rhea Talley, *Fire in Afghanistan*, 1914 – 1929: *Faith*, *Hope*, *and the British Empire. Garden City*, N. Y.: Doubleday, 1973.

Wild, Roland. *Amanullah*, *Ex-King of Afghanistan.* London: Hurst and Blackett, 1932.

七、政变和革命（1973 – 1978）

Amiryar, Quadir A. 1989. *Soviet Influence*, *Penetration*, *Domination and Invasion of Afghanistan.* Ph. D. diss., George Washington University.

Amnesty International. *Democratic Republic of Afghanistan*: *Background Briefing on Amnesty International's Concerns.* New York: Amnesty International USA, 1983.

Arnold, Anthony. *Afghanistan's Two-Party Communism*: *Parcham and Khalq.* Stanford, Calif.: Hoover Institution Press, Stanford University, 1983.

Democratic Republic of Afghanistan. *On the Saur Revolution.* Kabul: People's Democratic Party of Afghanistan, 1978.

Dupree, Louis. *Red Flag Over the Hindu Kush.* Hanover, N. H.: AUFS, 1980.

Groves, Ralph. *The Cold War in Afghanistan*: *Soviet Ascendancy in Afghan Aid During the* 1973 – 1978 *Regnancy of Mohammad Daoud in Post-World War II Soviet-American Competitive Context.* New York: Afghanistan Forum, 1992.

Hammond, Thomas Taylor. *Red Flag over Afghanistan*: *The Communist Coup*, *the Soviet Invasion*, *and the Consequences.* Boulder, Colo.: Westview Press, 1984.

Miraki, Mohammad Daoud. *Factors of Underdevelopment in Afghanistan*, 1919 – 2000. Ph. D. diss., University of Illinois at Chicago.

Tarahk-i, Nur Muhammad. *Message from Our Great Leader Noor Mo-*

hammad Taraki on the Occasion of the Opening of the Afghan Academy of Sciences, *Hoot* 1357. Kabul: DRA, Ministry of Information and Culture, Afghanistan Publicity Bureau, 1979.

八、苏联占领下的阿富汗（1979—1989）

Alexiev, Alex. *The United States and the War in Afghanistan.* Santa Monica, Calif.: Rand, 1988.

Arnold, Anthony. *Afghanistan, the Soviet Invasion in Perspective.* Stanford, Calif.: Hoover Institution Press, 1981.

Avakov, Vladimir. *Afghanistan, on the Road to Peace.* Moscow: Novosti Press Agency Publishing House, 1988.

Borer, Douglas A. *Superpowers Defeated: Vietnam and Afghanistan Compared.* London; Portland, Oreg.: F. Cass, 1999.

Bradsher, Henry St. Amant. *Afghan Communism and Soviet Intervention.* Oxford: Oxford University Press, 1999.

——. *Afghanistan and the Soviet Union.* Durham, N. C.: Duke University Press, 1983.

Brigot, Andre, and Olivier Roy. *The War in Afghanistan: An Account and Analysis of the Country, Its People, Soviet Intervention and the Resistance.* Translated by Mary and Tom Bottomore. Brighton, U. K.: Wheatsheaf, 1988.

Chakravartty, Sumit. *Dateline Kabul: An Eye-Witness Report on Afghanistan Today.* New Delhi, India: Eastern Book Centre, 1983.

Cronin, Richard P. *Afghanistan, Soviet Invasion and U. S. Response.* Washington, DC: Library of Congress, Congressional Research Service, Major Issues System, 1982.

Emadi, Hafizullah. *State, Revolution, and Superpowers in Afghanistan.* New York: Praeger, 1990.

Fazel, Fazel Rahman. *Shadow Over Afghanistan.* San Mateo, Calif.:

Western Book/Journal Press, 1989.

Fullerton, John. *The Soviet Occupation of Afghanistan.* Hong Kong: Far Eastern Economic Review, 1984.

Galeotti, Mark. *Afghanistan, the Soviet Union's Last War.* London, Portland, Oreg.: Frank Cass, 1995.

Gall, Sandy. *Afghanistan: Agony of a Nation.* London: Bodley Head, 1988.

——. *Behind Russian Lines: An Afghan Journal.* New York: St. Martin's Press, 1984.

Giustozzi, Antonio. *War, Politics and Society in Afghanistan*, 1978 – 1992.

Washington, DC: Georgetown University Press, 2000.

Goodwin, Jan. *Caught in the Crossfire.* 1st ed. New York: E. P. Dutton, 1987.

Grasselli, Gabriella. *British and American Responses to the Soviet Invasion of Afghanistan.* Aldershot, U. K.; Brookfield, Vt.: Dartmouth Publishing, 1996.

Grau, Lester W., ed. *The Bear Went Over the Mountain: Soviet Combat Tactics in Afghanistan.* London; Portland, Oreg.: Frank Cass, 1998.

Huldt, Bo, and Erland Jansson. *The Tragedy of Afghanistan: The Social, Cultural, and Political Impact of the Soviet Invasion.* London; New York: Croom Helm, 1988.

Hussain, Syed Shabbir, Abdul Hamid Alvi and Absar Hussain Rizvi. *Afghanistan Under Soviet Occupation: A Study of Russia's Expansion Drama Whose Latest Aggression Has Pushed Mankind to the Threshold of a New Catastrophe.* 1st ed. Islamabad, Pakistan: World Affairs Publications, 1980.

Hyman, Anthony. *Afghanistan under Soviet Domination*, 1964 – 1991. Houndmills, U. K.: Macmillan Academic and Professional, 1991. Kakar, M. Hasan. *Afghanistan: the Soviet Invasion and the Afghan Response*,

1979 – 1982. Berkeley: University of California Press, 1995. Kaul, Rajnish. *Democratic Afghanistan, Forever.* 1st ed. New Delhi, India: Pulse Publishers, 1987.

Kirkpatrick, Jeane J. *Call for Soviet Withdrawal from Afghanistan: November* 24, 1982. Washington, DC: Department of State, Bureau of Public Affairs, Office of Public Communication, Editorial Division, 1982.

Klass, Rosanne. *Afghanistan, the Great Game Revisited.* New York: Freedom House; Lanham, Md.: Distributed by National Book Network, 1990.

Laber, Jeri, and Barnett R. Rubin. *A Nation Is Dying: Afghanistan under the Soviets.* Evanston, Ill.: Northwestern University Press, 1988.

MacEachin, Douglas J. *Predicting the Soviet Invasion of Afghanistan: The Intelligence Community's Record.* Washington, DC: Center for the Study of Intelligence, Central Intelligence Agency, 2002.

Magnus, Ralph H., and Eden Naby. *Afghanistan: Mullah, Marx, and Mujahid.* Rev. and updated ed. Boulder, Colo.: Westview Press, 2002.

Maley, William. *The Afghanistan* Wars. Houndmills, U. K. New York: Palgrave, 2002.

Nair, S. V. *Afghanistan: Perspectives for Reconciliation & Peace.* New Delhi, India: Panchsheel Publishers, 1988.

Odom, William E. *The Strategic Significance of Afghanistan's Struggle for Freedom.* Coral Gables, Fla.: Institute for Soviet and East European Studies, Graduate School of International Studies, University of Miami, 1988.

Richardson, Bruce G. *Afghanistan: Ending the Reign of Soviet Terror.* 1st ed. Bend, Oreg.: Maverick Publications, 1996.

Roy, Arundhati. *The Soviet Intervention in Afghanistan: Causes, Consequences, and India's Response.* New Delhi, India: Associated Publications

House, 1987.

Ryan, Nigel. *A Hitch or Two in Afghanistan: A Journey behind Russian Lines*. London: Weidenfeld and Nicolson, 1983.

Saikal, Amin, and William MaleS eds. *The Soviet Withdrawal from Afghanistan*. Cambridge: Cambridge University Press, 1989.

Saikal, Fazel Haq, and William Maley. *Afghanistan: Socialism in One Graveyard*. Canberra: Department of Politics, Australian Defense Force Academy, 1989.

Sarin, Oleg Leonidovich, and Lev Semenovich Dvoretskii. *The Afghan Syndrome: The Soviet Union's Vietnam*. Novato, Calif.: Presidio, 1993.

Sena, Canakya. *Afghanistan: Politics, Economics, and Society*. Boulder, Colo.: L. Rienner Publishers, 1986.

Swing, John Temple. *Afghanistan after the Accords: A Report from Kabul /John Temple Swing*. New York: Council on Foreign Relations, 1988.

Urban, Mark. *War in Afghanistan*. New York: St. Martin's Press, 1990.

Van Dyk, Jere. *In Afghanistan: An American Odyssey*. New York: Coward, McCann & Geoghegan, 1983.

Yousaf, Mohammad, and Mark Adkin. *The Bear Trap: Afghanistan's Untold Story*. London: Leo Cooper, 1992.

九、抗战时期的阿富汗（1978—1992）

Ali, Tariq. *The Clash of Fundamentalisms: Crusades, Jihads and Modernity*. London; New York: Verso, 2002.

Farr, Grant M., and John G. Merriam, eds. *Afghan Resistance: The Politics of Survival*. Boulder, Colo.: Westview Press, 1987.

Fuller, Graham E. *Islamic Fundamentalism in Afghanistan: Its Character and Prospects*. Santa Monica, Calif.: Rand Corp, 1991.

Hyman, Anthony. *Afghan Resistance: Danger from Disunity*. London:

Institute for the Study of Conflict, 1984.

Karp, Craig. *Afghan Resistance and Soviet Occupation: A 5 - Year Summary.* Washington, DC: Department of State, Bureau of Public Affairs, 1984.

Kline, David. *Afghanistan: David Kline's Reports from Behind Rebel Lines on the Resistance to Moscow's Aggression.* 1st ed. Chicago: Call Publications, 1980.

Lessing, Doris May. *The Wind Blows Away Our Words and Other Documents Relating to the Afghan Resistance.* New York: Vintage Books, 1987.

Tabibi, Abdul Hakim. *The Legal Status of the Afghan Resistance Movement.* Cedar Rapids, Iowa: Igram Press, 1986.

Weinbaum, Marvin G. *Pakistan and Afghanistan: Resistance and Reconstruction.* Boulder, Colo.: Westview Press; Lahore: Pak Book, 1994.

十、穆斯林游击队的统治（1992—1996）

Ansary, Mir Tamim. *Afghanistan: Fighting for Freedom.* New York: Dillon Press, 1991.

Davidson, Anders, and Peter Hjukstrom, eds. *Afghanistan, Aid and the Taliban: Challenges and Possibilities on the Eve of the 21st century.* Stockholm: Swedish Committee for Afghanistan, 1999.

Dixit, Jyotindra Nath. *An Afghan Diary: Zahir Shah to Taliban.* New Delhi, India: Konark Publishers, 2000.

Dorn, Allen E. *Countering the Revolution: The Mujahideen Counterrevolution.* New York: Afghanistan Forum, 1989.

Gall, Sandy. *Afghanistan: Travels with the Mujahideen.* Sevenoaks, U. K.: New English Library, 1989.

The Geneva Accords: Agreements on the Settlement of the Situation Relating to Afghanistan. New York: United Nations, 1988.

Goodson, Larry P. *Afghanistan's Endless War: State Failure, Regional*

Politics, and the Rise of the Taliban. Seattle: University of Washington Press, 2001.

House Committee on Foreign Affairs, Subcommittee on Asian and Pacific Affairs, United States Congress. *Recent Developments in U. S. Policy Toward Afghanistan: Hearing Before the Subcommittee on Asian and Pacific Affairs of the Committee on Foreign Affairs, House of Representatives, One Hundred Second Congress, First Session, June* 20, 1991. Washington, DC: Government Printing Office, 1993.

Jalali, Ali Ahmad, and Lester W. Grau. *Afghan Guerrilla Warfare: In the Words of the Mujahideen Fighters.* St. Paul, Minn.: MBI Publishing, 2001.

Jalalzai, Musa Khan. *The Pipeline War in Afghanistan.* Lahore, Pakistan: Mobile Institute of International Affairs, 2000. ——. *Sectarianism and Ethnic Violence in Afghanistan.* Lahore, Pakistan: Vanguard, 1996.

Khalilzad, Zalmay. *Prospects for the Afghan Interim Government.* Santa Monica, Calif.: RAND, 1991.

Maley, William, ed. *Fundamentalism Reborn? Afghanistan and the Taliban.* New York: New York University Press, 1998.

Menon, Rajan. *Afghanistan after the Geneva Accords: A Report by the International Center for Development Policy on Its April*, 1988 *Fact Finding Mission to the USSR and Afghanistan.* Washington, DC: International Center for Development Policy, 1988.

Misra, Amalendu. *Afghanistan: The Labyrinth of Violence.* Cambridge: Polity, 2004.

Muhajir, Abdul Qadeer. *The Warlord Abdul Rasheed Dostum: A Blood Stained Chapter in the History of Afghanistan.* 1st ed. Lahore, Pakistan: Azad Consultancy, 1997.

Nair, S. V. *Afghanistan: Perspectives for Reconciliation & Peace.* New Delhi, India: Panchsheel Publishers, 1988.

Odom, William E. *The Strategic Significance of Afghanistan's Struggle for Freedom.* Coral Gables, Fla.: Institute for Soviet and East European Studies, Graduate School of International Studies, University of Miami, 1988.

Shai, Shaul. *The Endless Jihad: The Mujahidin, the Taliban and Bin Laden.* Herzliya, Israel: International Policy Institute for Counter-Terrorism, Interdisciplinary Center Herzliya, 2002.

Singh, Jasjet. *Superpower Detente and Future of Afghanistan.* New Delhi, India: Patriot Publications, 1990.

Smith, Mary. *Before the Taliban: Living with War, Hoping for Peace.* Aberdour, U. K.: IYNX Publishing, 2001.

Whitehead, John C. *Afghanistan's Struggle for Freedom.* Washington, DC: Department of State, Bureau of Public Affairs, Office of Public Communication, Editorial Division, 1985.

十一、塔利班时代（1996—2001）

Brentjes, Burchard, and Helga Brentjes. *Taliban: A Shadow over Afghanistan.* Varanasi, India: Rishi Publications, 2000.

Crist, John T. *The Future of Afghanistan: The Taliban, Regional Security and U. S. Foreign Policy.* Washington, DC: United States Institute of Peace, 1997.

Gohari, M. J. *The Taliban Ascent to Power.* Karachi, Pakistan: Oxford University Press, 2001.

Griffin, Michael. *Reaping the Whirlwind: The Taliban Movement in Afghanistan.* London: Pluto Press, 2001.

Marsden, Peter. *The Taliban: War and Religion in Afghanistan.* New expanded ed. London: Zed Books, 2002.

Matinuddin, Kamal. *The Taliban Phenomenon: Afghanistan 1994 – 1997.* Karachi, Pakistan: Oxford University Press, 1999.

Nojumi, Neamatollah. *The Rise of the Taliban in Afghanistan: Mass Mobilization, Civil War, and the Future of the Region.* 1st ed. New York: Palgrave, 2002.

Rashid, Ahmed. *Taliban: The Story of the Afghan Warlords Including a New Foreword Following the Terrorist Attacks of* 11 *September* 2001. London: Pan, 2001.

Singh, Vijay K. *Security Implications of the Rise of Fundamentalism in Afghanistan and Its Regional and Global Impact.* Carlisle Barracks, Pa.: U. S. Army War College, 2001.

Yousef, Ayman Talal. *Taliban: The bane of Afghanistan.* Delhi, India: Kalinga Publications, 2002.

十二、内战遗留问题

Armstrong, Sally. *Veiled Threat: The Hidden Power of the Women of Afghanistan.* New York: Four Walls Eight Windows, 2002.

Benard, Cheryl. *Veiled Courage: Inside the Afghan Women's Resistance.* 1st ed. New York: Broadway Books, 2002.

Brodsky, Anne E. *With All Our. Strength: The Revolutionary Association of the Women of Afghanistan.* New York: Routledge, 2003.

Christensen, Hanne. *Afghan Refugees in Pakistan: From Emergency Towards Self-Reliance: A Report on the Food Relief Situation and Related Socio-Economic Aspects.* Geneva: United Nations Research Institution for Social Development, 1984.

Citizens Commission on Afghan Refugees. *The Challenge of the Coming Afghan Refugee Repatriation: Fulfilling Our Commitments in the Final Chapter of the Afghanistan War, a Report on a Fact-Finding Visit of* 1988. New York: Citizens Commission of Afghan Refugees, 1988.

Coursen-Neff, Zama, and John Sifton. *We Want to Live as Humans: Repression of Women and Girls in Western Afghanistan.* New York: Human

Rights Watch, 2002.

Doubleday, Veronica. *Three Women of Herat.* London: Cape, 1988.

Dupree, Louis. *The Burqa Comes Off.* New York: American Universities Field Staff, 1959.

Dupree, Nancy Hatch. *Seclusion or Service: Will Women Have a Role in the Future of Afghanistan?* New York: Afghanistan Council, Asia Society, 1989.

Emadi, Hafizullah. *Repression, Resistance, and Women in Afghanistan.* Westport, Conn.: Praeger, 2002.

Goodson, Larry E 1990. *Refugee-Based Insurgency: The Afghan Case.* Ph. D. diss., University of North Carolina at Chapel Hill.

Iacopino, Vincent. *The Taliban's War on Women: A Health and Human Rights Crisis in Afghanistan.* Boston: Physicians for Human Rights, 1998.

Jones, Allen K. *Afghan Refugees Five Years Later* Washington, DC: U. S. Committee for Refugees, 1985.

Khattak, Saba Gul. *In/Security Afghan Refugees and Politics in Pakistan.* Islamabad Pakistan: Sustainable Development Policy Institute, 2003. ——. *Violence and Home: Afghan Women's Experience of Displacement.* Islamabad, Pakistan: Sustainable Development Policy Institute, 2002.

Mayotte, Judy A. *Disposable People? The Plight of Refugees.* Maryknoll, N. Y.: Orbis Books, 1992.

Omidian, Patricia A. 1992. *Aging and Intergenerational Conflict: Afghan Refugees Families in Transition.* Ph. D. diss., University of California. Rose, Carol. *Making the Move: Repatriation of Afghan Refugees.* Peshawar, Pakistan: Institute of Current World Affairs, 1991.

Saikal, Fazel Haq, and William MaleS *Afghan Refugee Relief in Pakistan: Political Context and Practical Problems.* Canberra, Australia: University College, University of New South Wales, Australian Defense Force Academy, Department of Politics, 1986.

Shahrish-Shamley, Zieba. 1991. *The Self and Other in Afghan Cosmology: Concepts of Health and Illness Among the Afghan Refugees.* Ph. D. diss., University of Wisconsin.

Shalinsky, Audrey. *Long Years of Exile: Central Asian Refugees in Afghanistan and Pakistan.* Landham, Md.: University Press of America, 1993.

Turton, David. *Taking Refugees for a Ride? The Politics of Refugee Return to Afghanistan.* Kabul Afghanistan Research and Evaluation Unit, 2002.

Weinbaum, Marvin G. *Pakistan and Afghanistan: Resistance and Reconstruction.* Boulder, Colo.: Westview, 1994.

十三、解决战争遗留问题

Barakat, Sultan, ed. *Reconstructing War-Torn Societies: Afghanistan.* Houndmills, U. K.: New York: Palgrave Macmillan, 2004.

Center of Military History. *Operation Enduring Freedom: October 2001 - March* 2002. Washington, DC: U. S. Army Center of Military History, 2004.

Cronin, Richard P *Afghanistan: Challenges and Options for Reconstructing a Stable and Moderate State.* Washington, DC: Congressional Research Service, Library of Congress, 2002.

Donini, Antonio, Norah Niland, and Karin Wermester, eds. *Nation Building Unraveled? Aid, Peace and Justice in Afghanistan.* Bloomfield, Conn.: Kumarian Press, 2004.

Friedman, Norman. *Terrorism, Afghanistan, and America's New Way of War.* Annapolis, Md.: Naval Institute Press, 2003.

Human Rights Watch. *Enduring Freedom: Abuses by U. S. Forces in Afghanistan.* New York: Human Rights Watch, 2004.

Latifa, with Shé ké ba Hachemi. *My Forbidden Face: Growing Up Under the Taliban, a Young Woman's Story*. Translated by Linda Coverdale. 1st ed. New York: Hyperion, 2001.

Logan, Harriet. *Unveiled: Voices of the Women of Afghanistan*. 1st ed. New York: ReganBooks, 2002.

Mackey, Chris, and Greg Miller. *The Interrogators: Inside the Secret War Against al Qaeda*. 1st ed. New York: Little, Brown, 2004.

Mehta, Sunita, Esther Hyneman, Batya Swift Yasgur, and Andrea Labis, eds. *Women for Afghan Women: Shattering Myths and Claiming the Future*. Houndmills, U. K.; New York: Palgrave, 2002.

Mukarji, Apratim. *Afghanistan, from Terror to Freedom*. New Delhi, India: Sterling Publishers, 2003.

Pain, Adam. *Understanding Village Institutions: Case Studies on Water Management from Faryab and Saripul*. Kabul: Afghanistan Research and Evaluation Unit, 2004.

Peimani, Hooman. *Falling Terrorism and Rising Conflicts: The Afghan "Contribution" to Polarization and Confrontation in West and South Asia*. Westport, Conn.: Praeger, 2003.

Pinney, Andrew. *National Risk and Vulnerability Assessment* 2003: *A Stakeholder-Generated Methodology*. Kabul: Afghanistan Research and Evaluation Unit, 2004.

Reddy, L. R. *Inside Afghanistan: End of the Taliban Era?* New Delhi, India: APH, 2002.

Saigol, Rubina. *At Home or in the Grave: Afghan Women and the Reproduction of Patriarchy*. Islamabad, Pakistan: Sustainable Development Policy Institute, 2002.

Schutte, Stefan. *Urban Vulnerability in Afghanistan: Case Studies from Three Cities*. Kabul: Afghanistan Research and Evaluation Unit, 2004.

Skaine, Rosemarie. *The Women of Afghanistan under the Taliban*. Jefferson, N. C.: McFarland, 2002.

"Sulima" and "Hata," with Batya Swift Yasgur. *Behind the Burqa: Our Life in Afghanistan and How We Escaped to Freedom.* Hoboken, N. J.: John Wiley and Sons, 2002.

Women Living Under Muslim Laws. *Women's Situation in Afghanistan.* Grabels, France: Women Living Under Muslim Laws, 1998.

索　引

（斜体页码指插图。字母 c，m 和 t 分别指年表、地图和图表）

A

B

C

D

E

F

G

H

L

M

N

O

Q

R

S

T

U

V

W

Y

Z